中公新書 2452

榎村寛之著

斎　宮

——伊勢斎王たちの生きた古代史

中央公論新社刊

はじめに——斎王よ斎王、あなたはいったい誰？

伊勢神宮に仕える姫

……むかしむかし、伊勢《いせ》の国に、それはそれは美しい宮殿がありました。その主は若く美しいお姫様で、都を移したかのような暮らしのなかで、伊勢神宮の神さまに仕える至高の存在として、清楚《せいそ》で敬虔《けいけん》な日々を送っていました。……

……むかしむかし、天皇は代々、皇族のうちから一人姫を選び、伊勢神宮の神に差し出さなければなりませんでした。その皇女は天皇が亡くなるか、位を譲るまで都に戻ることはなく、遠く離れた伊勢の地で、人間らしい人生を否定された暮らしを強いられたのです。……

——そのお姫様のことを斎王《さいおう》と言いました——

伊勢神宮に仕えた皇女、斎王についての本の、二つの書き出しを考えてみた。物事には何事にも正と負の側面がある。この、斎王と呼ばれる女性については、多分どちらも正しいと思う。天皇の神聖性の一面を代行する存在というのだろうか、古代天皇の負った聖なる義務、ノブレス・オブリージュというのだろうか。

斎王は日本史上きわめて珍しいシステムである。なぜか。なくなってしまったからである。日本の伝統社会のなかで、特に支配者たちは過去の遺産を実に大切にしてきた。天皇をはじめ上皇、摂政、関白、太政大臣《だいじょうだいじん》、天台座主《てんだいざす》、征夷大将軍《せいいたいしょうぐん》に大宰帥《だざいのそち》、どんなに形骸《けいがい》化しても、実力をなくしても、これら奈良・平安時代にルーツのあるシステムは、近代国家ができるまでずっと続いていたのだ。

ところが斎王は鎌倉時代の終焉《しゅうえん》、建武《けんむ》新政の崩壊とともに終わってしまう。古代から中世前期限定なのである。しかも斎王は天皇に付属した制度である。天皇一代に一人が原則で、天皇は即位すれば斎王を置かなければならない、いわば「その天皇」の代理として伊勢神宮に仕えるのである。だから斎王がなくなったことは天皇の一部が失われたに等しい……はずなのである。ところが南北朝時代には、斎王は立ち消えのように置かれなくなってしまう。麻のごとく乱れた時代だから当然、というわけではない。そんな時代だからこそ、伝統が重要視されたことも多い。

たとえば正平《しょうへい》七年（一三五二）に、南朝勢力によって京が占拠され、光厳《こうごん》上皇、光明《こうみょう》上皇、崇光《すこう》上皇および前皇太子の直仁《なおひと》親王まで大和《やまと》の賀名生《あのう》に連れ去られる事件があった。このとき、すべての天皇候補者を失った北朝方と幕府は、唯一残っていた光厳天皇の皇子、弥仁《いやひと》王を見出《みいだ》した。そして後光厳《ごこうごん》天皇として即位させるとともに、後伏見《ごふしみ》天皇の女御《にょうご》で光厳・光明上皇の母、広義門院《こうぎもんいん》を、院政を行う治天《ちてん》の君《きみ》にして、天皇を任命させたのである。彼女は女院とはいえ、もともとは西園寺寧子《さいおんじやすこ》という貴族女性である。天皇の政治権力がなく、政務は実質幕府が掌握しているのだから、天皇だけを立てればいいはずなのに、男性でもなく、天皇家の血統でさえない女院でも、平安後期以来続いた天皇を生み出すシステム「治天の君」が必要だったのである。

同じ天皇の一部といえる機関なのに、院は残って斎王は消えた。たとえば形式的に京に置いて伊勢を遥拝《ようはい》させているだけでもよかったと思うのだが、斎王は消えた。時代が必要としなくなっていた、としかいいようがない。

斎王の個人史と出来事で本を編む

このような斎王や、斎王の宮殿、斎宮《さいくう》についての概説は、三重県多気《たき》部明和町《めいわちょう》にある斎宮歴史博物館の展示やホームページで知ることができる。しかし本書では、斎王個人を取り上げることをメインに斎宮の歴史を語っていきたいと思う。もとより斎王個人については国文学の分野を中心に多くの先行研究がある。歌人の山中智恵子《やまなかちえこ》や、斎宮・斎院《さいいん》を通じての研究を重ねている所京子《ところきょうこ》はその代表者ということができるだろう。ただあまり注意されていないことだが、斎王個人史はその生きた時代や社会を反映したものである。逆にいえば、斎王個人のエピソードからその時代の特質がうかがえるのである。

というわけで、本書では第1章での斎王についての少しひねった視角からの紹介の後、第2

章、第3章では、私なりの視点から、代表的な斎王の足跡について、これまであまり語られてこなかった彼女たちとその時代の関わりを意識しながら論じていきたい。さらに第4章では、大きな物語を持たなかった斎王たちや斎宮でのエピソードにも触れる。このように彼女たちの足跡をたどったうえで、第5章ではもう一度斎王と斎宮についてまとめてみたい。その意味では、第1章と第5章では似たような部分も多くなる。「はじめに」で提起した問題を、斎王たちの人生と社会の関係をたどったあと、「おわりに」で少しでも深めることができれば本書も少しは意義のあるものとなるだろう。

斎王を考えることは、斎王を必要とした時代を考えることであり、その時代の天皇制を考えることであり、斎王を必要とした社会の特質を考えることである。斎王たちが生きた世界と、彼女たちを支えるシステムを維持して生きたすべての人たちに思いを馳《は》せながら、その歴史をたどっていきたいと思う。

斎王を考えることは、古代・中世の社会を考えることなのである。

目次

第2章　七人のプリンセス 39

第3章　斎宮年代記《クロニクル》　109

第5章 斎宮とは何だったのだろう

＊本書中の振り仮名は一般的と思われるものを採用した。特に訓読については便宜的なものである。詳しくは第4章第6節「斎王の「お名前」」参照。
＊巻頭の地図は国土地理院の地理院地図ならびに数値地図（50メートルメッシュ標高）をカシミール3D（DAN杉本氏）で表示したものを使用。
＊図版制作・関根美有

歴代斎王一覧

○は、斎宮に群行した斎王、×は群行前に退下するなどして群行しなかった斎王を示す

［　］内は実在を確認できない斎王

	天皇	斎王	出自	在任期間	群行
伝承の時代	崇神・垂仁	豊鋤入姫（とよすきいりびめ）	皇女	崇神6	
	垂仁・景行	倭姫（やまとひめ）	皇女	垂仁25	
	景行	五百野（いおの）	皇女	景行20	
	仲哀	［伊和志真］（いわしま）		仲哀朝	
	雄略	稚足姫（わかたらしひめ）	皇女	～雄略3	
	継体	荳角（ささげ）	皇女	継体朝	
	欽明	磐隈（いわくま）	皇女	欽明朝	
	敏達	菟道（うじ）	皇女	敏達7・3	
	用明～推古	酢香手姫（すかてひめ）	皇女	用明元	
飛鳥	天武	大来（おおく）	皇女	673～686	○
	文武	当耆（たき）	天武皇女	698～701	○
	文武	泉（いずみ）	天智皇女	701～706	○
	文武～元明	田形（たかた）	天武皇女	706～？	○
	元明	［多紀］（たき）		？	？
奈良	元明	［円方］（まどかた）	長屋王娘	？	？
	元明	［智努］（ちぬ）		？	？
	元正	久勢（くせ）		？	○
	元正～聖武	井上（いのえ）	聖武皇女	721～？	○
	聖武	県（あがた）	高岳親王娘か	？～749	○
	孝謙	小宅（おやけ）	三原王娘	749～？	○
	淳仁	山於（やまべ）	安倍内親王とも	758～？	○
	光仁	酒人（さかひと）	皇女	772～？	○
	光仁	浄庭（きよにわ）	神王娘	？	○
平安	桓武	朝原（あさはら）	皇女	782～796	○
	桓武	布勢（ふせ）	皇女	797～806	○
	平城	大原（おおはら）	皇女	806～809	○
	嵯峨	仁子（よしこ）	皇女	809～823	○
	淳和	氏子（うじこ）	皇女	823～827	○
	淳和	宜子（よしこ）	仲野親王娘（桓武皇孫）	828～833	○
	仁明	久子（ひさこ）	皇女	833～850	○
	文徳	晏子（やすこ）	皇女	850～858	○
	清和	恬子（やすこ）	文徳皇女	859～876	○
	陽成	識子（さとこ）	清和皇女	877～880	○

	天皇	斎王	出自	在任期間	群行
平安	陽成	掲子（ながこ）	文徳皇女	882～884	×
	光孝	繁子（しげこ）	皇女	884～887	○
	宇多	元子（もとこ）	本康親王娘（仁明皇孫）	889～897	○
	醍醐	柔子（やすこ）	宇多皇女	897～930	○
	朱雀	雅子（まさこ）	醍醐皇女	931～935	○
	朱雀	斉子（きよこ）	醍醐皇女	936	×
	朱雀	徽子（よしこ）	重明親王娘（醍醐皇孫）	936～945	○
	村上	英子（はなこ）	醍醐皇女	946	×
	村上	悦子（よしこ）	重明親王娘（醍醐皇孫）	947～954	○
	村上	楽子（やすこ）	皇女	955～967	○
	冷泉	輔子（すけこ）	村上皇女	968～969	×
	円融	隆子（たかこ）	章明親王娘（醍醐皇孫）	969～974	○
	円融	規子（のりこ）	村上皇女	975～984	○
	花山	済子（なりこ）	章明親王娘（醍醐皇孫）	984～986	×
	一条	恭子（たかこ）	為平親王娘（村上皇孫）	986～1010	○
	三条	当子（まさこ）	皇女	1012～1016	○
	後一条	嫥子（よしこ）	具平親王娘（村上皇孫）	1016～1036	○
	後朱雀	良子（ながこ）	皇女	1036～1045	○
	後冷泉	嘉子（よしこ）	敦明親王娘（三条皇孫）	1046～1051	○
	後冷泉	敬子（たかこ）	敦平親王娘（三条皇孫）	1051～1068	○
	後三条	俊子（としこ）	皇女	1069～1072	○
	白河	淳子（あつこ）	敦賢親王娘（三条義皇孫）	1073～1077	○
	白河	媞子（やすこ）	皇女	1078～1084	○
	堀河	善子（よしこ）	白河皇女	1087～1107	○
	鳥羽	姰子（あいこ）	白河皇女	1108～1123	○
	崇徳	守子（もりこ）	輔仁親王娘（後三条皇孫）	1123～1141	○
	近衛	妍子（よしこ）	鳥羽皇女	1142～1150	○
	近衛	喜子（よしこ）	堀河皇女	1151～1155	○
	後白河	亮子（あきこ）	皇女	1156～1158	×
	二条	好子（よしこ）	後白河皇女	1158～1165	○

	天皇	斎王	出自	在任期間	群行
平安	六条	休子（のぶこ）	後白河皇女	1165～1168	×
	高倉	惇子（あつこ）	後白河皇女	1168～1172	○
	高倉	功子（いさこ）	皇女	1177～1179	×
鎌倉	後鳥羽	潔子（きよこ）	高倉皇女	1185～1198	○
	土御門	粛子（すみこ）	後鳥羽皇女	1199～1210	○
	順徳	凞子（ひろこ）	後鳥羽皇女	1215～1221	○
	後堀河	利子（としこ）	守貞親王娘（高倉皇孫）	1226～1232	○
	四条	昱子（てるこ）	後堀河皇女	1237～1242	○
	後嵯峨	曦子（あきこ）	土御門皇女	1244～1246	×
	亀山	愷子（やすこ）	後嵯峨皇女	1262～1272	○
	後二条	弉子（まさこ）	後宇多皇女	1306～1308	×
南北朝	後醍醐	懽子（よしこ）	皇女	1330～1331	×
	後醍醐	祥子（さちこ）	皇女	1333～？	×

飛鳥・奈良時代関係系図

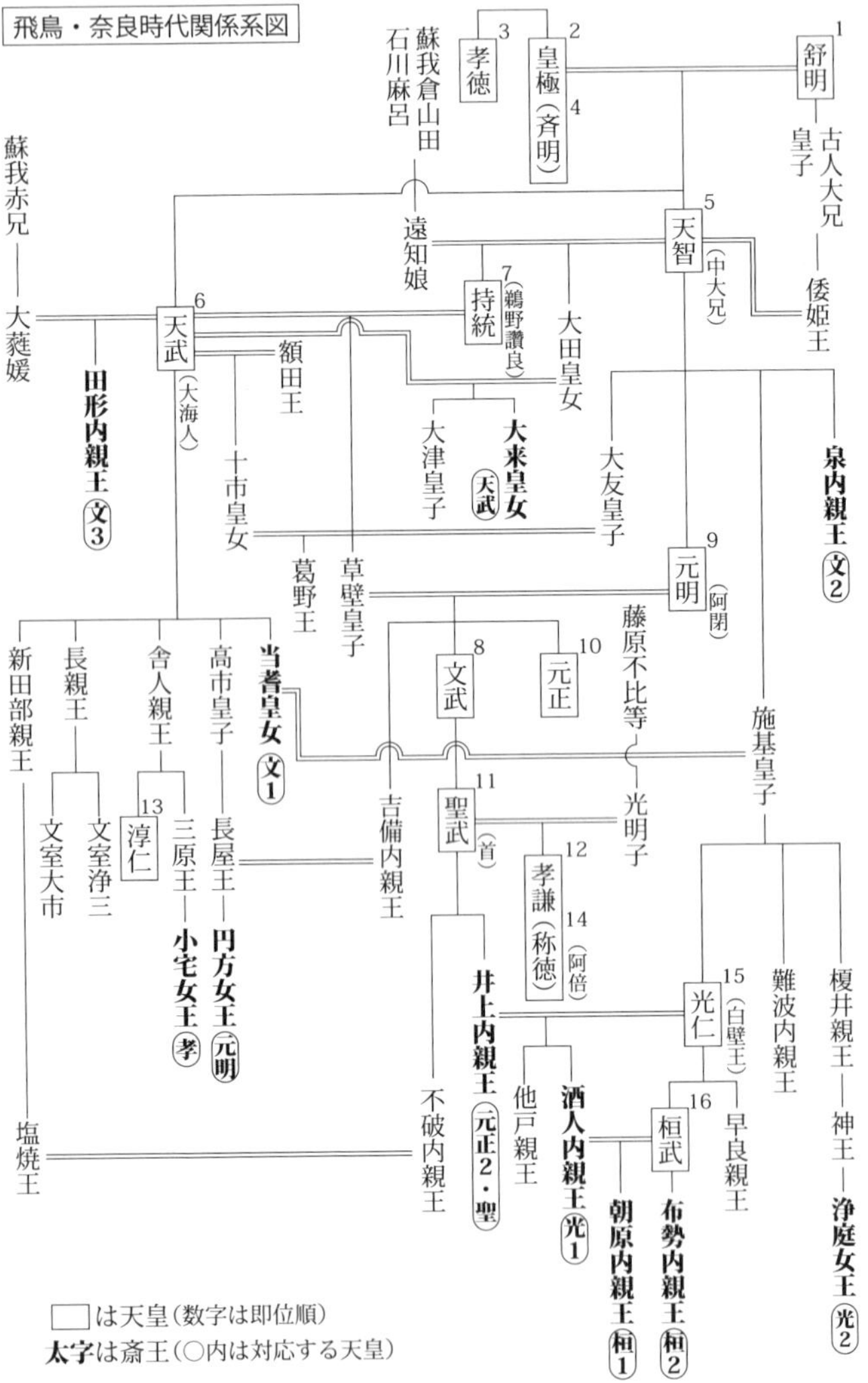

1 舒明
2 皇極
3 孝徳
4 (斉明)
古人大兄皇子
倭姫王
蘇我倉山田石川麻呂
蘇我赤兄
5 天智
(中大兄)
遠知娘
6 天武
(大海人)
7 持統
(鸕野讃良)
大田皇女
大蕤娘
田形内親王 文3
額田王
十市皇女
大津皇子
大来皇女 天武
大友皇子
泉内親王 文2
葛野王
草壁皇子
9 元明
(阿閉)
新田部親王
長親王
舎人親王
高市皇子
当耆皇女 文1
8 文武
10 元正
藤原不比等
施基皇子
吉備内親王
11 聖武
(首)
光明子
13 淳仁
三原王
長屋王
文室浄三
文室大市
12 孝謙
14 (称徳)
(阿倍)
小宅女王 孝
円方女王 元明
井上内親王 元正2・聖
15 光仁
(白壁王)
難波内親王
榎井親王
神王
他戸親王
酒人内親王 光1
16 桓武
早良親王
不破内親王
塩焼王
朝原内親王 桓1
布勢内親王 桓2
浄庭女王 光2
□は天皇(数字は即位順)
太字は斎王(○内は対応する天皇)

奈良・平安前期関係系図

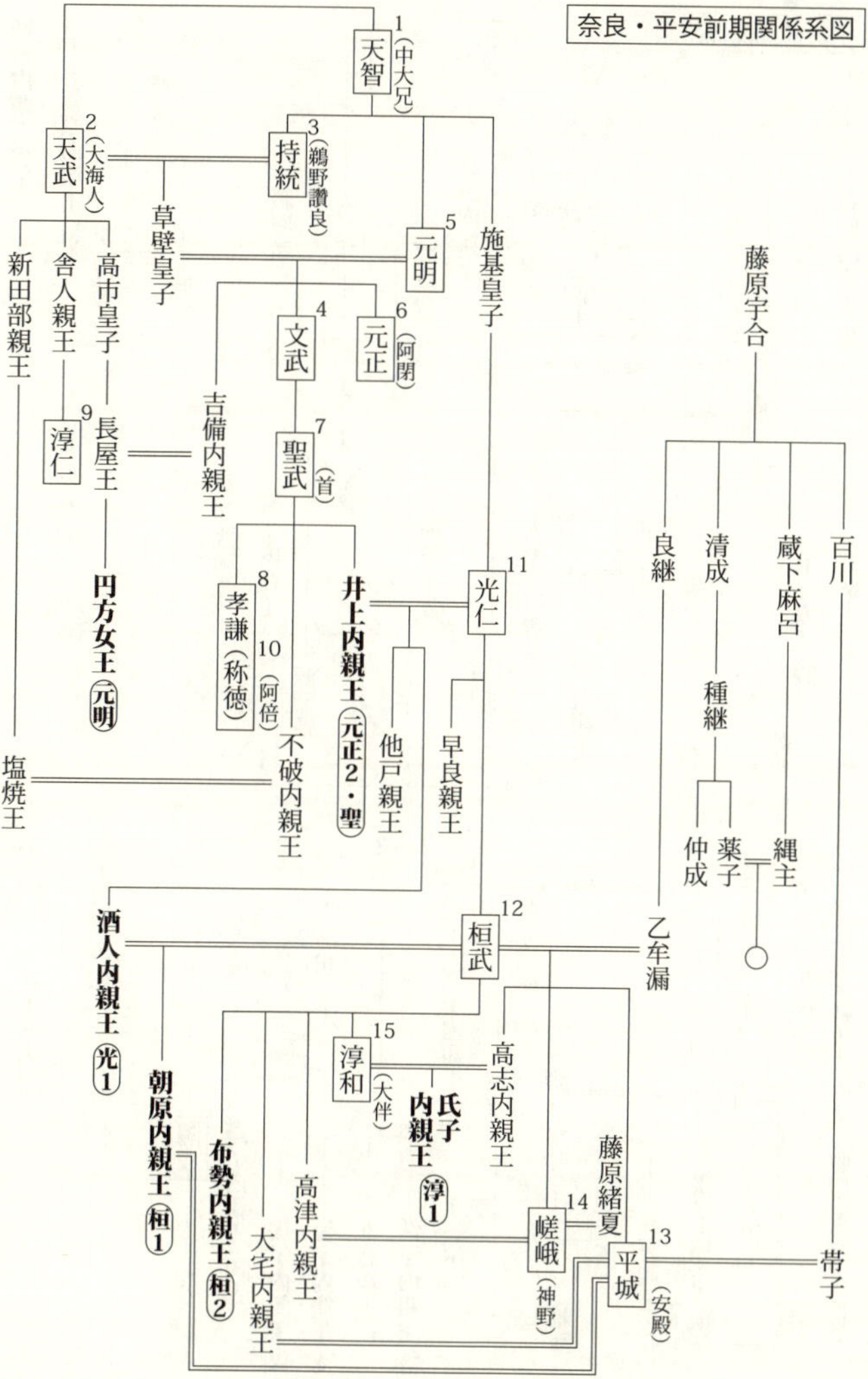

1 天智（中大兄）
2 天武（大海人）
3 持統（鵜野讃良）
4 文武
5 元明
6 元正（阿閉）
7 聖武（首）
8 孝謙（称徳）
9 淳仁
10（阿倍）
11 光仁
12 桓武
13 平城（安殿）
14 嵯峨（神野）
15 淳和（大伴）
草壁皇子
施基皇子
新田部親王
舎人親王
高市皇子
長屋王
吉備内親王
円方女王（元明）
井上内親王（元正2・聖）
他戸親王
早良親王
不破内親王
塩焼王
酒人内親王（光1）
朝原内親王（桓1）
布勢内親王（桓2）
大宅内親王
高津内親王
氏子内親王（淳1）
高志内親王
藤原緒夏
乙牟漏
藤原宇合
良継
清成
蔵下麻呂
百川
種継
仲成
薬子
縄主
帯子

平安前期関係系図

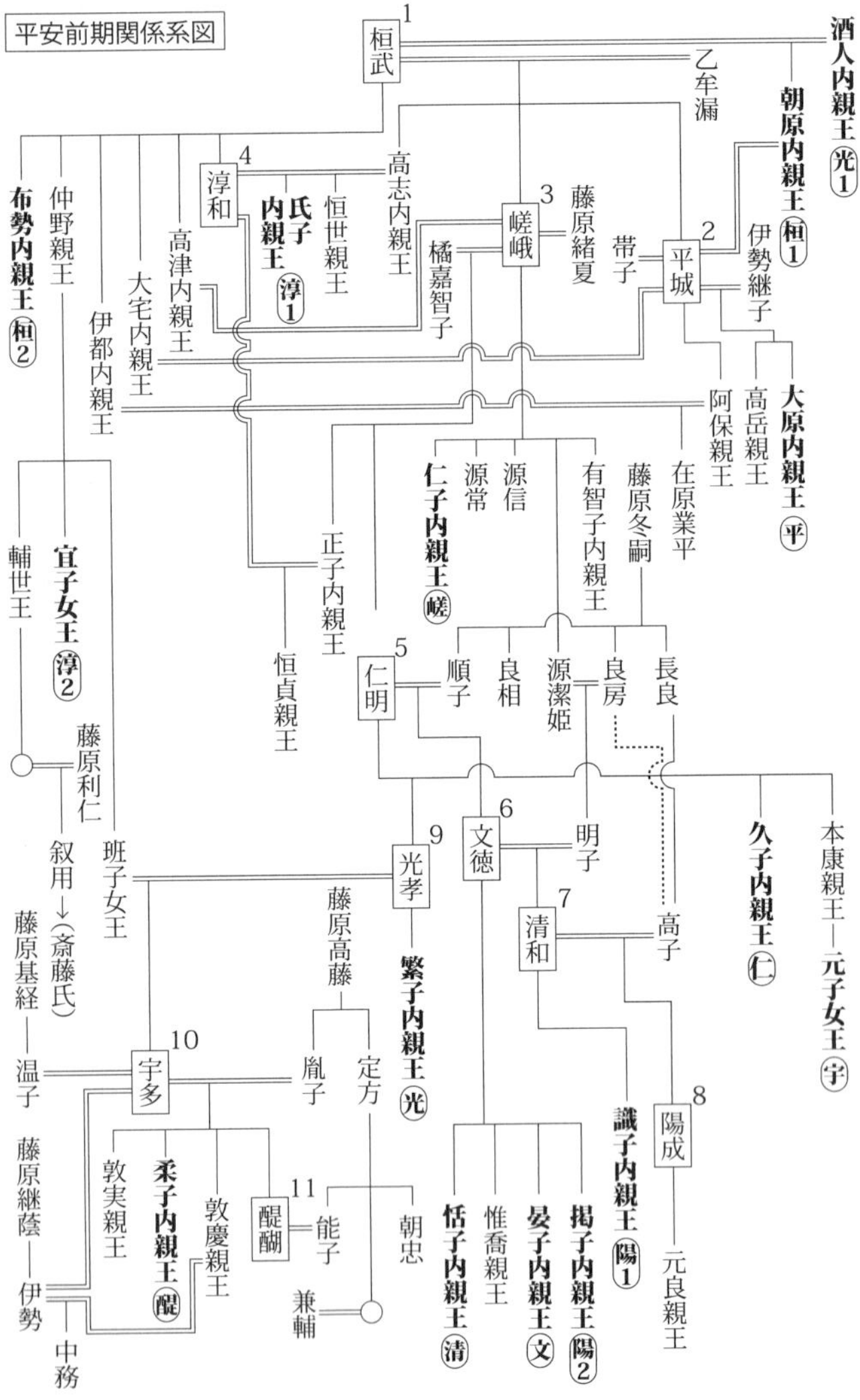

1 桓武
酒人内親王
乙牟漏
朝原内親王 光1
2 平城
帯子
伊勢継子
朝原内親王 桓1
3 嵯峨
藤原緒夏
橘嘉智子
高志内親王
4 淳和
氏子内親王 淳1
恒世親王
高津内親王
大宅内親王
伊都内親王
仲野親王
布勢内親王 桓2
阿保親王
高岳親王
大原内親王 平
在原業平
藤原冬嗣
有智子内親王
源信
源常
仁子内親王 嵯
正子内親王
恒貞親王
宣子女王 淳2
輔世王
5 仁明
順子
良相
源潔姫
良房
長良
藤原利仁
叙用→(斎藤氏)
班子女王
6 文徳
明子
9 光孝
藤原高藤
繁子内親王 光
7 清和
高子
久子内親王 仁
本康親王
元子女王 宇
藤原基経
温子
10 宇多
胤子
定方
8 陽成
識子内親王 陽1
元良親王
藤原継蔭
伊勢
中務
敦実親王
柔子内親王 醍
敦慶親王
11 醍醐
能子
朝忠
兼輔
恬子内親王 清
惟喬親王
晏子内親王 文
掲子内親王 陽2

平安中期関係系図

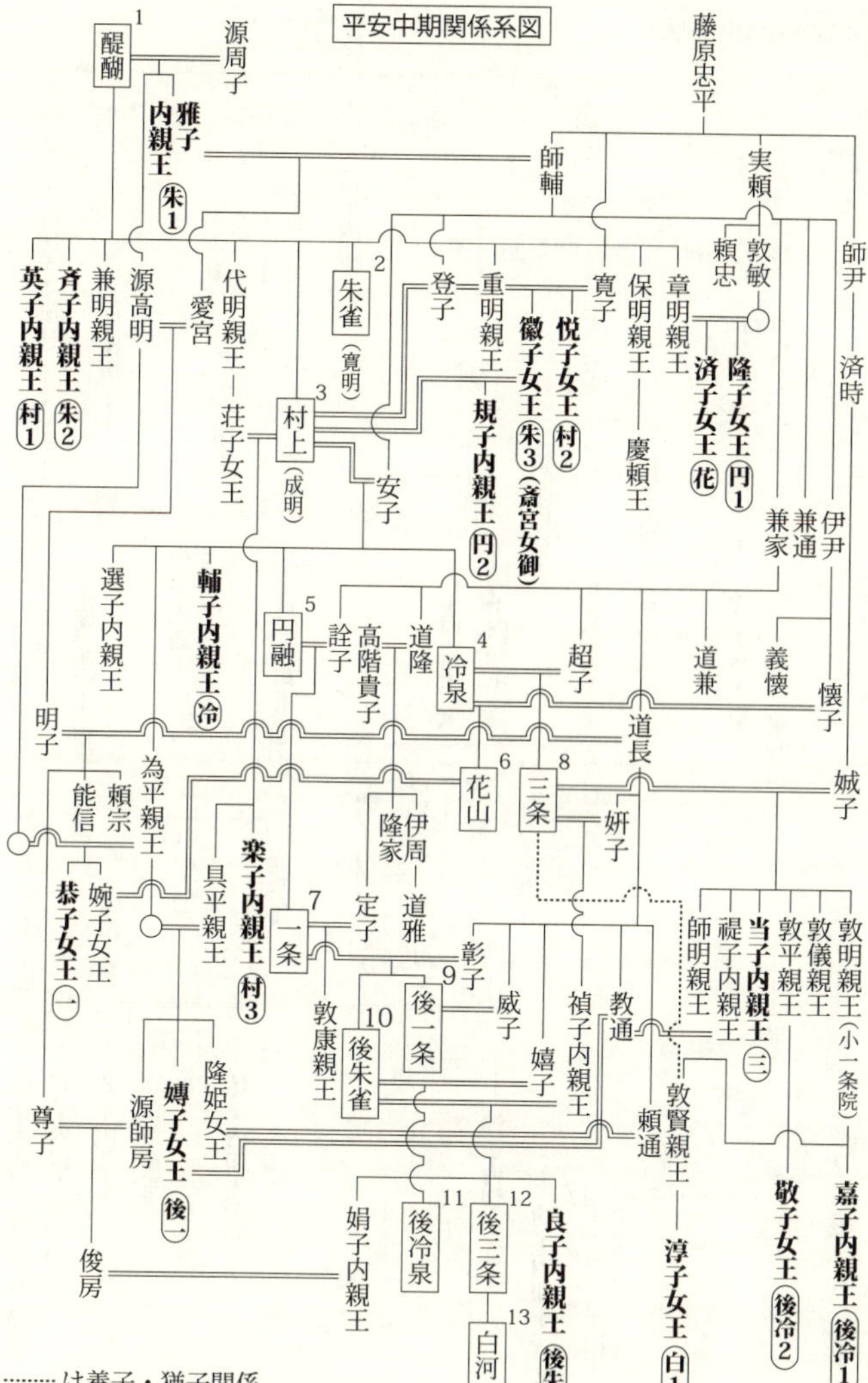

……は養子・猶子関係

平安後期関係系図

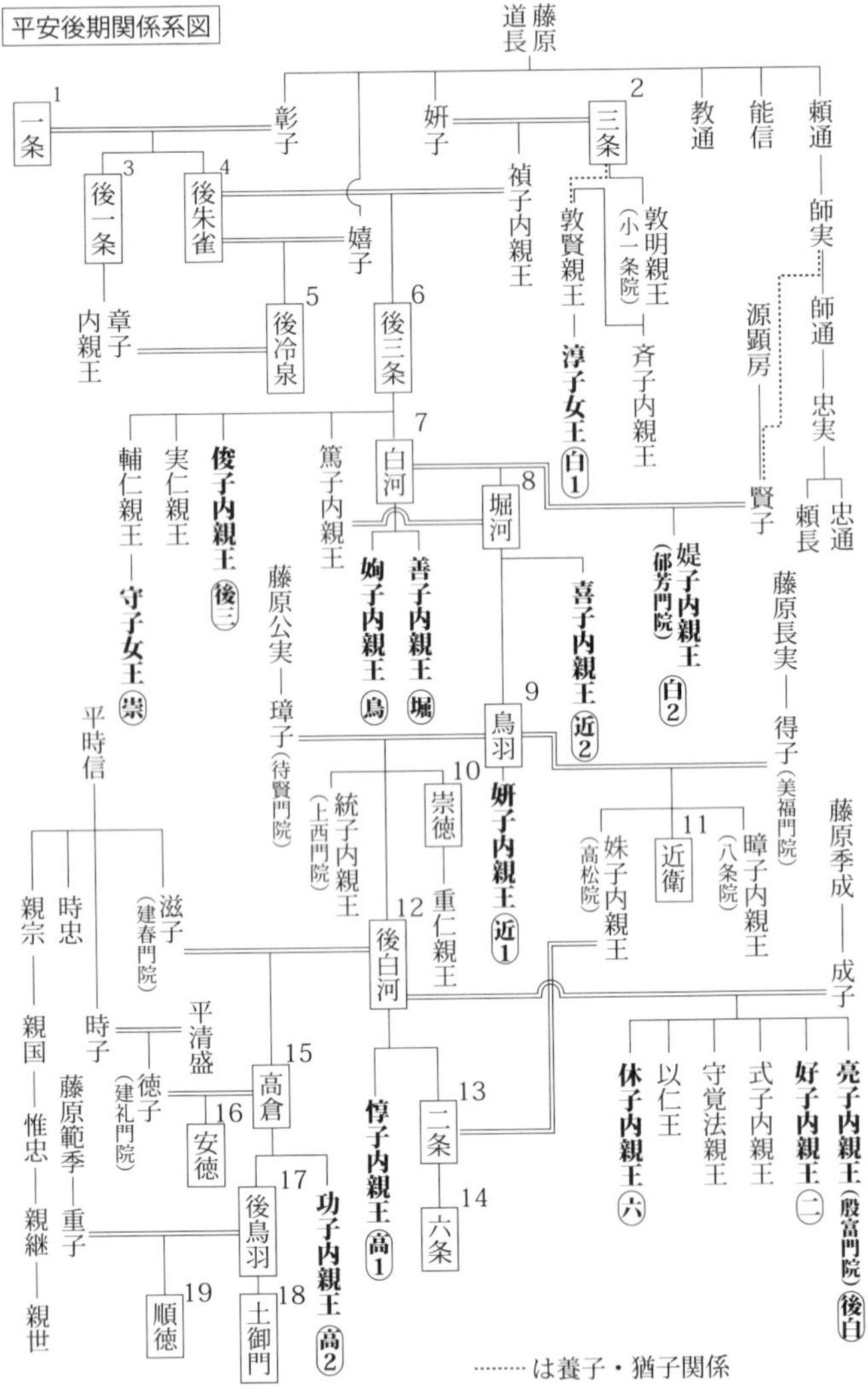

藤原道長
1 一条
彰子
妍子
2 三条
教通
能信
頼通
3 後一条
4 後朱雀
禎子内親王
嬉子
敦賢親王
敦明親王（小一条院）
師実
源顕房
師通
章子内親王
5 後冷泉
6 後三条
淳子女王 白1
斉子内親王
忠実
輔仁親王
実仁親王
俊子内親王 後三
篤子内親王
7 白河
8 堀河
賢子
頼長
忠通
守子女王 崇
藤原公実
姰子内親王 鳥
善子内親王 堀
喜子内親王 近2
媞子内親王（郁芳門院）白2
藤原長実
平時信
璋子（待賢門院）
9 鳥羽
得子（美福門院）
統子内親王（上西門院）
10 崇徳
妍子内親王 近1
姝子内親王（高松院）
11 近衛
暲子内親王（八条院）
藤原季成
親宗
時忠
滋子（建春門院）
12 後白河
重仁親王
成子
親国
時子
平清盛
15 高倉
惇子内親王 高1
13 二条
休子内親王 六
以仁王
守覚法親王
式子内親王
好子内親王 二
亮子内親王（殷富門院）後白
惟忠
藤原範季
徳子（建礼門院）
16 安徳
14 六条
親継
重子
17 後鳥羽
功子内親王 高2
親世
19 順徳
18 土御門
……は養子・猶子関係

鎌倉・南北朝期関係系図

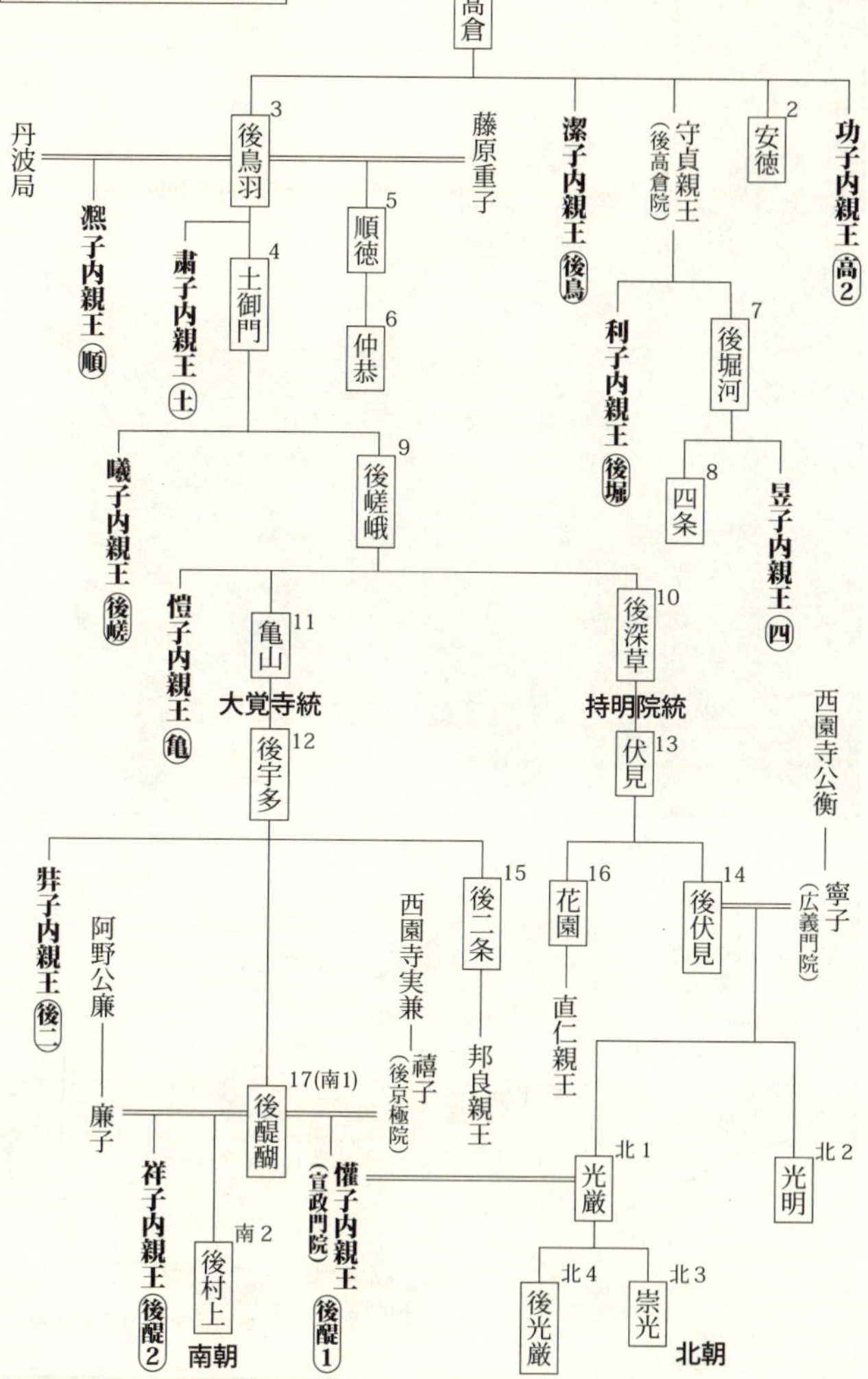

1 高倉
3 後鳥羽
丹波局
藤原重子
潔子内親王 後鳥
守貞親王（後高倉院）
2 安徳
功子内親王 高2
凞子内親王 順
粛子内親王 土
4 土御門
5 順徳
6 仲恭
利子内親王 後堀
7 後堀河
8 四条
昱子内親王 四
曦子内親王 後嵯
9 後嵯峨
愷子内親王 亀
11 亀山
大覚寺統
12 後宇多
10 後深草
持明院統
13 伏見
西園寺公衡
寧子（広義門院）
14 後伏見
16 花園
直仁親王
15 後二条
邦良親王
西園寺実兼
禧子（後京極院）
昪子内親王 後二
阿野公廉
廉子
17(南1) 後醍醐
祥子内親王 後醍2
南2 後村上
南朝
懽子内親王（宣政門院） 後醍1
北1 光厳
北2 光明
北4 後光厳
北3 崇光
北朝

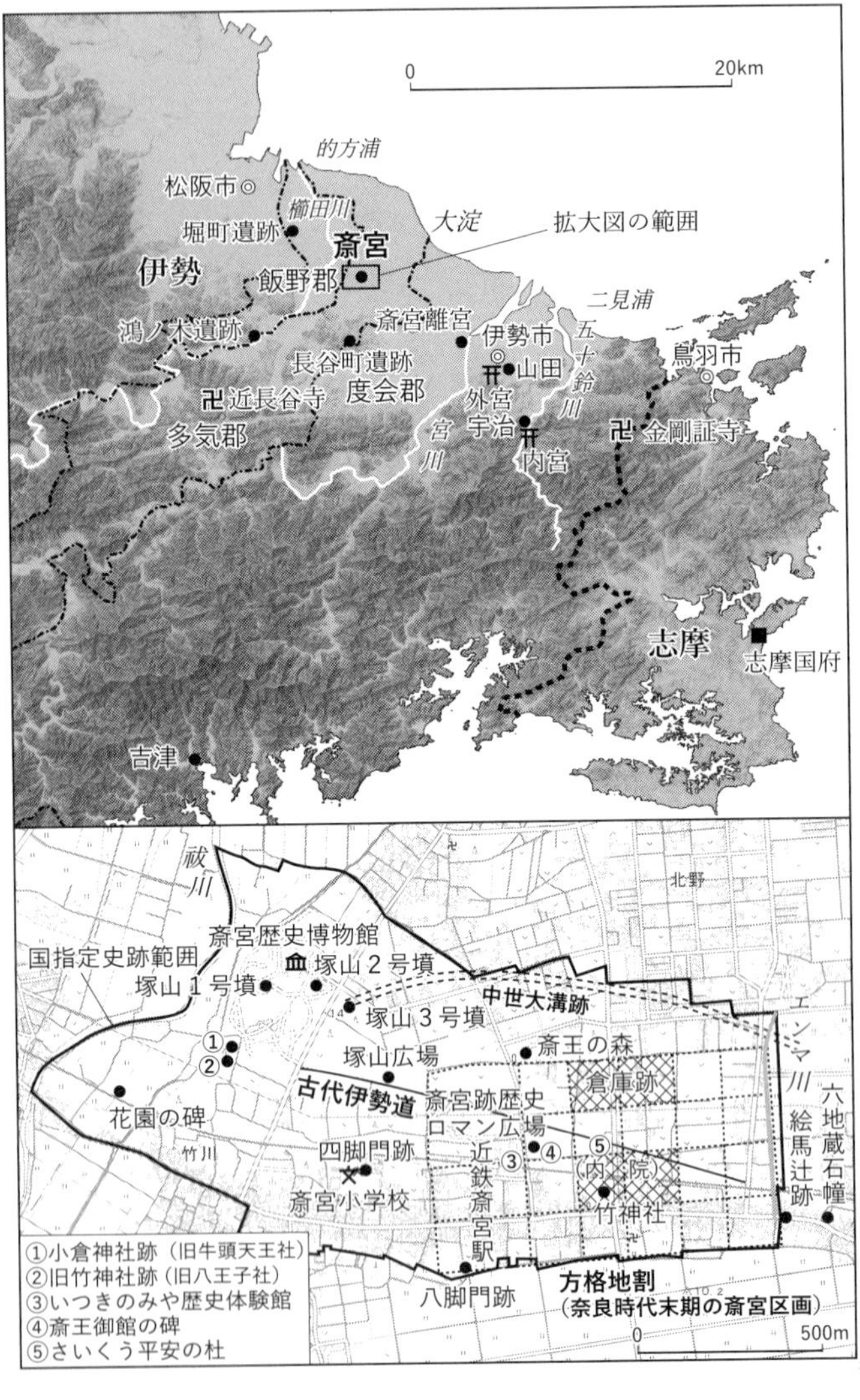
0
20km
的方浦
松阪市
櫛田川
大淀
拡大図の範囲
堀町遺跡
斎宮
伊勢
飯野郡
二見浦
斎宮離宮
鴻ノ木遺跡
伊勢市
五十鈴川
長谷町遺跡
山田
鳥羽市
近長谷寺
度会郡
外宮
宇治
多気郡
宮川
金剛証寺
内宮
志摩
志摩国府
吉津
祓川
北野
斎宮歴史博物館
国指定史跡範囲
塚山2号墳
塚山1号墳
中世大溝跡
塚山3号墳
エンマ川
斎王の森
塚山広場
倉庫跡
古代伊勢道
斎宮跡歴史
ロマン広場
六地蔵石幢
絵馬辻跡
花園の碑
竹川
四脚門跡
近鉄斎宮駅
(内院)
斎宮小学校
竹神社
①小倉神社跡(旧牛頭天王社)
②旧竹神社跡(旧八王子社)
③いつきのみや歴史体験館
④斎王御館の碑
⑤さいくう平安の杜
八脚門跡
方格地割
(奈良時代末期の斎宮区画)
0
500m

第1章　そもそも斎王とは、斎宮とは

斎王といい斎宮というが、それはいったい何なのか。もっとも単純にいえば、天皇の代替わりごとに未婚の皇族女性から選ばれ、その天皇一代の間、伊勢神宮に仕える人である。本来は伊勢神宮限定の職務であった。

職務と書いたが、斎王という立場が官職（大臣とか大納言《だいなごん》、女官なら内侍《ないし》とか）なのか身位《しんい》（皇后とか皇太子とか中宮《ちゅうぐう》とか）なのかは、実はよくわからない。斎王には官位相当（官職と正《しょう》一位《いちい》とか従二位《じゅにい》とかいった官位と対応すること、ちなみに大臣は正・従の二位相当）はなく、退任すると普通の皇族に戻る。

斎王は亀卜《きぼく》という占いで選ばれる。亀《かめ》（日本ではウミガメ）の背甲《はいこう》から造った卜甲《ぼっこう》に傷をつけ、熱を加えて入ったひびの形で神意をうかがう、という。中国では殷《いん》代以来行われてきた卜占《ぼくせん》だが、近年の研究では、手を加え放題で、既成の政治の方向性を神意によって決定づけるために存在したらしい。実際現在伝わっている『新撰亀相記《しんせんきそうき》』という文献を見ても、とても客観的とは思えない。

斎王はその天皇の譲位・崩御・親族の死による服喪などで交替するまでは伊勢に居つづけ、一年間に三回、内宮《ないくう》・外宮《げくう》に参詣《さんけい》する。その居住した宮殿が斎宮である。まず、斎宮や斎王について、その歴史や制度について説明していこう。

1　斎王と斎宮の特質

斎宮の意味

斎宮、音読みすると「さいくう」（さいぐう）、訓読みすると「いつきのみや」。「斎宮」の字は中国から借りたもので、本来皇帝が祭祀《さいし》を行う前に潔斎を行う居所のことである。ちなみに北京《ペキン》の故宮《こきゅう》にも皇帝の控え室としての斎宮がある。

だから意味としては「いつきのみや」を理解するほうが正確だといえる。とはいえ「いつく」は漠然とした難しい言葉だ。

一般的な辞書では、「いつく（斎く）」は「けがれを除き、身を清めて神に仕える」と説明される。なるほど「けがれを除き、身を清めて神に仕える宮」という意味か、と理解できる。ところが注意すべきは「いつくみや」ではなく「いつきのみや」としていることだ。この場合「いつき」とは、「いつく」の連用形「いつき」が名詞化したものと考えられる。早い話が、奈良時代の文献を見ていると、伊勢神宮に仕える最高位の立場の人は、単に「斎」と呼ばれていたのだ。この場合、「いつき」とは職名なのである。

さらに八世紀の『続日本紀《しょくにほんぎ》』や九世紀の『日本後紀《にほんこうぎ》』『続日本後紀《しょくにほんこうき》』などの歴史書には「斎内親王」「斎女王」という記述が見られる。「斎を務める内親王（天皇の娘）」「斎を務める女王（天皇の孫より下の世代の皇族女性）」の意味だ。

とすれば、「斎宮」とは、「斎」の住む宮ということになる。では「宮」とは何か。「宮」とは、皇族の居所をいう。平城宮《へいじょうきゅう》、長屋王宮《ながやおうきゅう》などである。そこには大小の違いはあるが家政機関がある。斎宮にも「斎宮寮《さいくうりょう》」という維持機関が置かれ、さらにその下には十二（奈良時代には十三）の司《つかさ》が置かれていた（二八頁参照）。

つまるところ、斎宮とは、「伊勢神宮の『いつき』を務める皇族女性の住む宮殿」という意味である。

斎王についての二つの疑問

さて、ここまで書くと、二つの疑問を持つ方が出てくるかもしれない。一つは『続日本紀』以降はそうかもしれないが、『日本書紀《にほんしょき》』ではどうか、ということ。もう一つは、「伊勢神宮の『いつき』以外には斎王はいないのか」ということだ。この二つに答えておこう。

まず『日本書紀』では、伊勢神宮に仕える皇族女性の職名として「斎」が使われることはない。五世紀と推定される雄略《ゆうりゃく》天皇や、『日本書紀』の記事が比較的信用できるようになる六世紀の継体《けいたい》天皇、欽明《きんめい》天皇、敏達《びだつ》天皇、用明《ようめい》天皇の皇女は「伊勢大神」や「日神」を祀《まつ》ったとしており、飛び抜けて新しい大来皇女《おおくのひめみこ》と、飛び抜けて古いトヨスキイリビメとヤマトヒメと五百《い》野皇女《おののひめみこ》は「天照大神《あまてらすおおみかみ》」を祀ったとするが、彼女らには職名はない。だから彼女らは――実在が明らかな最初の斎王といわれる、天武《てんむ》天皇の娘、大来皇女でさえも――斎王と呼ばれることはなく、伊勢にあった宮殿を「斎宮」と呼ぶこともない。斎宮という熟語は、天皇が祭祀の際に隠《こも》る建物や、伊勢神宮本体のことを指して使われることがあるが、普通名詞的であり、「いつく（ための）宮」と認識すべきだろう。国文学者の西宮一民《にしみやかずたみ》はこれらの斎宮を「いはひのみや（けがれを避け、身を清める建物。神を崇《あが》める建物）」と訓読していた。「斎王」とは厳密には、八世紀以降、律令《りつりょう》体制下に存在した制度なのである。

もう一つは、京都にあった「斎院」のことである。九世紀初頭、嵯峨《さが》天皇によって平安京《へいあんきょう》の第一の守護神と認識された賀茂《かも》神社（上賀茂《かみがも》神社、下鴨《しもがも》神社）にも斎王が置かれるようになった。その嵯峨天皇から順徳《じゅんとく》天皇まで、九世紀前半から十三世紀前半まで、賀茂斎王は続いていた。この斎王は、伊勢斎と呼び分けるために賀茂斎といわれ、また、その居所を斎院といった。「院」とは本来「塀で囲まれた複数の建物」を意味する漢字なので、「宮」より規模は小さいといえる。ただし平安宮のすぐ北にある紫《むらさき》野《の》に斎院を構えていたので、遠方にある伊勢斎宮ほどの自立性は求められておらず、より宮廷社会に近い存在と認識されていた。ちなみに賀茂斎王にも、斎院司という役所が維持機関として置かれている。

賀茂斎王は、毎年四月の賀茂祭に参加することをその主務としていた。現在の葵祭《あおいまつり》で見られる斎王代《さいおうだい》は、この斎王の形を戦後に女人行列を創置する際、復活させたものである。もちろん本来は皇族の女性が務めるものであった。賀茂斎王も建前は一代一人だが、その原則は早くから破られており、村上《むらかみ》天皇の娘、選子《のぶこ》内親王など五代にわたって奉仕し、大斎院と呼ばれている。

この制度は十三世紀前半に廃絶した。つまり、平安時代のほとんどと鎌倉時代の初期まで、斎王は二人いたのである。

なお、春日《かすが》大社にも九世紀後半の一時期、春日斎女と呼ばれる国家から任命された女性が置かれていた。ただしこれは、藤原《ふじわら》氏のなかから選ばれたもので、確実なところ二人の名前しか確認されていない。

斎王と祭主

ところでもう一つまぎらわしいものに「祭主」がある。祭主は大中臣《おおなかとみ》氏（八世紀後半の大中臣清麻呂《きよまろ》以前は中臣氏だった氏族のトップ級の一族）の氏長者《うじのちょうじゃ》（その氏の代表者）が継承する職務で、伝承では推古《すいこ》朝に始まるとされるが、その確立は藤森馨《ふじもりかおる》によると九世紀のようだ。令《りょう》外官《げのかん》で、天皇に代行して伊勢神宮に私的な祈願を行うことを主務としていた。もともと嵯峨天皇が私的に使ったものが公的になったと考えられているが、神祇官《じんぎかん》の次官である神祇大副《たいふ》と兼任することが通常になり、実質的に神祇官の実務を掌握する立場ともなる。そのため本務は京にあり、神宮には重要な祭祀（祈年祭《としごいのまつり》と三節祭《みおりのまつり》）のときや、必要に応じて勅使として参向することになっていた。常駐する斎王とフレキシブルな祭主という役割分担があったわけだ。

斎王制度は十四世紀には廃絶するが、祭主は斎王の衰退が顕著になる十二世紀後半には伊勢に祭主館を構えて土着し、伊勢神宮の実質的な支配者となる。しかし社会が乱れ、伊勢神宮も内宮・外宮で対立するようになる十五世紀後半には都に戻り、以後、なんと幕末までこの制度は続く。

ただし、注意しておかなければならないことがある。

祭主は男性であり、天皇との対応関係もない。再度いうが、祭主は大中臣氏の代表が代々務めてきた職務である。そして平安時代末期以降は、藤波《ふじなみ》氏という家が独占するようになった。ところが近代には祭主について大きな変化が生じた。一つは、神宮が国家によって置かれた神社となり、その官庁である神宮司庁《じんぐうしちょう》のトップとなったことである。第二次世界大戦後、神宮が宗教法人になってからは、祭主は宗教法人神社本庁の総裁ともなっている。

そして戦後にもう一つ大きな変化が生じた。祭主が元皇族の女性となったことである。このため斎王と祭主は一見よく似た存在となった。現在も斎王がいるとしばしば勘違いされることがあるが、斎王と祭主はその歴史的経緯のまったく異なるシステムである。

2　斎王の伝説をめぐって

斎王の「無理」――トヨスキイリビメの無理

では斎王とはどのような存在か。

斎王は、崇神《すじん》朝のトヨスキイリビメに始まるとよくいわれる。実際、おそらく鎌倉時代に編《へん》纂《さん》された歴代斎王を記した文献『斎宮記《さいくうき》』でもそうなっている。しかしそこには鎌倉時代的な認識、バイアスがかかっていることを忘れてはならない。

『日本書紀』によると、崇神天皇の時代、天皇と同床にあった「天照大神」を、そのままでは恐れ多いとして、娘のトヨスキイリビメに命じて倭 笠縫邑《やまとのかさぬいむら》に移した、とある。

六年に、百 姓《おおみたから》流離《さすら》へぬ。或《ある》いは背叛《そむ》くもの有り。其《そ》の勢《いきおい》、徳《うつくしび》を以《も》て治めむこと難《かた》し。是《ここ》を以て、晨《つと》に興《お》き夕《ゆうべ》までに惕《おそ》りて、神祇《あまつかみくにつかみ》に請罪《のみまつ》る。是《これ》より先に、天照大神・倭大《やまとのおお》国魂《くにたま》、二《ふたはしら》の神を、天皇《すめらみこと》の大殿《みあらか》の内に並祭《いわいまつ》る。然して其の神の勢《みいきおい》を畏《おそ》りて、共に住みたまふに安からず。故《かれ》、天照大神を以ては、豊鍬入姫命《とよすきいりびめのみこと》に託《つ》けまつりて、倭《やまと》の笠縫邑《かさぬいのむら》に祭る。仍《よ》りて磯堅城《しかたき》の神籬《ひもろき》を立つ神籬、此《これ》を比莽呂岐《ひもろき》と云《い》ふ。亦《また》、日本大国魂神《やまとのおおくにたまのかみ》を以ては、渟《ぬ》名城入姫命《なきのいりびめのみこと》に託けて祭らしむ。然るに渟名城入姫、髪落ち体痩《やすか》みて祭《いわいまつ》ること能《あた》はず。

（訓読は『日本古典文学大系　日本書紀』による。一部改変）

その背景には、流行病の蔓延《まんえん》や動乱などの社会不安があった。しかし天照大神の移遷《いせん》が何らかの効果につながったとは書かれていない。この後、社会的不安を鎮めた決定的要因は、三輪《みわ》山《やま》祭祀の確立をはじめとした、神祇制度の整備であった。

もちろん崇神天皇の時代に全国的に整えられた神祇制度、つまりヤマトの王権の宗教的な支配イデオロギーが全国津々浦々の神まつりにまで共有されることが始まったとは考えにくい。地方の神社にまでそうした統制が及ぶのは七世紀後半、全国の神社に幣帛《へいはく》を配る儀式を伴う祈年祭の開始以降と考えられ、さらに祈年祭の班幣《はんぺい》（幣帛を分配すること）も八世紀末期以降に拡大されたことが近年では指摘されている。『日本書紀』の記す「歴史」は、神祇官制が整備された八世紀の制度の起源を崇神朝に求めているにすぎない。ましてや本筋にならないトヨスキイリビメの話は、史実として理解するには無理があるだろう。

斎王の「無理」——ヤマトヒメの無理

続く垂仁《すいにん》紀には、伊勢神宮の遷座伝承として有名なヤマトヒメの巡行《じゅんこう》の話がある。すなわち、トヨスキイリビメから垂仁天皇の娘のヤマトヒメにスイッチして、各地をめぐり、伊勢神宮の場所を決めた、というものである。

廿五《にじゅうご》年（中略—二月に阿倍臣《あへのおみ》遠祖《とおつおや》武渟川別《たけぬなかわわけ》以下、和珥臣《わにのおみ》、中臣連《なかとみのむらじ》、物部連《もののべのむらじ》、大伴連《おおとものむらじ》の遠祖の五人の大夫《まえつきみたち》に「祭祀神祇」を命じたのち）三月《やよい》の丁亥《ひのとのい》の朔丙申《ついたちひのえさるのひ》に、天照大神を豊耜入姫命《とよすきいりびめのみこと》より離ちまつりて、倭姫命《やまとひめのみこと》に託《つ》けたまふ。爰《ここ》に倭姫命、大神《おおみかみ》を鎮め坐《ま》させむ処《ところ》を求めて、菟田《うだ》の筱幡《ささはた》に詣《いた》る。筱、此を佐佐《ささ》と云《い》ふ。更に還《かえ》りて近江国《おうみのくに》に入《い》りて、東《ひむがしのかた》美濃《みの》を廻《めぐ》りて、伊勢国に到《いた》る。時に天照大神、倭姫命に誨《おし》へて曰《のたま》はく、「是の神風《かむかぜ》の伊勢国は、常世《とこよ》の浪《なみ》の重浪《しきなみ》帰《よ》する国なり。傍国《かたくに》の可怜《うま》し国なり。是の国に居らむと欲《おも》ふ」とのたまふ。故《かれ》、大神の教の随《まにま》に、其の祠《やしろ》を伊勢国に立てたまふ。因《よ》りて斎宮《いわいのみや》を五十鈴《いすず》の川上《かわのほとり》に興《た》つ、是を磯宮《いそのみや》と謂《い》ふ、則《すなわ》ち天照大神の始めて天《あめ》より降《くだ》ります処なり。

近年の森博達《もりひろみち》による『日本書紀』の用字や文体の研究では、崇神紀とそれに続く垂仁紀の成立は『日本書紀』成立の直前、八世紀初頭のものであり、決して古くはならないという。

もとより『日本書紀』の編者はこのあたりの構成について深く考えていない。たとえば崇神天皇は即位後六十八年にして百二十歳で亡くなっている。つまり即位した年には五十二歳となる。とすれば、トヨスキイリビメも天照大神を祀ったときには相応の年となっているはずである。それから六十六年経《た》って崇神天皇から垂仁天皇に替わり、さらに二十五年経ってヤマトヒメに交替したとすれば、その間なんと九十一年となる。別の読み方をして、もっと早くに替わったのであり、二十五年目に伊勢に遷座したのだとしても、ヤマトヒメの母の皇后日葉酢《ひばす》媛《ひめのみこと》は垂仁天皇十五年に「喚《め》」された丹波《たんば》五女の一人で、ヤマトヒメはその四番目の子とされているので、垂仁天皇二十年前後の生まれとなる。つまりいくら早くても、そのころまではトヨスキイリビメが務めていなければおかしいことになる。とすれば八十五年程度となるわけである。そしてヤマトヒメは五歳程度で伊勢に向かい、それから七十五年伊勢にいたことになる。

また、垂仁天皇は九十九年統治して百四十歳で亡くなったのであるから、即位時は四十一歳、ヤマトヒメは六十代で生まれた子、ということになる。ありえない話ではないが、垂仁朝の終わりまで七十代後半になっていることになる。ところが彼女は、次の景行《けいこう》天皇四十年にヤマトタケルと伊勢神宮で逢《あ》っている。このときには百十代後半となってしまうのである。

『日本書紀』の伊勢神宮観

子供じみた揚げ足取りをしているが、注意していただきたいのは、これらの計算が、『日本書紀』編纂時に行われた暦法の当てはめによる天皇起源の引き伸ばしの結果生じたものだということである。実は『日本書紀』はよくできていて、天皇が長命であることを特化するため、二代の天皇に仕えた臣下をほとんど出していない。例外として見られるのが五代に仕えたとする武内宿禰《たけのうちのすくね》で、後世に二百八十歳とも三百歳以上とも語られる、意識的に長命と設定された伝説上の人物である。それに対してトヨスキイリビメやヤマトヒメの場合、むしろ天皇の年齢を引き伸ばす前後の時期に取り込まれた関係だろう、結果的に長命となってしまったと見るべきだと思う。というのも、『日本書紀』には次の異伝も見られるからである。

一《ある》に云はく、天皇《すめらみこと》、倭姫命《やまとひめのみこと》を以て御杖《みつえ》として、天照大神に貢奉《たてまつ》りたまふ。是《ここ》を以て、倭姫命、天照大神を以て、磯城《しき》の厳橿《いつかし》の本《もと》に鎮め坐《ま》せて祠《まつ》る。然《しこう》して後に、神の誨《おしえ》の随《まにま》に、丁巳《ひのとのみ》の年の冬十月《かんなづき》の甲子《きのえねのひ》を取りて、伊勢国の渡遇宮《わたらいのみや》に遷しまつる。是の時に、倭大《やまとのおお》神《かみ》、穂積臣《ほづみのおみ》の遠祖《とおつおや》大水口宿禰《おおみくちのすくね》に著《かか》りたまひて、誨《おし》へて曰《のたま》はく「太初《もとはじめ》の時に、期《ちぎ》りて曰はく『天照大神は、悉《ことごとく》に天原《あまのはら》を治《しら》さむ。皇御孫尊《すめみまのみこと》は、専に葦原中国《あしはらのなかつくに》の八十魂神《やそみたまのかみ》を治さむ。我は、親《みずか》ら大地官《おおつちつかさ》を治さむ』とのたまふ。言已《いうことすで》に訖《おわ》りぬ。然るに先皇《さきのみかど》御間城《みまき》天皇《すめらみこと》、神祇《あまつかみくにつかみ》を祭祀《いわいまつ》りたまふと雖《いえど》も、微細《くわ》しくは未《いま》だ其の源根《もと》を探りたまはずして、粗《おろそか》に枝葉《のちのよ》に留《とど》めたまへり。故《かれ》、其の天皇命《みいのち》短し。是《ここ》を以て、今汝御孫尊《いましみまのみこと》、先皇《さきのみかど》の不及《かけたること》を悔いて慎《つつし》み祭《いわ》ひまつりたまはば、汝尊《いましみこと》の寿命《いのち》延長《なが》く、復天下太平《またあめのしたたいら》がむ」とのたまふ。時に天皇、是言《このみこと》を聞《きこ》しめして、則ち中臣連の祖探湯主《おやくかぬし》に仰《みことおお》せて、卜《うら》ふ。誰人《たれ》を以て大倭大神《やまとのおおかみ》を祭らしめむと。即ち渟名城稚姫命《ぬなきわかひめのみこと》、卜《うら》に食《あ》へり。因りて渟名城稚姫命に命《みことおお》せて、神地《かむどころ》を穴磯邑《あなしのむら》に定め、大市《おおち》の長岡岬《ながおかのさき》を祠《いわ》ひまつる。然るに、是の渟名城稚姫命、既に身体《みみ》悉《ことごとく》に痩《やさか》み弱りて、祭《いわ》ひまつること能はず。是《ここ》を以て、大倭直《やまとのあたい》の祖長尾市《おやながおち》宿禰《すくね》に命《みことおお》せて、祭らしむといふ。

ここではヤマトヒメが一代で垂仁朝に伊勢神宮を定めたとしており、崇神朝に見られるヌナキイリビメの話も垂仁朝とされている。この異伝は、倭大神を「大地官」として天照大神や皇《すめ》御孫尊《みまのみこと》（天皇のこと）と並んで重要な神と持ち上げ、大倭直《やまとのあたい》の祖先長尾市《ながおち》宿禰を重視しているので、倭大神を祀った大倭氏の氏族伝承に基づくものと考えられる。とすれば、『日本書紀』的な伊勢神宮成立史より古い形のものと考えられよう。そして『日本書紀』編纂時点でも、崇神紀と垂仁紀の天照大神祭祀についての「歴史的」な位置づけは、確たるものではなかったのである。

『日本書紀』ではこのようになっているが、では『古事記』ではどうか。実は『古事記』には、トヨスキイリビメは崇神天皇の系譜のなかに名前があるものの、「伊勢大神の宮」を拝祭したと注されるだけである。ヤマトヒメも同様で、景行天皇記のヤマトタケル物語のなかでこそ活躍するが、その前の垂仁天皇記には独自の話は記されていない。つまり、『古事記』には伊勢神宮をヤマトヒメが定めたという話は出てこない。また、ヤマトヒメはヤマトタケルの叔母ではあるが、それほど年の離れていない印象がある。『古事記』では伊勢神宮は超歴史的にずっとあったと認識されていたから、という見解もあるが、トヨスキイリビメとヤマトヒメ以前には「伊勢大神を祭った」とする皇女の記述は見られない。これは、この二人のころから伊勢神宮があったという程度の認識はあった、それしかなかった、ということである。『古事記』は『日本書紀』に比べて後世の史書等にほとんど引用されていないので、天皇家周辺だけで読まれていた秘伝書的な歴史書だったと考えられるが、伊勢神宮の歴史的経緯については、そのなかでも共有されていなかった、と見るべきだろう。伊勢神宮についての具体的な物語は、七世紀末期にはまだまとまっていなかったのである。

つまるところ、トヨスキイリビメとヤマトヒメについての『日本書紀』の記述は、『日本書紀』完成期にようやく文章になった、成立の新しいものだと考えられる。

伊勢神宮の建物の意味

とはいえ、天照大神を祀った皇族女性、というイメージはそこまで新しいか、というと必ずしもそうともいえない。たとえばトヨスキイリビメの名前にある「イリ」という名称は「ミマキイリヒコイニエ（崇神天皇のもともとの和風諡号《しごう》（死後に贈る名前））」「イクメイリヒコイサチ（同じく垂仁天皇）」にも見られるもので、これらの天皇の伝承が確立したころから伝えられていたと考えうるものである。つまり伝承的に伝えられていた古代の女性祭祀者の名をヒロインとして借りた可能性がある。またヤマトヒメは、ヤマトの代表として伊勢に送られた姫の総称、つまり斎王という職の元の名称だった可能性もある。素材としては古いものを使っているのかもしれない。

そして伊勢神宮の建物に似た三世紀の建物が、奈良県の纏向《まきむく》遺跡の宮殿的遺構のなかで発見されている。ならば伊勢神宮の建築のルーツも古いのかもしれない。

しかし、形が似ているからといって、さかのぼっても七世紀末期までしか上がらない伊勢神宮の建築（遷宮制成立の上限と連動するから）と、古墳時代前期の建物を直結するには無理がありすぎる。日本の宮殿建築は、飛鳥板蓋宮《あすかいたぶきのみや》という言葉があるように、七世紀前半でも板蓋でやっと高級な程度、檜皮葺《ひわだぶき》や瓦葺《かわらぶき》はまだまだ未発達だったと考えられる。つまりは古墳時代からそうは発展していなかったと見られる。たとえ古風なものであっても、権威を表す似たりよったりの建物はどこでも発生することはありえたのである。

ただ、伊勢神宮の建築が、古い時代の権威を示す形式の形になっていた可能性は注視しておく必要がある。なぜなら、七世紀後半の天武朝から見て、垂仁朝や景行朝は、実年代がどうであれ「古代」にほかならないからだ。伊勢神宮に見られるいわゆる「神明造《しんめいづくり》」は、七世紀の支配層——すでに仏教寺院に接しており、瓦葺建築を取り入れた飛鳥浄御《きよみ》原宮《はらのみや》を知っている世代——にとって、「遠い昔」を連想する建物だったと考えられるのである。

「古代」の「斎王」

単純に暦の年代をそのまま当てはめると、伊勢神宮の成立は二千年あまり昔ということになる。弥生時代の半ばになってしまうが、現在の伊勢神宮はこの考え方を踏襲して、二千年の歴史と称している。そこにこだわる必要はないが、『日本書紀』の史観では、神祇制度のはじまりの時代に、宮中から天照大神が出されたということになっている。これは伊勢神宮と神祇官を考えるうえで興味深い問題ではないだろうか。『日本書紀』は、崇神天皇七年に、「天社《あまつやしろ》国社《くにつやしろ》及び神地神戸《かむどころかむべ》」の制度が定められたが、天照大神はこうした神の体系化とは別のプロセスで祀られたとしているのである。久禮旦雄《くれあさお》によると、もともと宮廷祭祀を行う役職だった祭官が全国の神まつりを掌握する神祇官に発展していくのは天智《てんじ》・天武朝のことである。そしてこの時期に全国の神社の別格頂点として伊勢神宮が位置づけられ、律令神祇祭祀体制は完成するのである。『日本書紀』はこの体制を、崇神朝にさかのぼって存在したもの、と主張していることになる。とすれば、トヨスキイリビメやヤマトヒメの姿には、七世紀後半の理想的な斎王像が投影されているということもできるように考えられる。

というのも、五世紀―六世紀の伊勢神宮に仕えた皇女たちには、どうもダメな雰囲気が漂っているからなのである。たとえば雄略天皇の時代の稚足姫《わかたらしひめ》は「伊勢大神」に仕えたが、密通の疑いをかけられて自死し、雄略がその腹を裂かせたところ、水と石しか出てこなかった、とする。私は以前、これは雄略の暴虐伝説の一つで、神意を疑ったので子孫が絶えた、という話なのではないかと考えた。それは今も変わっていないが、改めて気がつくのは、雄略が代わりの皇女を送っていないことである。この事件は雄略三年にあり、雄略の治世はなお二十年ほど続いているのにである。

同様のことは欽明天皇の娘、磐隈皇女《いわくまのひめみこ》にもいえる。磐隈皇女は、またの名を夢皇女《ゆめのひめみこ》、はじめ「伊勢大神」に侍祀するも、のちに皇子茨城《うまらき》に姦《おか》されて解かれるとある。また、敏達天皇七年三月には、菟道磯津貝皇女《うじのしつかいのひめみこ》を「伊勢祠」に侍《はべ》らせたが、池辺皇子《いけへの》に姦され、事が露見して解かれたとする。これらの皇女の場合も、途中で解任されているが後任は選ばない、という意識で書かれているのである。

ところが一方で、用明天皇の娘、酢香手姫皇女《すかてひめのひめみこ》は、三代にわたって「日神」に仕えたとする。一代一人どころではない。どうも制度としては中途半端すぎる。さらにその後約七十年にわたって伊勢神宮という神社についての記述は『日本書紀』には出てこない。

このように、六世紀の伊勢神宮を祀る皇女についての記述は、八世紀の斎王に比べると不自然な特徴がしばしば見られるのである。

さて、近年、七世紀以前の王権祭祀について古代史学界では、大王が直接行うのではなく、周辺の氏族に委託されて行われていたと考える意見がよく見られるようになっている。大神神《おおみわ》社の三輪《みわ》氏、石上《いそのかみ》神宮の物部《もののべ》氏、住吉《すみよし》神社の津守《つもり》氏などである。こうした傾向はたしかに見受けられるのだが、伊勢神宮の場合は少し違う。託されているのは王族である斎王なのであり、大王家の枠からは出ていないのである。

ということは、斎王らしきものは、大王の娘が大王に準ずるような特別の存在になってはじめて成立するのである。それは大王を出す血縁集団が特化された、ということである。つまり斎王は、「大王家（後世の「家」とは同じではないが）」という概念が成立してのちに誕生したということになろう。

大王家が他の氏族に対して特別の立場を築いたのは六世紀中ごろと考えられる。欽明天皇は息子の敏達・用明を異母姉妹と結婚させ、血族結婚による血統の純粋化を図っている。『日本書紀』を見ていても、五世紀の皇女たちはその結婚や子孫についてもほとんど記されていないのに対し、六世紀の皇女のそれは、政治的な意味を持ち始めるようになる。

伊勢神宮に仕える皇女で、ある程度信憑《しんぴょう》性のある記事は、だいたいこうした時代のものなのである。その意味で、伊勢神宮の祭祀は「大王家」の確立と連動して整備が始まった、といえないこともないだろう。その役割を担ったと考えられるのが、彼女ら伊勢大神を祀った皇女たちなのである。

そのプロローグとなったのは先述した稚足姫皇女、あるいは栲幡《たくはた》皇女といわれる女性の伝奇的な記録である。この皇女の伝承は、雄略の王権が伊勢神宮の祭祀の誤りによって滅び、継体以降軌道に乗った、という意識で書かれたもので多分に伝説的である。五世紀を伝説の時代にして六世紀の、まだ未整備なので一見ダメに見える皇女たちがあらわれる。それは、六世紀以前の「プレ斎王」たちを伝説として、七世紀後半の大来皇女以降を斎王の歴史とする『日本書紀』の構造と入れ子の形になっていると考えられる。

3　斎王成立の背景

近江政権と壬申の乱

伊勢神宮と天照大神の地位を確定したのが壬申《じんしん》の乱であることは間違いない。この戦《いくさ》を考えるときに忘れてはならないことは、勝者となり即位した天武天皇が、敗者である大友皇子《おおとものおうじ》の父、天智天皇の行ったことを否定したわけではないことである。そしてもう一つ、天皇としての天智の治世が四年に満たない短いものだったことである。

よく知られていることだが、白江《はっこう》（白村江《はくすきのえ》）の戦の直前に斉明天皇《さいめい》が没して後、日本には国王がいなかった。中大兄皇子《なかのおおえのおうじ》が称制となり、政務を見たとしているのだが、実質的には専制君主を置かない集団的指導体制だったと考えられる。斉明が現役中に急逝し、朝鮮半島への外交的な窓口も失ったことで、国内への専制権力の行使も、外交の独占による優位性の維持も、そのままでは生かせなくなっていたのである。王権とは何をするものか、どのようにすれば王権を保てるのかが支配者層の大きな課題になっていた。仮にこの政権を近江政権としておくが、その特質としていくつかのことが挙げられる。

まずなんといっても、百済《くだら》滅亡による大量の亡命者の渡来である。これまでの断片的な知識や文物ではなく、圧倒的な情報が大陸から流入してきた。この時期の西日本に城《き》、あるいは神《こう》籠石《ごいし》と呼ばれる朝鮮式山城が大量に造られることはその典型的な現れである。高度な土木技術と計画的な労働管理と均質的な情報共有と、それを可能にする専門家の配置がなければ、雨後の筍《たけのこ》のような山城の誕生はありえないだろう。その編成を行ったのが近江政権である。彼らは亡命渡来人を編成し、大型土木プロジェクトを通じてその圧倒的な権威を全国に見せつけたのである。

そして人の使い方も同様である。文書行政ができる人々が急増したことで、庚午年籍《こうごねんじゃく》をはじめとした人民把握が可能になり、班田収授《はんでんしゅうじゅ》や租庸調《そようちょう》制を可能にした全国的な文書行政の展開が行われ、これまでにはありえなかった全国的な動員や、そのための食糧分配が可能になった。その背景には、皮肉なことだが、朝鮮半島の権益を失ったことによる国際的な危機感があった。近江政権は対外的危機を煽《あお》ることで指導者としての権力集中を可能にしたのである。

近江政権の頂点

しかしその権力の頂点に立つべき者、王権の責任者は空位のままであった。この大改革のなかで、近江政権は新しい王権の形をずっと模索していたのである。戦後処理の結果、かつて例を見ない権力集中を可能にした新しい王権が生まれつつあったが、それはきわめて複雑な機能になっており、その指揮系統は生半可なことで維持できるものではなくなっていた。そのシステムを構築し、ここまで動かしてきた近江政権の代表として全国的に認められたのが、称制としてての実績を積んだ中大兄皇子だったのである。中大兄皇子は満を持して、このシステムを動かせる唯一の指導者としてその地位に就き、天智天皇となった。それが「天皇」という名を伴ったものかどうかは問題があるが、これまでにない専制君主が生まれたことは間違いないだろう。そして漢字文化に代表される膨大な情報記録を利用して、国々の隅々まで掌握する王権が列島を支配しようとしていた。それはまさに全国に一つのシステムが導入されようとしていたことである。簡単にいえば、日本という国が生まれようとしていたのである。

しかしながら、天智は四年しか保たなかった。その最晩年においても、カリスマとしての彼は働きつづけなければならず、そのシステムを後継者に渡す準備を整えられなかった。王権継承の仕組みを造れなかったのである。残されたのは、称制時代から天智をサポートしてきた、政治の裏の義理人情に縛られた近江王権の集団指導者たちと、天智が次世代として期待した、渡来系の先進教育を受け、国際人として国家システムを運用できるドライな若者層だった。大《おお》海人皇子《あまのおうじ》は前者の代表、大友皇子は後者の代表といえる。

大海人皇子は、伊賀《いが》・伊勢・美濃などの豪族や、大和に留《とど》まっていた大伴氏などの支持を得てこの戦に勝ち、天武天皇となった。おそらく天智称制の時代から、彼は天智の弟かつ娘婿という立場で、畿内《きない》周辺地域と王権との仲介役を務めており、各地域とそれなりに深い関係を築けていたのだろう。その意味では壬申の乱は、都市王権と周辺後進地域との戦であり、改革派と守旧派との戦いともいえる。跳ね上がった改革派は、大衆の支持を受けられず、湖畔の都の焼亡とともに潰《つい》え去ったのである。

近江政権の継承者

しかし現実はそんなに簡単なものではない。国家というシステムの味を占めてしまった支配層がその権益をみすみす手放すことは考えにくい。そして大海人皇子自身も遁甲《とんこう》や天文に通じ、後の諡《おくりな》に「真人《まひと》」の字を入れられるほど、渡来系知識に通暁している、近江政権の中核の一人にほかならなかったのである。

壬申の乱に勝利した大海人は、中臣金《かね》、蘇我赤兄《そがのあかえ》など近江政権の長老級を処分したが、そのシステムや、それを動かす官僚層はしっかりと受け継いだようである。しかし太政大臣であった大友と違うのは、近江政権発足時の唯一の生き残りとして、大臣を置かない専制君主となったことである。同世代の近江政権の有力者を排除し、彼はこのシステムの唯一の運転手、天武天皇となった。その補佐をしていたのが高市皇子《たけちのみこ》をはじめとした皇親たちである。天皇の子供であることは、天武政権下では重要な政治的意味を持っていた。

その天武天皇は壬申の乱の当初期に、伊勢と尾張《おわり》の国境に近い朝明《あさけ》の迹太川《とおがわ》で「天照大神」を遥拝している。歴史的に信憑性の高い出来事のなかではじめて記された「天照大神」である。この神は祈年祭の祝詞《のりと》のなかでは、全国を一律にみそなわす神と認識されている。まさに「天」を主宰する神として遥拝を受けたのである。つまり天智政権が考案した全国を均一に支配するシステムを体現する神として天武が感得したのが、天照大神だったのである。

そのシステムこそ、まさに律令国家体制にほかならないことは、今さらいうまでもないだろう。

そして天武天皇は女性に護《まも》られた天皇でもあった。天智・天武の権力は母の斉明に由来するものであり、天智天皇の後継者としての天武の立場は、天智の娘である大田皇女《おおたのひめみこ》、鸕野讃良《うののさらら》皇女《ひめみこ》によって保障されていた。その鸕野讃良皇女（のちの持統《じとう》天皇）は壬申の乱で同行し、この遥拝のときにも居合わせたと考えられる。天武が自らの守護をする神を女性として認識したのだと考えても不思議ではない。そして彼は六世紀の皇女たちのように自らの娘にこの神を祀らせた。皇女が天皇を支える、これも皇親政治の一環と理解できるだろう。こうして大来皇女が伊勢に送られる。実質的な斎王の始まりである。

4　斎王制度の確立

斎王の復活

持統天皇は斎王を置かなかった。しかし、伊勢神宮に関わる制度的整備は実際にはこの時代に始まった可能性が高い。契機は持統の二度にわたる伊勢行幸である。一度目の行幸（持統天皇六年三月）では、中納言大神高市麻呂《おおみわのたけちまろ》が強硬に反対した。大神神社より高位のカミ、しかも三輪氏とはいわば競合する倭氏に関わる倭国魂神社とも関わるカミである天照大神の強大化を危惧《きぐ》したものだと考えられる。

一方、二度目（大宝《たいほう》二年〔七〇二〕、太上《だいじょう》天皇として）の三河《みかわ》行幸は多気《たき》郡的方浦《まとかたうら》（現松阪《まつさか》市）から伊勢湾内海路を利用したことがうかがえる。天皇行幸にも数あれど、国際的危機による斉明天皇の九州遠征を除き、天皇が確実に海を渡ったというのはこれだけである。あまり議論されることはないが、板子一枚下は地獄といわれるものによく天皇を乗せたものだと私は思う。それこそ少し手心を加えれば簡単に大惨事が起こりうる旅なのである。その渡海にもっとも奉仕したのはこの地域の海浜を支配する勢力、つまり伊勢神宮にも関わる多気郡内の氏族であろう。一度目の行幸は畿内の豪族たちにも反対の動きがあるが、二度目には海路という不安定な要素さえ問題にせず行われた。つまり二度目の伊勢行幸は、伊勢湾勢力が完全に畿内勢力に服したことを前提に行われている。それは、持統朝の地方行政の安定を広く知らせるための行為だったと考えられる。

要するに私は、持統天皇の一度目と二度目の伊勢行幸の間に、この地域では大幅な地方支配の整備が進められ、天皇の権威が行き渡るいわばモデル地区のように整えられていたのではないかと考えるのである。その代表となるのが伊勢神宮の整備ではなかったか。

文武朝と斎王

持統天皇の孫、文武《もんむ》天皇の初年（六九七）、多気郡にあったと見られる「多気大神宮」が度会《わたらい》郡に移される、という不思議な記事が『続日本紀』に見られる。これは伊勢大神宮寺のことだ、いや外宮のことだ、いや内宮のことだ、大神宮司のことだと諸説あり、一致を見ていない。私は文武朝以降このような郡をまたぐ伊勢神宮整備の例が、少なくとも八世紀には見られないことと、文武朝に斎王が再度置かれていることに注意したい。文武天皇二年九月十日条に「当耆皇女《たきのひめみこ》を遣《つかわ》して伊勢斎宮に侍らしむ」という記事が見られる。この記事は公的な歴史書のなかで、伊勢斎宮がはじめて出てきた瞬間である。

文武朝は伊勢神宮整備完成の時期と位置づけられているのである。持統朝に下地が整えられ、文武朝に完成する、伊勢神宮の制度はこのように位置づけられていたと考えられる。ただしそれはあくまでも『続日本紀』の史観であることも忘れてはならない。『続日本紀』の前半部分の記述はかなり省略されたものであり、そこには桓武《かんむ》天皇による再編纂の形跡さえうかがえる。そのなかで大宝元年（七〇一）の正月朝賀は「文物の儀、ここに備はれり」と記される。朝賀儀礼が定められただけの話なのだが、それは天皇の立場が明確になった、ということでもある。そして斎王の派遣と多気大神宮の移転はそれ以前に行われている。ここで一つの時代が終わったのである。そして文武天皇が即位し、最後の仕上げが行われ、すべてが整えられて大宝元年、大化《たいか》以来の公式年号を用いる年であり、律令ともに備わった大宝律令が発布される年を迎えた

斎王群行模型　平安宮郁芳門を出て東方の南北道路、大宮大路を歩みはじめたさまを再現している（写真・斎宮歴史博物館）

のである。

ただし、それはあくまで『続日本紀』の建前である。たとえば大宝元年には斎宮司が寮に準ずる扱いを受けるとされているが、大宝令以前に「司」という役所が整備されていたとは考えにくい。おそらく斎宮官とあったのを書き換えたのではないかと思う。そして実際の斎宮寮の整備は奈良時代中期、聖武《しょうむ》朝に行われている。そう簡単ではないのである。

斎王「制度」の整備

天武朝以降の斎王の大きな特徴として、選ばれてすぐに伊勢に向かうわけではないということが挙げられる。天武朝の大来皇女の場合、最初に一年ほど泊瀬《はつせ》斎宮と呼ばれる仮の宮に入っている。しかし文武朝の斎王、当耆皇女、泉内親王《いずみのないしんのう》等についてはよくわからない。明確なのは聖武天皇の娘、井上《いのえ》内親王が「北池辺新宮」に入ったとする『官曹事類《かんそうじるい》』という行事記録書

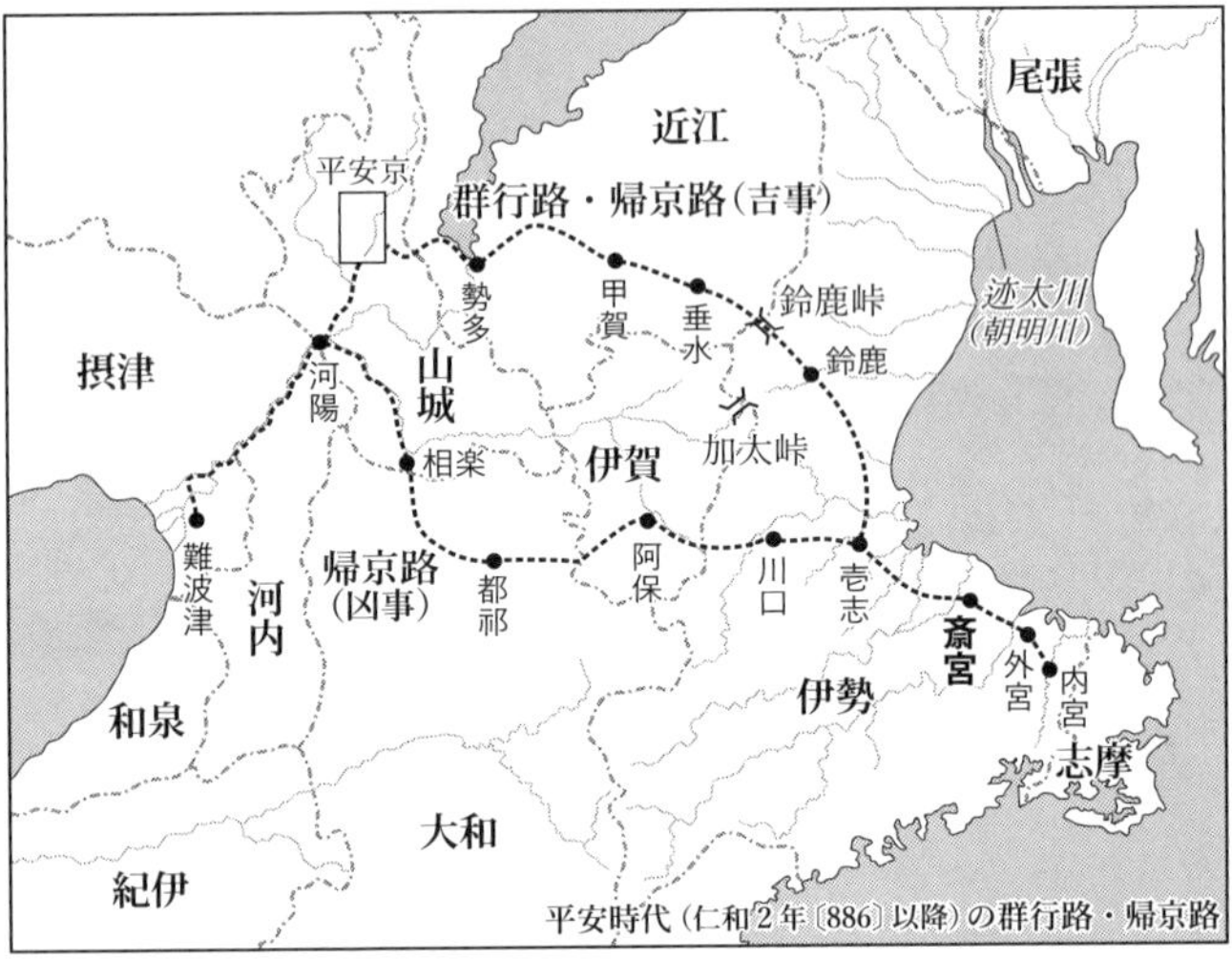

斎王の群行路と帰京路

の記事である。

奈良時代後期の酒人《さかひと》内親王以降、斎王の派遣前の斎居は明確に制度化したようで、九世紀になるとこの仮の宮殿を野宮《ののみや》というようになる。十世紀に編纂された『延喜《えんぎ》式《しき》』には『斎宮式』と呼ばれる斎宮関係の式（律令の施行細則）を集成したものが見られる。これによると、天皇が即位すれば、未婚の内親王から斎王を占いによって選ばねばならない。内親王がいなければ女王から選ぶ。選ばれた斎王は最初自宅で隔離され、日を選び宮中に一室を与えられ、そこで暮らすことになる。この部屋を初斎院《しょさいいん》という。そして次の九月に京外の適地を占い、野宮と定める。そしてまた一年をこの場所で暮らし、翌秋九月、伊勢神宮神嘗祭《かんなめさい》を意識して、ようやく伊勢に下るのである。この旅は五泊六日を要し、数百人が同行するその規模の大きさから、群行《ぐんこう》と呼ばれた、としている。

このような体制はおよそ九世紀を通じて整備されてきたようである。八世紀には「野宮」という用語はない。また、歴史史料から見ると、初斎院は清和《せいわ》朝以降に見られ、斎王の群行ルートは、東海道《とうかいどう》が伊賀を経由して加太《かぶと》峠を越えて伊勢に入っていたのを、光孝《こうこう》朝に近江から直接伊勢に入る鈴鹿《すずか》越えルートに改変して定着する。斎王を送る制度も段階的に整備されたのである。

斎王と斎宮寮

そして斎宮には、斎王のためのマネジメントを行う官司、斎宮寮が置かれた。この官司は文武天皇の時代から『続日本紀』に記録が見られるが、本格的に整備されたのは聖武天皇の娘、井上内親王が伊勢に派遣されたときで、神亀《じんき》四年（七二七）八月の格が『類聚三代格《るいじゅさんだいきゃく》』（ただし東北大学図書館狩野文庫にある狩野文庫本のみ）に引用されている。ここで斎宮寮の四等官や、その下位部局である十一の司の官位相当と定員が定められており、それ以前はそこまで厳密な規定がなかったものと考えられる。『続日本紀』には百二十一人の官人を任命したとあるので、斎宮寮の本格的な拡大と制度的な固定がこの時期に行われたと見ていいだろう。

斎宮寮の長官は、斎宮頭《かみ》また斎宮長官といわれる。長官は奈良時代には臨時の官司に使われ

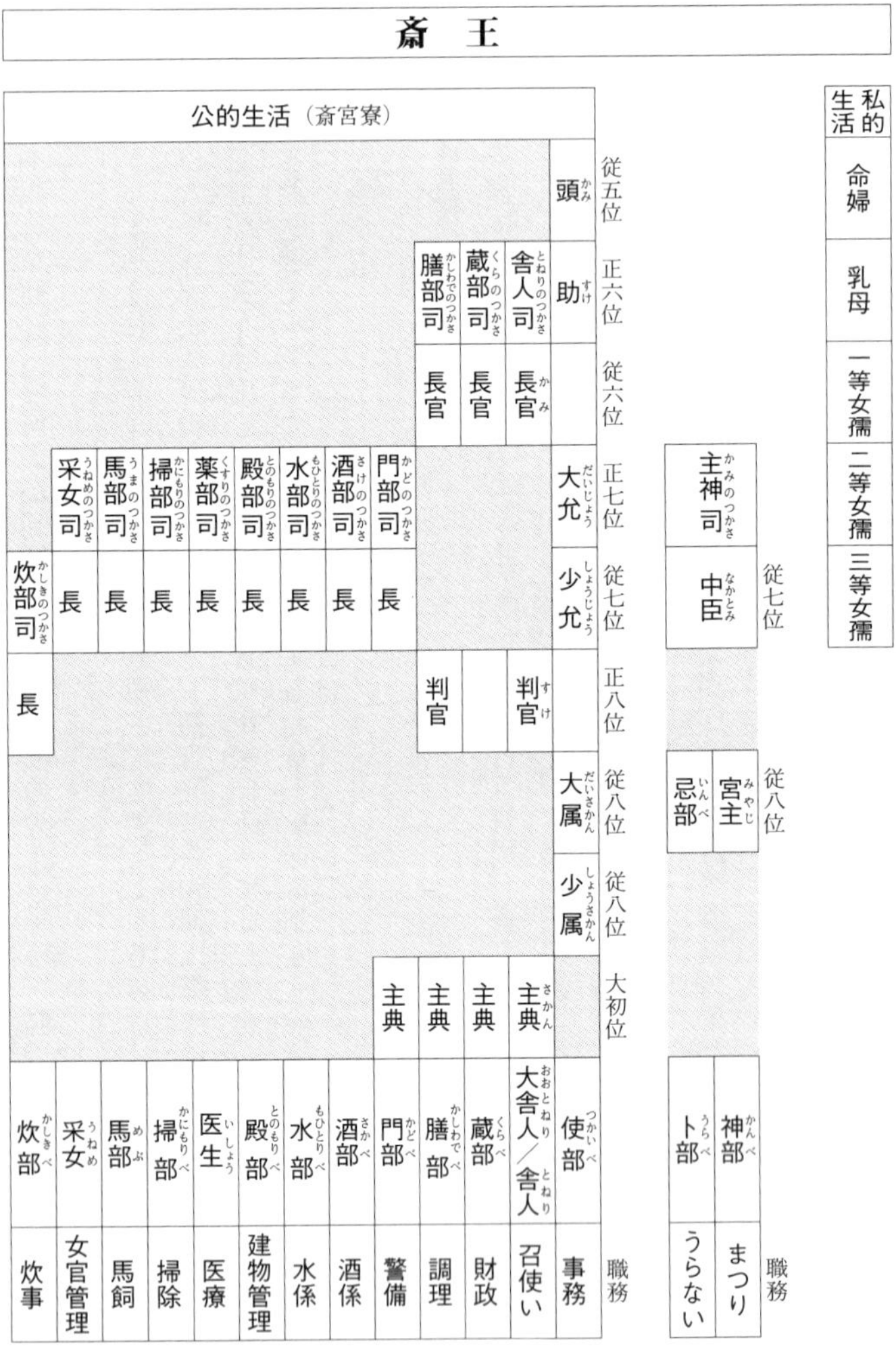

斎王
公的生活（斎宮寮）
私的生活
頭《かみ》
従五位
助《すけ》
正六位
舎人司《とねりのつかさ》
蔵部司《くらのつかさ》
膳部司《かしわでのつかさ》
長官《かみ》
長官
長官
従六位
大允《だいじょう》
正七位
門部司《かどのつかさ》
酒部司《さけのつかさ》
水部司《もひとりのつかさ》
殿部司《とのもりのつかさ》
薬部司《くすりのつかさ》
掃部司《かにもりのつかさ》
馬部司《うまのつかさ》
采女司《うねめのつかさ》
少允《しょうじょう》
従七位
長
炊部司《かしきのつかさ》
判官《すけ》
判官
正八位
大属《だいさかん》
従八位
少属《しょうさかん》
従八位
主典《さかん》
主典
大初位
使部《つかいべ》
大舎人《おおとねり》／舎人《とねり》
蔵部《くらべ》
膳部《かしわでべ》
門部《かどべ》
酒部《さかべ》
水部《もひとりべ》
殿部《とのもりべ》
医生《いしょう》
掃部《かにもりべ》
馬部《めぶ》
采女《うねめ》
炊部《かしきべ》
職務
事務
召使い
財政
調理
警備
酒係
水係
建物管理
医療
掃除
馬飼
女官管理
炊事
主神司《かみのつかさ》
中臣《なかとみ》
従七位
宮主《みやじ》
忌部《いんべ》
従八位
神部《かんべ》
卜部《うらべ》
まつり
うらない
職務
命婦
乳母
一等女孺
二等女孺
三等女孺

斎宮寮の組織図

ることが多いので、斎宮の臨時官的性格はかなり強かったのだろう。しかし頭の官位相当は従五位なので、大国・上国の国守相当である。そして八世紀末の桓武朝以降、伊勢守《いせのかみ》や介《すけ》と兼任する事例がしばしば見られるようになり、行政的権限も強められていたことがうかがえる。

斎宮寮の下位部局としては、主神司《かみのつかさ》、舎人司《とねりのつかさ》、蔵部司《くらのつかさ》、膳部司《かしわでのつかさ》、水部司《もひとりのつかさ》、掃部司《かにもりのつかさ》、殿部司《とのもりのつかさ》、炊部司《かしきのつかさ》、采女部《うねめ》（采部・采女）、薬部司《くすりのつかさ》、酒部司《さけのつかさ》がある。平安時代の『延喜斎宮式』には、馬部司《うまのつかさ》、門部司《かどのつかさ》が記されている。これらの司は井上内親王の時代にはなかったという見解もあるが、馬飼いと門番は官司には必須《ひっす》の職務である。これらは、文官を管轄する式部省ではなく、兵部省の管轄なので、同じ官符では規定されなかったもので、当然奈良時代からあったと考えられる。また、主神司は八世紀末に神祇官の直属官司に変更されている。ということは、他の官司は太政官の管轄だったと考えられる。このことは、斎宮が「神祇施設」として造られたのではなかったことを示唆している。少なくとも奈良時代以降、斎宮は神宮を動かす神官のための施設ではなく、斎王という皇族のための家政機関の性格が強い。斎宮頭だからといって、神祇関係の氏族が任命されるというわけではないのである。

斎宮の家政機関的な特色として、斎王の生活を見る部局それぞれに、宮廷と同じく伴造《とものみやつこ》と呼ばれる「部」の人々が配されていたことが挙げられる。蔵部司なら蔵部《くらべ》、膳部司なら膳《かしわで》部《べ》、という感じのプロパー技術者たちである。斎宮で出土した墨書土器《ぼくしょどき》には、「椋人」「笠」「水司鴨」などと記したものがある。それぞれ宮廷で蔵部、殿部《とのもりべ》、水部《もひとりべ》に仕え、実務を行うことを専業とした氏族の名である。つまり内裏《だいり》と同様のシステムで斎宮も動いていたことがわかる。なお、武官である門部司には伴（大伴）氏の門部長がいたことがわかっており、同様の人事が行われていたことがうかがえる。

つまり斎宮は巨大な宗教施設ではなく、神宮に属する皇族の生活維持のために置かれたシステムであり、斎宮寮は、まさに国の行政機関であり斎王のマネジメント機関、宮廷内の業務一切を取りしきった宮内省に対応するような組織だったのである。

5　斎王のタイムテーブル

『延喜斎宮式』の編纂

現存する律令は『養老律令《ようろう》』である。特に令（行政法）は、その註釈《ちゅうしゃく》である『令義解《りょうのぎげ》』『令集解《りょうのしゅうげ》』として伝わったもので、ほとんど全体を知ることができる。そして『令集解』には、『養老令』に先行する最初の律令である『大宝令』の注釈書「古記」からの引用が随所に見られるので、『大宝令』のだいたいの姿も判明している。

しかしいずれの令のなかにも、斎宮や斎宮寮についての規定は出てこない。つまり斎宮は、律令に基づく正式な定義がなされていない組織だということになる。そのため斎宮についての決まりごとは、令を補足して随時出される追加法の「格」や施行細則の「式」によって決定されていた。なかでも斎宮の維持に関する詳細な規定は、いずれも「式」で出されていた。それを集成して斎宮の法ができている。それが『斎宮式』と呼ばれるものである。

最初の『斎宮式』は、九世紀前期に編纂された『弘仁式《こうにんしき》』の「神式」のなかにあったらしい。しかし『弘仁式』は残っていない。次に編纂されたのが、九世紀中ごろの『貞観式《じょうがんしき》』だが、これは『弘仁式』の追加のような式で、『斎宮式』は独立していなかったらしい。そして二つの式を踏まえ、三代の式を集成するものとして編纂されたのが十世紀前半の『延喜式』である。

ここでは『斎宮式』は「神祇式」のなかでかなりの部分を占めている。天皇即位に伴う斎王の卜定《ぼくじょう》から初斎院、野宮などの斎居を経ての「群行」と呼ばれる伊勢への旅、斎宮での暮らしに関わる諸行事、伊勢神宮での儀礼、財政に関する規定など、伊勢でのすべてのこと、そして斎宮の交替と帰京に至るまで、まさに詳細な規定が、時系列で規定されているのである。

斎王の務め

『延喜斎宮式』によると、斎王の主要な務めは伊勢神宮の三節祭と呼ばれる重要な祭儀、九月の神嘗祭、六月・十二月の月次祭《つきなみのまつり》に参加することだとされる。斎王が伊勢でどのような祭祀を行うのかについては、奈良時代以前にはいっさい具体的な記録がない。この三祭への参加は、九世紀初頭に編纂された『皇太神宮儀式帳《こうたいじんぐうぎしきちょう》』に見られるものが最初であるが、『儀式帳』では勅使が来るのは神嘗祭のみで、神嘗祭と月次祭にはランク差があるのに対し、『延喜斎宮式』

や『延喜伊勢大神宮式（神祇式のなかの伊勢神宮についての規定集）』では、三祭の儀式は同一としているというように、一世紀の間に変化が見られている。祭祀の内容も一定ではないことがわかる。

しかし斎王の役割は一貫している。三節祭の二日目に内宮・外宮の内玉垣《うちたまがき》御門に入って拝礼して、太玉串《ふとたまぐし》を奉ることである。実はこれが何を意味しているかはよくわからない。確実なのは、斎王は神宮のもっとも内側には入っていないということである。そして斎王は厳密には「祭祀」には参加していない。たとえば、神のお告げを聴く（託宣）、神と同衾《どうきん》する（聖婚）など、見るからに「祭祀」という儀式があったことはうかがえない。『延喜斎宮式』では、斎王は天皇の代理として、神宮に拝礼する存在と規定されていたようである。ただし、三節祭の一日目の夜、斎王は離宮に入り、斎王の入る部屋を新築同様とみなす祭である大殿祭《おおとのほがい》を行った後、夕べと朝に二回食事をする。これは同日に神宮で行っている神に食事を捧《ささ》げる祭祀と対応するもので、私は、神とともに食事をする（神人供食という）祭祀だったのではないかと考えている。だとすれば、斎王は神宮外で祭祀を行っていたことになる。

なお八世紀段階では、斎王は四月と九月に行われる神衣祭《かんみそのまつり》にも参加していた可能性がある。穂積裕昌《ほづみひろまさ》は六世紀段階の伊勢神宮祭祀に麻績《おみ》・服部《はとり》氏が深く関わっており、彼らが関わる祭が神衣祭ではないかとし、しかも麻績・服部氏は王権から派遣された氏族だと指摘する。私も神衣祭が本来の神宮、いやあえていえば天照大神以前の「伊勢大神」に関わる祭祀ではなかったかと考えている。その祭祀の原形態になるものに奉仕していたのが継体朝以降の伊勢大神に仕えた王女たちではなかったか、とも考える。

そして『延喜斎宮式』には、『儀式帳』に書かれない、斎宮内部での重要な祭祀が見られる。新嘗祭《にいなめのまつり》と忌火祭《いみびのまつり》・庭火祭《にわびのまつり》、卜庭祭《うらにわのまつり》である。新嘗祭は宮廷で行われる収穫祭で、天皇が新穀を神に捧げ、神人供食を行うものと理解されている。それが斎宮でも行われている。もとより収穫祭自体は全国的に行われているはずだが、律令祭祀においては、予祝祭である祈年祭《としごいのまつり》ほど大々的には行われない。神宮では九月神嘗祭がこれに対応するが、斎宮では、神嘗祭に参加し、新嘗祭も行うということになる。忌火・庭火祭は月のはじめに行われ、宮廷祭祀に対応する火を神聖視した祭であり、卜庭祭もまた宮廷祭祀に対応する。斎王の身体に関わる占いに必要な祭と考えられる。

このような祭祀や年中行事の詳細な規定も『延喜斎宮式』の大きな特徴である。

斎宮の財政と情報

さらに『延喜斎宮式』には斎宮の財政関係についての規定も詳細に記されている。そのなかで興味深いのは、東は常陸《ひたち》国から西は京に至る各国から調庸の一部が斎宮に送られていたことである。これらの物資は国府官人によって運ばれ、斎宮から返抄《へんしょう》（受領書）を発給することになっていた。つまり斎宮には、国府官人に率いられた物資輸送キャラバンが定期的に訪れていたのである。京には調邸と呼ばれる各国が管理する施設があり、調庸は、そこにいったん納品したのち国庫に納入されていたが、斎宮では斎宮寮と蔵部司がその役割を果たしていたものと考えられる。とすれば調庸の納入期である十一月末まではかなり多忙で人の出入りの多い時期だったと考えられる。斎宮跡の発掘調査では、調庸の収納のための倉庫と見られる南北二間、東西五間の長方形の建物が四棟×二列に並んだ区画が発見されている。九世紀のこのような倉庫群区画が発見されたのは都城や国府でも例がなく、斎宮跡でも重要な発見になっている。なおこの区画は、後述する、斎宮の「方格地割《ほうかくちわり》」と通称している碁盤《ごばん》の目のような区画の東から三列目、北から一列目の区画であるが、これも後述する度会郡への移遷（八二五―八三九年）の後には、一つ西、東から四列目、北から一列目の区画に移動したことがわかっている。『延喜式』段階の倉庫はここである。

さて、こうした財政については当然都に決算報告が送られていたと考えられる。斎宮は伊勢にあっても京の官司と同様の扱いをされていた。そのため、地方の国府のように、国司の交替の際に勘解由使《かげゆし》という勅使が監査を行なうようなことはなかった。その年ごとに活動報告が都に送られていたのである。それでも奈良時代の国府からはさまざまな報告書が都に送られていたことがわかっている。おそらく斎宮ではそれ以上に都とのやりとりをしていたものと考えられる。斎宮寮の官人は政府の緊急用連絡機関である駅馬《えきば》の利用を許されていた。

古代都市斎宮

　さて、斎宮跡では東西二キロメートル、南北七〇〇メートルにわたる広大な範囲が国史跡に指定されている。なぜこんなに広いのか。実は西半分には八世紀の遺構が多く、東半分には九世紀以降の遺跡が集中している。そして東半分では、東西一キロメートル弱、南北五〇〇メートルに及ぶ、ほぼ東西・南北に走る直線道路で構成された、碁盤の目のような区画「方格地割」が発掘で確認されたのである。斎宮の発掘調査は一九七〇年に始まったが、一九八〇年代後半にはこのような区画があることは、ほぼ確実視されていた。

『続日本紀』では宝亀《ほうき》二年（七七一）十一月と延暦《えんりゃく》四年（七八五）四月に斎宮を造営させたという短い記事があり、発掘当時この区画は、前者、光仁《こうにん》朝の酒人内親王の時期の斎宮と想定されていた。しかし二十一世紀に入ると、後者、桓武天皇の時代、おそらく朝原《あさはら》内親王から次の布勢《ふせ》内親王の時期に造成され、整えられていったものと考えられるようになった。この区画の設計方法が、平城京ではなく、長岡京《ながおかきょう》に共通することがほぼ明らかになったのである。

　桓武朝末期には、伊勢神宮についてのはじめての成文化されたレポート『皇太神宮儀式帳』『止由気宮儀式帳《とゆけぐうぎしきちょう》』が作られ、伊勢神宮の祭祀儀礼や遷宮事業などのマニュアルとなった。現在ではそれと同時期に「方格地割」はほぼ完成すると考えられている。長岡宮や平安宮に対応するような広大な斎宮は、桓武天皇の王権の象徴として誕生したのである。

　この区画は平安時代を通じて、変遷はあるものの、斎王が住む区画、内院は十二世紀中盤ま

斎宮の復元模型　中央黒線内が内院（写真・斎宮歴史博物館）

10分の１のサイズで復元された内院区画　色の濃い建物は実際に発掘されたもの、白色の建物は推定再現（著者撮影）

では機能していた。この区画のなかでは、五百二十人以上の人々が働き、その家族や、近隣に住んで勤労奉仕を務める人々など、おそらく二、三千人の人々が関係するという状況だったと考えられる。さながら超巨大なオフィス街である。『大和物語』では「竹の都」という別名が斎宮につけられているくらいで、それは都を思わせる繁華な空間だったに違いない。平安時代を通じて、斎宮にはこの都市イメージが付きまとっているのである。

斎王の交替

このような詳細な規定の最後に、斎王の帰京の規定がある。斎王は天皇の死去や譲位（生前退位）、斎王の親族の死去などの理由で交替するが、帰京路は交替理由によって異なる。

天皇譲位は吉事とされ、元の近江路をとって帰京する。この間に群行時には、近江国の勢多《せた》、甲賀《こうか》、垂水《たるみ》、伊勢国の鈴鹿、壱志《いちし》の五頓宮《とんぐう》が置かれており、帰京時も同様だったと考えられる。

ところが天皇が死去したようなときには別のルートをとることになる。斎王は不要なメンバーを近江路から帰し、いわば首脳部だけで、伊勢国壱志から、川口《かわぐち》、阿保《あお》頓宮を経る青山《あおやま》峠越のルートで伊賀を過ぎ、大和国都祁《つげ》の頓宮を経て平城京の跡に至る。これは奈良時代に造られた、聖武天皇の東国行幸ルートの逆進であり、斎王の制度的確立が行われた奈良時代の正式なルートなのだろう。しかし平安時代に平城京はないので、斎王は先に進まなければならない。おそらく歌姫越えと呼ばれるルートを通り、木津《きづ》（京都府木津川《きづがわ》市）にあった相楽《さがらか》頓宮から舟で木津川を下り、河陽《かや》（現在の山崎《やまざき》、長岡京の故地）を経て難波津《なにわづ》に下る。実は近江路を通った斎王もまた、おそらく後の鳥羽《とば》街道を利用して河陽に抜け、難波津に至ったものと考えられる。そして難波津では茨田《まんだ》に頓所（頓宮と同じものか？）を置き、三ヵ所で禊《みそぎ》を行う。このルートや儀礼がもっとも詳しいのは十一世紀末に編纂された儀式書『江家次第《ごうけしだい》』で、それによると、禊の後難波にあった三津寺《みつでら》の僧侶《そうりょ》が来て、風誦《ふじゅ》（経典などの音読）などを行うという。禊を終えた斎王は、神に仕える皇女から、普通の内親王と同様に仏に護られる身となるのである。こうして斎王は河陽に戻り、数ヵ月滞在して京に入る、といっても、ほとんど形式的で、ひっそりと自邸に戻っていたらしい。斎王は大歓迎されて凱旋《がいせん》するわけではなかったのである。

第2章　七人のプリンセス

　さて、制度としての斎王や斎宮について述べてきたが、この制度は正直、歴史的に大きな功績を残したというものではない。むしろ、ほとんど何の役に立っていたのかよくわからない存在である。だから、制度の話をしてもそれほど面白くない。しかし斎王は生身の人間である。しかも多くは若い女性であった。彼女らにとって都を離れ、伊勢で神に仕えて暮らす人生とはいったいどのようなものだったのか。神秘のベールの奥底に潜む幻の存在ではない、それぞれに自らの人生を生きた、一人一人の人間の集合体にほかならない。そんななかから、まず斎王に親しみを持っていただくため、七人の斎王の生き様を紹介してみよう。

1　大来皇女（六六一―七〇二）――最初の人

大来《おおく》皇女は天武天皇の王権の一翼を担っていた。

それはまぎれもない事実だ。

壬申の乱で勝利した天武天皇が行おうとしたことは、天照大神という超越的、概念的な名の神の下に、全国で祀られていたさまざまな神を体系化し、精神世界に秩序を設けてそれを支配秩序に転換させよう、ということだった。

簡単にいえば、地域の神を拝めば天皇を拝むことになる、というシステムを全国に行き渡らせることだ。

「神」の創出

この時代の「かみ」に人々はいろいろなものを奉げた。あるものには農作物を、あるものには魚介類を、あるものには牛を、あるものには馬を、またあるものには猪《いのしし》を。その祭も春に行ったり秋に行ったりするなど実に多様である。それこそ縄文時代を思わせるような神から、渡来系氏族がついこのあいだ持ち込んだものまで、とてもひとくくりにはできないものだった。

神の性格も、氏族や共同体を保護するもの、人間界とそうでない世界の境界に鎮座して祀らないと酷《ひど》い目にあわされるもの、うかつに手を出すと子孫まで滅ぼされるもの、祀ると福や富をもたらすものなど、とてもひとくくりには捉《とら》えられない。仏も伝来当時は「蕃神《ばんしん》」といわれていたのであり、「かみ」の概念は恐ろしく広いものだった。それこそ、鬼も「かみ」だったのである。

この「かみ」と呼ばれていたものに「神」の字を当て、中国的な「神祇」、つまり天地の神の概念のもとに編成しようとしたのが天武朝の壮大な挑戦であり、そのツールとして創造されたのが「祈年祭《としごいのまつり》」だった、といえる。祈年祭は大和のミタ（御田、屯田。大王家の直轄する田圃《たんぼ》）で行われていた高度な農耕技術と対応した予祝儀礼であり、その祭祀を高度な開発・農耕技術とともに全国化することで、国家支配を津々浦々に及ぼそうとした祭だと考えられる。

ではその津々浦々とはどういう範囲なのか。祈年祭祝詞を見ると、天照大神の支配する範囲としている。つまりすべての神の存在を前提として、それらを超越した秩序神として位置づけられているのが天照大神なのである。

先述したように、「伊勢大神」「日神」などと記されてきたこの神に「天照大神」の名を与えたのは天武であり、それは彼が感得した神なのだということができる。

そして、天武天皇が仏教や、中国的先進知識である道教《どうきょう》的情報にも通じていた、当時最高級のインテリだったことを考えれば、天照大神もまた、古風な守護神として意識されたとは考えにくい。それは当時の豪族たちの意識の一歩先を行く、中央集権体制にふさわしい神として創出されたものだといえるだろう。

そして天武天皇に代わり、この神のグレードをたしかなものにする役割を負ったのが大来皇女なのである。大来は天武が構築しようとしているイデオロギー（新しい価値観を示す精神的な方向性）支配の体制を、伊勢の地から支えるために派遣されたのだった。

大来という特別な皇女

そして、彼女もまた、特別な皇女だった。大来は大伯とも書く。大伯とは彼女が生まれたところである。それは吉備《きび》国にある港だった。両親の乗った舟が港に停泊していたときに生まれたのである。といっても決してのどかな話ではない。その舟は、朝鮮半島と戦争するための戦艦だったのである。

大陸に隋《ずい》という大国が生まれ、早々に滅びて唐《とう》となる。それまで「倭国」が知っていた大陸とは、三つの国が争っていたり、まとまってもすぐに分裂して南北に分かれたりするなど、不安定な地域だった。当然この島国にもいくつかのチャンネルが開かれ、その選択のなかで大陸文明を自らのものにする、というのが、三世紀から五世紀ころの歴史だった。

同様のことは朝鮮半島にもいえる。高句麗《こうくり》、新羅《しらぎ》、百済三国と、その南に位置する伽耶《かや》と呼ばれる国としての結合が見られない地域が、パワーバランスを取りながらお互いをうかがい合う、という体制が六世紀までは続いたが、まず伽耶が姿を消し、大陸で唐ができた結果、高句麗が滅ぼされ、新羅は唐の力を得て百済を併呑《へいどん》した。新羅に傾斜しつつある朝鮮半島情勢を回復しようと、百済王族を擁して大陸に向かう船団のなかで大来は生まれたのである。

しかしこの遠征は惨憺《さんたん》たる結果に終わった。斉明天皇（大来の曽祖母《そうそぼ》）は筑紫《ちくし》で急逝、大陸に渡った軍は白江（白村江）の戦いで唐・新羅の連合軍に惨敗し、倭は半島の権益を回復するどころか、大陸からの侵攻に怯《おび》えることとなる。

繰り返すが、斉明の後、政権の中心に座った中大兄皇子は、その娘たちの数人を弟の大海人に嫁がせていた。なかでも蘇我氏の血を引く長女、大田皇女と、次女の鸕野讃良皇女（のちの持統天皇）は、それぞれこの遠征中に皇子を儲《もう》けていた。大来の母こそ、この大田だったのである。しかし彼女はこの遠征中に没し、大来と弟の大津《おおつ》皇子が残された。一方鸕野には草壁《くさかべ》という皇子がいた。

さて、斉明が天皇になったことからもわかるように、この時代の皇族女性は政治的にも重要な鍵《かぎ》を握ることがあった。たとえば中大兄皇子の正妻は倭姫王《やまとひめのおおきみ》といい、父は中大兄には異母兄にあたる古人大兄皇子《ふるひとのおおえのおうじ》であり、いわば二つの勢力の仲立ちをする存在だった。二人が結婚した時期は不明だが、古人は乙巳《いっし》の変の後に滅ぼされている。それでも倭姫王は『日本書紀』には「皇后」（実際にはこの時代には皇后制はまだ成立していない）と記されるほどの大きな力を持っていた。壬申の乱の直前、天智天皇から譲位を打診された大海人皇子は、倭姫王の暫定継承を提案していたくらいである。倭姫王が近江朝の祭祀の一部を担当していた可能性は『万葉集』の歌から推測できる。

しかし倭姫王の動向は壬申の乱以降杳《よう》として知れなくなる。それは『日本書紀』の大きな謎《なぞ》の一つで、垂仁朝の「倭姫命」伝説との関係など気になるところも多いのだが、彼女の行方を追うのはこの節の目的ではない。重要なのは倭姫王の権威を誰《だれ》が引き継いだか、ということである。

普通なら大海人皇子とともに壬申の乱を戦った鸕野讃良皇女のはずである。実際、鸕野は当時異界と認識されていた吉野《よしの》に、出家をしていたはずの大海人と同行し、天武朝にもしばしば吉野を訪れており、普通の妃《きさき》と認識されていたとは思いにくい。しかし大海人、つまり天武天皇は彼女にすべてを掌握させたわけではない。天武を守護する神は伊勢にいたからであり、その神の宮に仕えさせたのは、娘の大来皇女、つまり彼女の姉の子なのである。

伊勢に行く皇女たち

大来皇女の伊勢への派遣はきわめて慎重に行われた。最初は泊瀬に斎宮を設け、翌年伊勢に旅立ったのである。このような手順は以後の斎王たちが伊勢に向かう際に一定の隔離期間を置いたこととの最初の例となる。しかし伊勢にあっての大来の生活はほとんどわからない。

そして天武朝の祭祀に関わる女性の記録は、鸕野、大来だけではなかった。その一人は天武天皇と額田王《ぬかたのおおきみ》の間の娘である第一皇女の十市《とおち》皇女である。十市は大友皇子の妻になっており、息子の葛野王《かどのおう》とともに天武のもとに引き取られていたが、大来が伊勢に派遣されてまもなく、天智天皇の娘、阿閉皇女《あべのひめみこ》（のちの元明《げんめい》天皇）とともに伊勢に派遣されている。『万葉集』にはこのときに吹黄刀自《ふきのとじ》の詠んだ歌として、

十市皇女の伊勢神宮に参り赴きし時に、波多《はた》の横山の巌を見て、吹黄刀自の作りし歌
川の上のゆつ岩村に草生《む》さず常にもがもな常処女《とこおとめ》にて

が見られる。人妻で母となっていた皇女に「常処女」と呼びかけている不思議な歌であるが、もしかしたら伊勢神宮に参拝したのは、十市の乙女としての再生を期した儀礼なのかもしれない。この後彼女は、天武天皇七年（六七八）天武が倉橋川《くらはしがわ》の河上、つまり三輪山近くに設けた「斎宮」に行幸しようとしたその日に急死している。この斎宮は天武の祭祀統制のために重要な施設だったようだが、以後使われた形跡がない。あるいはこの施設は、乙女として再生した十市が入るはずだったのかもしれない。それは大友の妃だった彼女により、近江朝系の祭祀を継承させようとしたものだ、という可能性もある。

それはさておき、今一人は阿閉皇女である。彼女は大田、鵜野の異母妹で、時期は不明ながら、鵜野の子、草壁皇子の妃になった女性、早い話が、のちの元明天皇である。七世紀末から八世紀前半にかけて、このような皇族女性を伊勢に遣わす例は少なからず見られている。私は仮にこれを「皇女勅使」と呼び、斎王制度揺籃期《ようらんき》にそれを補完し、都と伊勢を結ぶ存在だった

と考えている。

さて、大来皇女はこうした王権に関わる皇族女性の一人として伊勢に常駐したが、『日本書紀』は伊勢太神宮ではなく、「天照大神宮」に仕えたとしている。その日常の一端を知ることができるのは彼女の歌である。

といっても歌の詳細な分析によるものではなく、ただ二つの事実による。

一つは彼女が歌を詠んでいる、というその事実である。この時代に五七五七七の短歌を詠んだ皇族女性はきわめて少ない。額田王が初期万葉の歌人として知られているので皇族女性は普通に詠んでいたと思われがちだが、持統天皇でさえ確実な歌は四首だとされているのに、大来皇女が六首を『万葉集』に残していること（そのなかには、大津・大来物語ともいうべき仮託歌がある可能性も否定できないのだが）はもっと考えるべきだと思われる。つまり大来はある時期に最新の歌スタイルについての教育を受けていた可能性が高いのである。それは斎宮に滞在していた間としか考えられまい。

そして今ひとつは、その和歌のなかの「神風の伊勢の国」という表現である。

神風の伊勢の国にもあらましをなにしか来けむ君もあらなくに

危険をおして伊勢に訪ねてきた弟、大津皇子を偲《しの》ぶ歌として知られている。この表現が柿《かきの》

本人麻呂《もとのひとまろ》の高市皇子挽歌《ばんか》に見る、

渡会の　斎《いわ》ひの宮ゆ　神風に　息吹惑はし　天雲を　日の目も見せず
常闇《とこやみ》に　覆ひたまひて　定めてし　瑞穂《みずほ》の国を　神ながら　太敷《ふとし》きまして

のような表現の前提として定着した枕詞《まくらことば》とするならば、これはまさに「神風の伊勢の国」という表現が編み出された時代の歌であり、「壬申の乱記念」のモニュメントとしての天照大神宮に仕えていた彼女ならではの感性なのである。そしてこの事実は、彼女の役割の大きさを示すものでもある。

このように伊勢にあって彼女は、壬申の乱で勝利した天武王権の象徴として機能しており、その立場にふさわしい教養を身につける環境にあったものと考えられる。大来皇女は決して見捨てられていたのではないのである。

大来その後

しかしそれは同時に彼女の運命の過酷さにもつながっていた。

天武天皇の死とその直後に起こった大津皇子の謀反嫌疑による死の後に大来皇女は帰京した。罪に落とされたという見方もあったが、飛鳥池遺跡出土の木簡《もっかん》により、その説は否定された。

彼女は大伯皇子宮と呼ばれる宮、つまり家政機関を持っていた。有力皇族の一人として遇されていたのである。

しかしそれだけに、彼女の周囲にはなお疑惑が残っている。それは持統天皇の時代に斎宮が置かれた形跡がないことである。つまり大来皇女の直接の後継者はいないのである。そして神宮側の史料には、大来についての確実な情報が見られない。唯一それらしいのは、平安時代中期に編纂されたと見られる『太神宮諸雑事記《だいじんぐうしょぞうじき》』に見られる「多基子内親王」についての記事である。しかしこれは天武天皇が神宮に参拝したとするなど、信頼できる内容ではない。

持統天皇は直接伊勢に行幸している。しかしそのときに伊勢神宮に参拝した、という記事はない。これは一つの不思議とされている。持統は女帝なので、自らが斎王の立場だったのだ、と見られないこともない。しかし少なくとも奈良時代以降、つまり制度化された斎王は、元《げん》正《しょう》、孝謙《こうけん》朝には置かれている。女帝だから斎王を置かない、ということはないのである。

ならば持統天皇は、天武天皇とは違う伊勢神宮の体制を造ろうとしていたのではないか。天武天皇が「天照大神宮」を置き、大来皇女に祀らせたのをいったん否定し、自ら伊勢に赴いて新しい祭祀体制を定め、安定した斎王制度を定着させるため、自らの時代はその準備期間としたのではないか。

このように考えると、大来皇女の時代には斎宮寮のような官司も記録されず、「斎王」という職名もないことが素直に理解できる。彼女はその重要性にもかかわらず、律令制的な伊勢神宮体制下では、継承されるべき存在ではなかったのであろう。
大来は実在が確認できる最初の斎王であるとともに、最後のプレ斎王ともいえるのである。

2　井上内親王（七一七―七七五）――忘れられない人

姫路城の妖怪

世界遺産姫路城《ひめじじょう》には、長壁《おさかべ》（刑部・小坂部）姫という妖怪《ようかい》伝説がある。泉鏡花《いずみきょうか》『天守物語』の元ネタになっているので、ご存じの方も多いかと思う。

姫路城天守閣の最上階には刑部姫と呼ばれる妖女《ようじょ》が住み着いており、一年に一度、正月に城主に対面するとか、宮本武蔵《みやもとむさし》が対面したことがあるとか、正体は古ギツネだとか、さまざまに語られてきた話である。江戸時代の安永《あんえい》八年（一七七九）刊行の妖怪本、鳥山石燕《とりやませきえん》『今昔画図続百鬼《こんじゃくがずぞくひゃっき》』には「長壁」として十二単《じゅうにひとえ》風の衣装を着た老婆の姿で描かれているので、江戸時代半ばにはかなり有名になっていたようだ。ちなみに『天守物語』では猪苗代湖《いなわしろこ》の主の亀姫の姉で名は富姫、絶世の美女とされ、美男の鷹匠《たかじょう》、姫川図書之助《ひめかわずしょのすけ》と道ならぬ恋に落ちている。近年では坂東玉三郎《ばんどうたまさぶろう》主演の映画や歌舞伎《かぶき》の舞台が印象深い。元宝塚《たからづか》歌劇団宙《そら》組トップスター、大空祐飛《おおぞらゆうひ》なども演じている。

この「おさかべ」の名は、もともと姫路城のある姫山に祭られていた刑部神社に由来するらしい。城の建設により神社は移され、今は姫路市内にその伝承地という「長壁神社」が三ヵ所残されている。そして富姫神もこの神社に祀られているのである。この「おさかべ」の名について、決して古いとは思えないが、興味深い話がある。

刑部姫こと富姫は、光仁《こうにん》天皇の皇子、他戸《おさべ》親王の娘だというのである。

兵庫県立歴史博物館のホームページでは次のように紹介されている。

「刑部神と富姫神の由来については、近世の段階ですでに諸説あったが、刑部神は、奈良時代末期の光仁天皇と皇后井上内親王との間に生まれた他戸親王である、とする説が主流であった。そして、富姫についても、この井上内親王と他戸親王との母子の間に生まれた不義の子供が富姫で、都から播磨《はりま》にさまよい下って姫山に館を構えた。この富姫をまつるのが富姫神である、とする説が多い」

刑部はもともと男性であり、光仁天皇の皇子だったという。そしてその母、井上内親王との間に生まれた子が富姫だというのである。

この井上内親王という、近世の伝説のなかにも現れてくる奈良時代の皇后は、実は元斎王である。没年から千年を経てなおその名が語られる、というこの女性、歴代斎王のなかでも、最高に数奇な生涯を送った人でもある。

彼女は、皇太子首親王《おびとのしんのう》（聖武天皇）の娘として生まれた。生まれたときは井上王と呼ばれていた。そして養老《ようろう》五年（七二一）に斎王になる。推定年齢五歳のことである。天皇は元正天皇、祖父である文武天皇の姉にあたるが、退位したのはその三年後である。ところが井上王は斎王の位を降りず、そのまま、父の首親王が即位すると、天皇の娘、井上内親王として伊勢に赴いたのである。

井上王の斎王就任の儀式記録は「官曹事類《かんそうじるい》」という行事記録書に引用され、『政事要略《せいじようりゃく》』という文献に引用されている。奈良時代の行事記録が残されていることはきわめて珍しく、記録すべき出来事だったことがうかがえる。それによると、彼女は平城宮内にあった「内安殿」という建物で斎王就任儀式を行い、「北池辺新宮」という仮の宮に入った。その行列は、当時の最高首班だった右大臣長屋王《ながやおう》が先導し、女官数十人や多くの皇族が輿《こし》の周りを警護し、その新宮への沿道は宮廷を警護する衛士《えじ》がずらりと並ぶ、という華麗にしてものものしいものだった。

実はこの儀式、平安時代の斎王の選定（卜定）とはずいぶん異なる。十世紀初頭に編纂された『延喜式』に見られる斎王の儀式は、九世紀初頭の『弘仁式』の編纂に合わせて整備されたものを踏襲していることが多いが、その内容は亀甲を焼いてそのひびの形で候補者の合否を判定する「亀卜」により、当たった斎王の自宅に勅使が派遣され、斎王の住む建物や邸宅の門に賢木《さかき》が立てられ、世間から切り離される、というものである。この儀式では井上王は最初から斎王と定められており、しかもいきなり新宮に入っている。

これだけの行列を用意した斎王が、元正天皇の退位とともに辞めてしまうというのは不自然であり、やはり皇太子即位を前提にしたパフォーマンスだったと考えられる。行列を先導した長屋王は、その妻の吉備内親王《きびのないしんのう》が元正天皇の妹で、その子は元明天皇の孫で両親ともに皇族という有力な皇位継承候補者であり、その一族の華麗さが長屋王の変の一因とされているが、この行列自体が、首皇太子と長屋王の序列を明確にしたものと見ることができる。

さて、井上内親王の斎宮への群行は九月に行われた、伊勢神宮のもっとも重要な祭である神嘗祭に合わせた斎王群行はこれが最初である。そして井上の時代には、斎宮寮の大幅な組織拡大が行われ、経済的には国家財政に組み込まれるなど、斎宮の安定化が図られる。まさに井上は、聖武の権威の象徴として遇されたのである。

井上内親王の正確な帰京年はよくわからない。しかし帰京の後彼女は、白壁王《しらかべおう》という皇族と結婚していた。おそらく聖武朝末期のことだろう。この時代、天武天皇の血を引く孫王たちは、多くの政変事件に巻き込まれ、次々に命を落としていたが、白壁王は天智天皇皇子の施基《しき》親王の子で、直接皇位継承の政争には関わらず、酒に溺《おぼ》れて無能を装っていた、という。しかし称徳《しょうとく》天皇の治世下では、左右大臣に次ぐ大納言の地位にあり、皇族のトップとして政治に関わる立場になっていた。そして井上との間に、酒人内親王、他戸親王という二人の子を儲ける。他戸については年齢差から、光仁の庶子を井上が養子にした、という説もあるが、以下で述べる経緯より、信じがたい。

皇后、井上内親王

神護景雲《じんごけいうん》四年（七七〇）、称徳天皇が急死した。皇太子は定められていない。『日本紀略《にほんきりゃく》』によると、右大臣吉備真備《きびのまきび》が後継者として推したのは天武天皇の孫（長親王《ながしんのう》の子）である先の大納言（元御史大夫《ぎょしたいふ》）文室浄三《ふんやのきよみ》（七十八歳）と、その弟参議文室大市《ふんやのおおち》（六十七歳）、つまり天武系の貴族を皇族に復して即位させ、皇族による長老政治を考えたのである。しかし左大臣藤原《ふじわらの》永手《ながて》（北家《ほっけ》）、中納言宿奈麻呂《すくなまろ》（改名して良継《よしつぐ》。式家《しきけ》。のちに内大臣）、百川《ももかわ》（式家。宿奈麻呂の弟、のちに右大臣）らは称徳の遺言である宣命《せんみょう》を偽造し、天智系の白壁王を皇太子に立てた、という。そして白壁王は即位し、光仁天皇となり、井上内親王は皇后となった。

そのころ、このような童謡が流行《はや》っていた。

「葛城寺《かずらきでら》の前にありや、豊浦寺《とゆらでら》の西にありや、おしとど、としとど、桜井《さくらい》に白壁沈《つ》くや、よき壁沈くや、おしとど、としとど、然しては、国ぞさかゆるや、吾《わ》が家よぞさかゆるや、おしとど、としとど」

桜井という井に沈む白壁、つまり井上と白壁の組み合わせで世が栄える、という意味の予言歌である。白壁は井上のおかげで皇位に就けた、という認識があったことがわかる。

しかし考えてみれば白壁王は天武系統ではないが、天智天皇の孫であるとともに、天智の娘である持統天皇の甥《おい》にもあたる。井上も持統の孫である文武天皇の孫である。この夫婦は持統天皇を媒介してもつながっている。

翌、宝亀二年（七七二）二月、皇太子には他戸親王が立てられた。その宣命には「法のままに皇后の御子他戸親王を立てて皇太子となす」としている。つまり他戸は、光仁天皇の子だから皇太子になったのではなく、皇后の子だから法に則《のっと》って皇太子になった、のである。

他戸が光仁天皇の庶子で、井上皇后の養子だとすると、これはありえない。男系直系社会がまだ未成熟だったこの時代には、血縁関係のない養子が、養母の地位や血統を引き継ぐという意識はないからである。他戸もまた、井上ゆえに皇太子になれた皇子だった。

しかし、実のところ奈良時代を通じて、皇后の子だから、という理由で皇太子となった皇子はいない。これは奈良時代の天皇に、即位時に皇后を置けた天皇も、皇太子となるべき息子のいた天皇もいなかったことに由来している。そもそも皇后位というのはきわめて不安定なもので、律令制形成期の七世紀段階では、のちの皇后にあたるような筆頭キサキは皇族出身者とされ、条件によっては推古、皇極《こうぎょく》のように女帝として即位する場合もあった。

その地位と身分を決定的なものとしたのは持統天皇と考えられるが、皮肉なことに持統の後、奈良時代には、夭折《ようせつ》した文武天皇と廃位された淳仁《じゅんにん》天皇は皇后を置けず、聖武天皇の皇后は藤原光明子《こうみょうし》で、あとは女帝。つまり皇族出身の皇后はまったく見られなくなってしまう。他戸皇太子の「法」とは、持統天皇の子の草壁皇子が皇太子として処遇されたこと、そして阿倍《あべ》内親王（孝謙天皇）が皇后藤原光明子の娘だから立太子したことだけが前例の、きわめて不安定な法だった。

井上に奉仕する皇后宮大夫《こうごうぐうだいぶ》は藤原永手の子、家依《いえより》だった。当時の政権の中枢に近い立場、といえる。そして他戸の東宮傅《ふ》は大中臣清麻呂《きよまろ》である。神祇祭祀に関わる中臣氏の出自ながら、聖武天皇から称徳天皇の時代を生き抜き、尼であった称徳天皇の即位の年に行われた大嘗祭《だいじょうさい》に仏僧を参加させる、という裏技を編み出して重用されるようになって大中臣の姓を賜り、光仁朝でも正三位大納言という権力者の立場を保持していた。

そして井上皇后は元伊勢の斎王だった。姉妹である称徳女帝が尼で天皇の位にあったのに対し、彼女は伊勢の神の権威を背景にしていた。宝亀二年十一月、称徳天皇の時代には中断していた斎宮を造営する命令が出されたのも、おそらく井上の意志によるものだろう。

光仁天皇と井上には八歳の年の差がある。もしも光仁が亡くなり、他戸の早期即位が望めなかったとすれば、井上が持統のように即位する可能性も十分にあった。首皇太子がいたのに即位した元正天皇の先例もある。そして先例といえば、藤原家依や大中臣清麻呂にサポートされ、伊勢神宮の権威をまとった井上は、称徳天皇のように専制権力を手にする可能性もあった。また、他戸親王が即位するにしても、垂簾聴政《すいれんちょうせい》、つまり皇太后として政治を主導する可能性も十分にあった。もとより本人の意志がどこにあったかはさだかではない。しかし聖武天皇の名代として、皇族たちにかしずかれて斎王となった記憶は、老臣たちの間には強く刻まれていたことだろう。彼女のイメージは、称徳天皇と同じく、聖武の権威を身にまとった近づきがたい権力者だったのである。

怨霊、井上内親王

ところが翌宝亀三年(七七二)三月、井上内親王は天皇を巫蠱《ふこ》、つまり悪虫で呪《のろ》い殺そうとした罪に問われ、皇后の位を追われることになる。さらに五月には、大逆人井上の子だからという理由で、他戸親王も廃太子され、「庶人」と名付けられる。皇族身分も剝奪《はくだつ》されたのである。しかしこのときには家依と清麻呂は何の咎《とが》めも受けていない。この準備は周到に行われ、井上母子はすでに孤立していたのだろう。持統・称徳のような権勢を駆使する女帝を、当時の貴族社会は必要としていなかったのである。

そして翌年、宝亀四年十月に、光仁天皇の姉難波《なにわ》内親王への呪詛《じゅそ》を理由に、井上、他戸母子は大和宇智《うち》郡の没官《もっかん》の家、つまり失脚した官人の空家に幽閉される。光仁も、井上母子を危険な存在と感じていたのだろう。そして二年後の六年四月二十七日、同時に死去したという。もちろん自然死とは考えにくい。

二人が死んで四ヵ月後、伊勢、尾張、美濃に暴風雨があり、斎宮に修理使が派遣された。井上内親王に関わる斎宮での被害は、宮中に不安感をもたらしたのではないだろうか。伊勢国に任せず、修理の使が出されているのも、何か不穏な雰囲気をうかがわせる。当時斎宮にいた可能性が高いのは、井上の娘、酒人内親王である。皇后の娘として三品《さんぽん》という高い位を得て、母の罪にもかかわらず、斎王となり、伊勢に送られてまだ一年と経っていない。平安時代なら母の喪で退出、帰京しているはずだ。

ところが宝亀八年に井上の墓を改葬したのに始まり、井上の名誉回復がしだいに進められていく。延暦十九年（八〇〇）には、井上は皇后に復位されてしまうのである。その背景には井上が怨霊《おんりょう》とみなされるようになったことが挙げられる。『帝王編年紀』『一代要記《いちだいようき》』などの平安時代の記録集には、井上・他戸母子がともに生きながら竜になった、と記されている。平安時代初期に盛んになる、皇太子早良《さわら》親王をはじめとした政治的敗者の怨霊を鎮め、王権を守護させようとした「御霊信仰」の対象になったと考えられる。井上は「恐るべき霊」となったのである。

ところがここで面白いことがある。それは他戸親王の処遇である。もともと他戸は、井上内親王の子だからという消極的な理由で皇太子を追われたのだが、井上とは違い、復権されていない。そして平安時代初期になると、悪いのは他戸だ、という記録が見られるようになる。他戸だけが取り残されてしまったようなのである。

姫路城の刑部と他戸の関係は、このようなところから生まれてくるのではないだろうか。もとより他戸の伝承が姫路に残っていた、とは思えない。近世以降、国学や儒学の世界で奈良時代の史料研究が一定程度盛んになるなか、井上の悲劇と他戸の暴虐イメージが増幅され、二人の道ならぬ恋、というような伝説に発展したと思えるのである。

奈良時代の斎王、井上内親王は、その権勢と非業の最期ゆえ、千年の後にも語り伝えられる人となったのである。

3　朝原内親王（七七九―八一七）――天皇と決別した人

桓武の娘、井上の孫

朝原《あさはら》内親王という斎王がいる。井上内親王の娘、酒人内親王と桓武天皇の間に生まれた娘で、延暦元年（七八二）に斎王となり、同四年（七八五）に伊勢に向かった。桓武天皇の即位に伴って選ばれた斎王である。

彼女が斎宮にいたのは延暦四年から延暦十五年までで、まさに奈良時代の最末期である。彼女の派遣に先んじて、紀作良《きのつくら》が造斎宮使として派遣されている。斎宮の発掘調査での最大の発見といえる碁盤の目のような区画「方格地割」を持つ巨大な斎宮が造営されたのはこの時期であり、この斎宮に最初に入った斎王である可能性が高い。

母の酒人内親王は前述のように光仁天皇の娘で、斎王の経験もあり、帰京して異母兄である桓武天皇と結婚した。つまり朝原内親王は直系で続いた三代目の斎王となる。このような例はほかにはない。なぜなら、平安時代になると、斎王に限らず、内親王が結婚するという例がきわめて珍しくなるからだ。

もともと律令の一つで皇族の結婚や貴族の地位の相続を定めた「継嗣令《けいしりょう》」には、王は親王を娶《めと》ることが許される、とある。「娶る」だからこの親王は内親王である。つまり内親王は皇族としか結婚できない。当時の皇族の範囲は、「親王から五世」までだが、五世王は親王を娶れない。つまり結婚範囲は四世までに限られる。つまりある天皇から五代目の子孫までなら結婚できるはずなので、本来は割合にゆるい規定だった。だから奈良時代の内親王でも、文武天皇皇女の吉備内親王は長屋王と、聖武天皇皇女の井上内親王は白壁王と、不破《ふわ》内親王は塩焼王《しおやきおう》と、というように、内親王の結婚事例はしばしば見られた。

ところが平安時代になると、親王の子が王で居つづけることはほとんどなくなった。特に嵯峨天皇以降は、源氏となって貴族に下ることが普通になったのである。必然的に内親王の結婚相手は減る。また有力な親王には藤原氏などが娘を正妻として送り込むことが多く、内親王を第二夫人に、というわけにもいかないから、ますます選択肢は減るわけである。また、八世紀末ごろまでは、内親王の結婚相手として意識されていたのは次代の天皇候補の有力親王、つまり異母兄弟や従兄弟《いとこ》だったが、平安時代に外戚《がいせき》として摂関家が地位を確立すると、そういう結婚も少なくなる。一方そのころになると、摂関家の子弟は内親王との結婚が許されるようになるが、そうした事例はきわめて少ない。

このように、内親王が結婚できるチャンスは平安時代になるときわめて少なくなる。斎王も当然同様であり、元斎王は独身がほとんど、ということになる。だから三代続く斎王というのはこれ以後、まず期待できなくなるのである。

妖艶な美女、酒人内親王

さて、母の酒人内親王は、その薨伝《こうでん》（死去したときの記録）には「容貌姝麗《ようぼうしゅれい》、柔質窈窕《ようちょう》」とある。美しくたおやかな女性だったらしい。しかし父と母の問題がその性格に影を落としていたようで、「ひととなりは倨傲《きょごう》にして、情操修めず」とあり、尊大で感情の起伏が激しかったらしい。さらに「婬（姪）行いよいよ増して自制する能《あた》はず」ともある、婬行《いんこう》ならみだらな行い、婬行《ようこう》なら戯《ざ》れた行い、となる。いずれにしても桓武天皇は彼女を深く愛して、制止しなかった、とある。もとより桓武は酒人の弟、他戸親王が廃された後に皇太子となったのであり、井上・他戸事件と無関係であったとは思えない、いわばもともと母の仇《かたき》なのである。そういう曰《いわ》く付きの父母の下に朝原内親王は生まれたわけだ。

朝原内親王は四歳くらいで斎王となった。当時の都はまだ平城京であり、のちの野宮にあたる宮は春日に置かれていた。ところがまもなく桓武天皇は長岡京遷都を宣言、山城《やましろ》に移り、朝原は春日に取り残される。さすがに延暦四年（七八五）の発遣《はっけん》のときには平城旧京に戻っており、対面の儀式をして伊勢に送り出したようだが、このときに長岡京建設の総監督だった藤原種継《たねつぐ》が暗殺されるという大事件が起こる。この事件の黒幕として名が上がったのが、すでに故人の中納言大伴家持《やかもち》と皇太弟早良親王で、家持は生前にさかのぼって官位剝奪、早良親王は位を追われ、抗議の憤死または幽閉されての衰弱死ともいわれる非業の最期を遂げ、それでも遺体を淡路《あわじ》に流罪されるというすさまじいことになる。

代わって皇太子になったのが桓武天皇の長男、安殿親王《あてのみこ》（のちの平城《へいぜい》天皇）、ところがこの人は身体が弱いうえに精神的にももろく、早良親王の怨霊に祟《たた》られていると噂《うわさ》されるありさま。そして長岡京はわずか十年で廃され、平安京に移ることになる。

朝原の結婚

さて、鳴くよウグイスの平安京遷都、延暦十三年（七九四）から二年後、朝原内親王は特に理由もなく斎宮から帰京した。本来、斎王は、天皇の譲位、崩御、近親の不幸、病気などでないと交替できないのだが、当時の歴史書『日本後紀』には「斎内親王、京に帰らんと欲し（斎内親王欲帰京）、頓宮を大和に造る」とあるのみで、何の理由も記されていない。「京に帰らんと欲し」だと、主語は斎内親王なのであり、天皇が斎王を帰そうとしたのではなく、斎王が帰りたいと強い意志を示した、と取れる。

この朝原の帰京については周到に準備されていた可能性がある。延暦十三年に斎宮寮が物を献じて曲宴《きょくえん》（臨時の宴）が開かれ、斎王の乳母、朝原忌寸大刀自《いみきおおとじ》が従五位下を授かっている。律令の規定では内親王には乳母が三人いたはずだが、朝原大刀自はその姓が「朝原」であることからわかるように、朝原の筆頭養育係、いわば母代わりとして伊勢に下った女性である。しかしここでは都にいて賜位を受けたと理解できる。朝原の特命を受け、桓武天皇と何らかの交渉を行っていた可能性が高い。

こうして帰京した朝原内親王は十代後半になっている。物心ついたころにはすでに親から離され、伊勢で育ったこの娘を桓武天皇は最高の待遇で迎えている。彼女は三品の位を受け、京内に設けられた邸宅には桓武自らが訪問している。一方、朝原の側からも、さまざまな物を献上したり、ときには瑞祥《ずいしょう》とされる白雀《はくじゃく》を献上し、逆に越後《えちご》国の田地二百五十町を授けられてもいる。それだけの土地を管理できる家政機関が設置されていたのであろう。

もとより朝原内親王は、酒人内親王に似ていれば美人なはずである。桓武にしてみれば、離れていた第一皇女が可愛《かわい》くないはずがない、しかし桓武はただ甘いだけの父親ではなかった。

朝原内親王は、時期こそわからないが結婚したのである。相手は異母兄の皇太子安殿親王。彼は延暦十三年に妃の藤原帯子《たらしこ》（百川の娘）を失っており、実質的には第一夫人としての入内《じゅだい》だったと考えられる。即位以前のことでもおそらく皇后立后《りっこう》を視野に入れていたと思われる。ところが後の記録である『本朝皇胤紹運録《ほんちょうこういんじょううんろく》』では、安殿、つまり平城天皇は朝原を「寵《ちょう》ぜず」としているのである。実際、朝原は平城との間に子をなさず、即位しても妃のままで、しかも亡くなった帯子には皇后位を贈位している。さらに、時期不明ながら桓武の第八皇女とされる大宅《おおやけ》内親王も妃として入っている。

安殿親王と朝原内親王の結婚には、桓武天皇の意向が強く働いていたと考えられる。桓武には数多くの子女がいたが、式家藤原良継の娘で早世した皇后乙牟漏《おとむろ》の子供たち、安殿親王（平城天皇）、神野《かみの》親王（嵯峨天皇）、高志《こし》内親王はそれぞれ異母兄弟姉妹と結婚させている。すなわち安殿には朝原と大宅、神野には高津《たかつ》内親王、そして高志には大伴《おおとも》親王（淳和《じゅんな》天皇）である。両親ともに皇族の王子の即位を期待したものと考えられているが、異母きょうだい婚がタブーではなかった時代とはいえ、よくぞこれだけ、と思う。そしてこのなかでも朝原は、両親ともに皇族という、まさに皇族のなかの皇族だった。

そして朝原内親王については、彼女が斎王だったことも重視されたと考えられる。安殿親王は皇太子となってからは心身ともに不安定だったが、延暦十年に桓武天皇は彼を伊勢神宮に参詣させているのである。桓武自身が皇太子時代に、長く病に苦しんでいたのが、伊勢神宮に参詣したところ健康を回復したことと関係するだろうし、未来の天皇に守護神の神社を見せておく、という配慮もあったろう。まだ朝原が斎王だった時代で、朝原自身がこの参詣と何か関わったかもしれない。しかし安殿の心身は簡単には安定せず、ついに延暦十一年には、早良親王の祟りである、という占いの結果が出されるに至った。桓武にとって、安殿は不安いっぱいの皇太子だった、といえる。その安殿に、伊勢神宮の加護を得つづけるため、元の斎王だった朝原を、と考えた可能性は高い。

藤原薬子の影

しかし桓武天皇の不安をさらに増幅させる事件が起こった。皇太子と藤原薬子《くすこ》のスキャンダルである。藤原式家の公卿《くぎょう》、藤原縄主《ただぬし》の娘が皇太子の後宮に入るのに、縄主の妻の薬子が同行し、娘を差し置いて安殿と深い仲になってしまった、という事件である。桓武は激怒し、薬子を朝廷から追放したが、桓武・安殿父子に大きなわだかまりが残ったことは否定できない。

また、藤原薬子は藤原種継の娘である。先に述べたように種継は桓武の懐《ふところがたな》刀的な臣下で、長岡京の造営の実質的責任者だったが、桓武が朝原の伊勢派遣のために平城京に帰還していたときに暗殺されてしまう。直接の関係はないとはいえ、朝原の存在自体が、薬子の人生に暗い影を落とすことになったのである。さらに朝原の祖母は、早良と同様に怨霊と恐れられた井上内親王である。早良を恐れる繊細な安殿が、それはそれ、これはこれ、と朝原を愛するとも考えにくい。

朝原内親王と安殿親王の結婚には、これだけ悪条件が揃《そろ》っていた、なるほどとても愛されないわけである。

桓武天皇が亡くなり、安殿親王が平城天皇として即位すると、ふたたび薬子は宮廷に戻され、寵愛《ちょうあい》をほしいままにした。しかし平城の健康は回復せず、まもなく弟の神野親王（嵯峨天皇）に譲位、転地療養と称して平城京に転居する。平安京内に邸宅を構えていたと見られる朝原が、平城についていった形跡はない。平安宮には後宮は形成されていたと考えられているから、朝原は内裏後宮のどこかの建物と、京内の自邸を行き来し、少なくとも平城退位後は、桓武が訪れた、あの自邸に帰っていた可能性が高い。

そして弘仁元年（八一〇）、弟の嵯峨天皇から位を奪還しようとした平城上皇は失敗して出家、薬子の兄、藤原仲成《なかなり》は父親と同様に矢で射殺され、上皇と一つ輿で平城京を脱出していた薬子は服毒自殺という結果になる。朝原内親王はどのような思いでこの報告を聴いたのだろうか。

皇妃の辞職願

平城上皇は出家して、大和で隠遁《いんとん》状態になったのだから、朝原内親王との結婚は自動的に消滅したことになる。しかし弘仁三年（八一二）五月十六日、上皇妃朝原内親王はその職を辞した。

「妃二品《にほん》朝原内親王の職を辞するを許す」と『日本後紀』に記されている。十日後の二十六日には、大宅内親王も跡を追うように妃を辞している。

皇族の離婚が明記されるのはきわめて珍しいことである。本来、妃は皇族出自の天皇の妻、夫人は貴族出自の妻に与えられた「号」であり、いわば任命された存在である。従って天皇が退位したり、崩御したとしても、「妃」は個人について自動的に名乗りつづけることができる。

たとえば嵯峨天皇の夫人で天皇の死去から十年以上後、斉衡《さいこう》二年（八五五）に亡くなった藤原緒夏《おなつ》は「夫人従三位藤原緒夏」として『日本文徳天皇実録《にほんもんとくてんのうじつろく》』に明記されている。

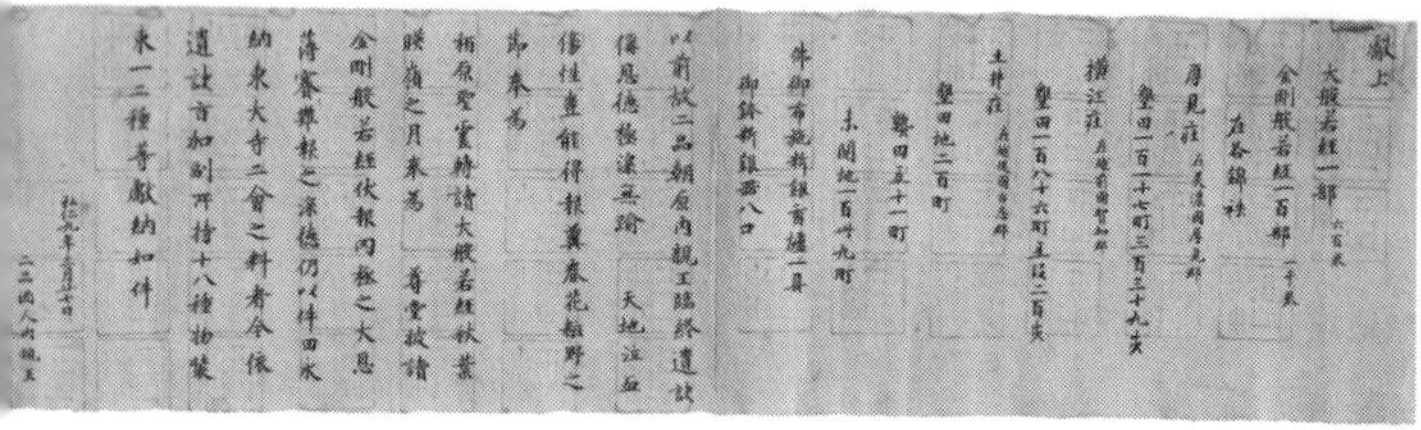

酒人内親王献入帳　故朝原内親王の荘園を東大寺に献納した文書。「酒」一文字が彫られた豪快な私印が全面に捺されている（正倉院宝物）

その「妃」を朝原は辞したのである。

平城上皇が出家したことで、朝原内親王は自動的に離婚していたことになる。しかし出家した元天皇の「元妻」として妃の地位を保っていたのであろう。ならば、妃を辞するとは、朝原の「あんな人の妃として生涯扱われるなんて嫌、私は私」という強烈な意志の表れなのかもしれない。

弘仁八年（八一七）、二品朝原内親王は三十九歳で亡くなった。まだ存命だった母の酒人内親王は、その遺産の多くの荘園《しょうえん》を東大寺に施入《せにゅう》（寄付）し、娘の冥福《めいふく》を祈っている。桓武天皇からもらった越後の二百五十町をはじめとした荘園は、朝原内親王が亡くなるまで彼女のものだったのである。平城天皇の妃だった時代の朝原内親王は、天皇とは別に自分の財産と家政機関を持ち、そして天皇が上皇となり、平城京に移ってからは別居生活を続け、ついに妃の身分を捨て去ることに成功し、大荘園領主として自立したと考えられる。

朝原内親王は、苛烈《かれつ》な人生に斃《たお》れた祖母や、奔放な人生を歩んだ母のような強い印象はないものの、父や夫の意図に反し、自らの生き方を貫いた女性だったように思える。それは、祖母・母と三代にわたってこの血統を振り回してきた男たちの思惑への強烈な「NO!!」であったようにも思えるのである。

4　徽子女王――変わらぬ松、の人

ある日、内裏の一角で

「で、あなた私に何を聞きたいわけ？」

「いや、斎宮女御《さいくうのにょうご》って方の話なんだけどね」

「なんで私に……、そもそも私もあなたもそんなに年変わんないんだし、私が知ってることとあなたが知ってることには、そんなに大差はないと思うけど」

「そう言うけどね、衛門《えもん》。私ってほら、ずっと宮仕えもしない引き籠《こ》もりだったし、親父《おやじ》は花《か》山院《ざんいん》のご出家後は失業してるか地方に行ってるかで、その方が生きてらっしゃるころの宮廷なんて知らないのよ」

「そうか、式部《しきぶ》なんか宮仕え前から有名人だったから、もっと知ってるかと思ってたけど、たしかにお家に籠もってるお嬢様なんてつてはあんまりないわよね」

「でしょでしょ、そこへいくと衛門なんかは道長《みちなが》様の奥様の倫子《ともこ》様に仕えはじめて、その娘のお妃さまについて宮廷に入ってるから、ずっとお偉方の側近じゃない。それに歌は和泉式部《いずみしきぶ》と並んで抜群にうまいから宮中の晴れの場に出ることも多いし、彼氏は立派な学者様だし……知ってるわよ、匡衡《まさひら》衛門っていわれてることくらい。だから私なんかよりずっと情報多いと思うんだ、それに知ってるよ、あなたが昔の人の噂いろいろ集めてること、歴史物語でも作る気じゃないの」

「うっ……そりゃあ、私は恋愛と遊興にしか興味を持たない宮廷の方々とは少しは自分を差別化したいし、宮中の情報や歴史にも関心はありますけどね」

「ほら、テンション上がると漢字が飛び出すのよね、この隠れ学者女」

「何言ってるのよ、あんただってネコかぶってるけど、漢文の知識は私なんかより……まあいいわ、褒め合いのような足の引っぱりあいのようなことしていても始まらない……で、何の話だったっけ」

「だから、斎宮女御様のこと」

式部と衛門というこの二人、上東門院《じょうとうもんいん》藤原彰子《あきこ》（道長の娘）に仕える同僚である。才女を集めた宮廷サロンの構成メンバーとお考えいただきたい。

「じゃ、私の知ってる斎宮女御様の話、ね」

徽子女王の生まれ

徽子《よしこ》女王は、醍醐《だいご》天皇の皇子、重明《しげあきら》親王の娘として生まれた。重明親王は嵯峨源氏を母としていたため、皇位からは縁遠かった皇子だが、聡明《そうめい》で政治への関心も高かったらしい。親王としては珍しく、意見封事（天皇への進言のために封印して意見書を提出すること）を行ったり、詳細な日記『吏部王記《りほうおうき》』を遺《のこ》したりしている。吏部とは式部省の唐名であり、式部卿であったことに由来しており、その以前には中務卿《なかつかさきょう》も務めている。これだけで有能な親王だったことがよくわかる。中務卿は宮中行政全般に関わり、天皇の補佐を務め、詔勅や叙位に関わる重要官司、式部卿は文官の人事や宮中の礼式を司《つかさど》り、重要さでは劣らない。『吏部王記』の本文は残念ながら散逸しているが、多くの有職故実《ゆうそくこじつ》書に引用され、その断片を知ることができる。つまりそれだけ中身の濃い記録だったわけだ。醍醐天皇の遺詔も、兄の代明《よしあきら》親王とともに呼ばれて聞いた、とされる。

その妻は関白藤原忠平《ただひら》の娘であり、関白家も彼の存在を重視していたことがわかる。二人の間に生まれたのが徽子女王である。そのためか、忠平の日記『貞信公記《ていしんこうき》』にも、彼女の斎王時代の記録が少し出てくる。

斎王、徽子女王

もともと親王の娘で、時の朱雀《すざく》天皇には雅子《まさこ》内親王という異母姉妹の斎王がいたのだから、普通なら彼女のような傍系皇族には、斎王が廻《まわ》ってくることはあまり考えられない。ところがそこに、雅子内親王の母、源周子《みなもとのちかこ》が亡くなるという事態が出来《しゅったい》し、次の斎王が選ばれるこ

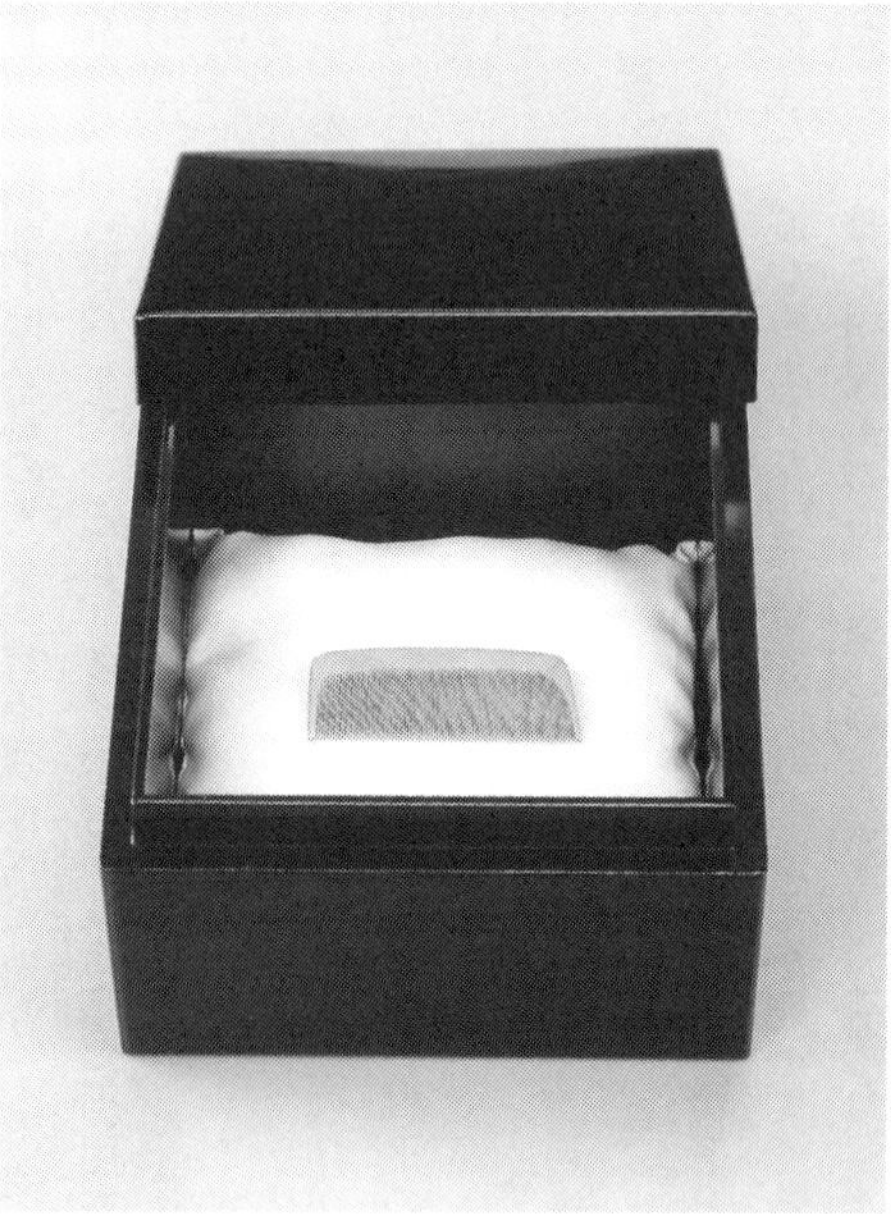

櫛と櫛箱（復元）（写真・斎宮歴史博物館）

とになる。そしてその異母姉妹である斉子《きよこ》内親王が選ばれたようなのだが、卜定直後に急死したらしい。そしてどうやらこの事態で、多くの姉妹たちも軽い喪となり、斎王に選ばれなくなってしまったようなのだ。そして女王にお鉢が廻ってくる。

かくして徽子は、朱雀朝三人目の斎王となった。菅原道真《すがわらのみちざね》の怨霊が跋扈《ばっこ》している、と信じられていた時代のことである。

朱雀天皇は几帳《きちょう》のなかから出ることなく育てられた、ともいわれる、虚弱な少年であった。

平安時代の斎王は、都を旅立つときに、天皇と大極殿《だいごくでん》で対面して、額に櫛《くし》を挿《さ》してもらう儀式、通称「別れの小櫛《おぐし》」を行う。天皇は平座で斎王を迎え、「都の方におもむきたまふな（振り向かずにまっすぐお行きなさい）」と声をかける。斎王が天皇と対等に近い立場であることを象徴する儀式といえる。ところが朱雀天皇は、物忌みと称して、徽子の旅立ちの儀式に出てこなかったのである。彼女に櫛を授けたのは母方の祖父であった藤原忠平、「なんで私だけ……」と思わなかったとは決していえないだろう。

伊勢斎王の時代の彼女についての記録はほとんどないが、その時期に重大な事件に遭遇していたことは見逃せない。承平天慶《じょうへいてんぎょう》の乱（九三五―九四一）、つまり平将門《たいらのまさかど》と藤原純友《すみとも》の反乱である。都からも伊勢からも遠い坂東《ばんどう》と瀬戸内海西部で起こった反乱ではあるが、この乱の終息のため、内乱平定祈願がはじめて行われ、伊勢神宮に勅使が送られた。そして乱の平定により、伊勢神宮には三つ目の神郡《しんぐん》（伊勢神宮の支配圏とされた郡）、もともと伊勢神宮領だった飯《いい》野《の》郡が寄進されるなど、神宮にとっては重大な事件となったのである。

そして伊勢と坂東は決して遠くはなかった。常陸の国に土着した平氏の一部はのちに伊勢平氏となった。鎌倉時代以降には、伊勢と品川《しながわ》を結ぶ海路が形成された。海を介せばまさに直結しているのである。そうした状況のなか、おそらく斎宮でもかつてない緊張が走っていたと考えられる。彼女はそんな時期を斎王として過ごしたのである。ここでも「なんで私だけ」という思いがあったかもしれない。

斎宮女御

七年の後、徽子女王は母の喪により帰京した。祖父の藤原忠平の日記『貞信公記』には、帰京の用度が何かと不足していたことが記されている。摂政の孫にしてこのような待遇だったのである。そして彼女は村上天皇の後宮に入り、女御（中宮に次ぐキサキ）となった。斎宮女御の誕生である。おそらくその段階までに、彼女は和歌をはじめ管絃《かんげん》、書など、一流の教養を身につけていたものと考えられる。彼女の歌集『斎宮女御集』の最初の歌は女御となった後朝《きぬぎぬ》の天皇との唱和であり、その段階できわめて完成度の高い歌人だったからである。また、村上天皇は兄である重明親王から琴の伝授を受けており、その技能は徽子にも伝えられた。

しかしそれほどの教養と出自を持つ彼女にして、村上天皇の寵愛は決して厚いものではなかった。何しろその後宮は中宮・女御・更衣《こうい》だけで二桁《ふたけた》に及んでいたのである。

そのなかで彼女は娘の規子《のりこ》内親王と、息子一人を得るが、息子は誕生直後に失ってしまう。天皇との歌のやりとりはきわめてレベルの高いものであったが、彼女は冷静で決して自分の立場に楽観的ではない。ある意味冷徹、見方によっては「辛気臭い」雰囲気があったといえる。彼女はしだいに里第《りてい》（実家）に戻ることが多くなり、天皇の召にも応じなくなる。

それでも『天徳内裏歌合《てんとくだいりうたあわせ》』（九六〇年＝天徳四年）に代表される文雅の時代の村上朝では、歌人として、また多くの歌人たちの庇護者《ひごしゃ》としても、彼女の役割は少なくないものがあったようだが、父、重明親王が亡くなった後に藤原登子《なりこ》という女性が尚侍《ないしのかみ》となり、村上天皇に仕え、寵愛を受けると状況が変わってくる。女官が天皇の寵愛を受けるのは珍しいことではなく、尚侍はキサキの一種とも認識されていたことが『源氏物語《げんじものがたり》』からもうかがえるのだが、徽子には信じがたい事態だったと思われる。なぜなら、登子は母亡き後の重明親王の正妻だったからである。三度目の「なんで私だけ」である。

こうして彼女はますます里第に籠もりがちとなる。そして村上天皇が世を去ることで、宮廷文化華やかなりし時代は過去のものとなっていった。宮廷歌人斎宮女御はその存在意義をなくしたのである。

帰ってきた斎宮女御

さて、日本の後宮は、天皇が亡くなったからといって、遺された女御、更衣らは宮中を離れるものの、一つの隠居場に移され、尼として余生を過ごす、ということはない。斎宮女御も娘とともに里第に暮らしていたようである。しかしその日々でも、彼女は歌人としての活動は続けていた。天禄《てんろく》三年（九七二）には、歌人として高名な源　順《みなもとのしたごう》を判者にして「規子内親王家前栽歌合《せんざいうたあわせ》」を主催している。

ところがその間にも世間は動いていた。村上天皇の後を受けた冷泉《れいぜい》天皇は狂疾で虚弱な天皇であり、その弟円融《えんゆう》天皇に早々に位を譲る。そしてこの時代に、斎王隆子《たかこ》女王（章明《あやあきら》親王の子、徽子の従姉妹）が伊勢で急逝するという異常事態が起こる。京でならともかく、伊勢に行ってから斎王が亡くなるのは大来皇女からこのかたはじめてのことである。彼女が死ぬと、それまで開かなかった伊勢神宮正殿の扉が突然開いたとも伝わる。ともかく大変な事態であった。

その後の斎王として、すでに二十代半ばになっていた規子内親王に白羽の矢が立ったのである。

「ふざけんな、バカヤロウ！」というのが徽子の偽らざる気持ちだったのではないか、と思う。親子二代続いて、急逝した斎王の穴埋めである。しかも伊勢では何が起こったのかがわからない。神の祟りで娘が死んでしまうかもしれない、くらいは思ったことだろう。もちろん都に独りで残されるのも敵《かな》わない。しかしそれ以上に彼女が思い出していたのは、あの平将門の乱のときの緊張感だったのではないか。

都に残って忘れられていくくらいなら、私は私の道を行く。規子が斎王になった時点で、賽《さい》は投げられたのだ。

それは彼女にとって、「なんで私だけ」ではなく、はじめての「私だけに」できる決断だったのではないか。伊勢の神が今の斎王を拒絶した、そしてうちの娘が選ばれた、ならば私も娘と運命をともにしよう、この危機を二人で乗り越えてみせよう。彼女はそう思ったのではないか。

母は娘とともに野宮に入った。有名人が都を離れ、閑静な仮の宮に移ったことは大きな話題になったようだ。野宮でも「野宮庚申《こうしん》歌合」が開かれ、このときに、彼女の絶唱といわれる、

琴の音に嶺《みね》の松風通ふらしいづれの緒より調べそめけむ

（拾遺集四五一）

の歌が生まれている。

そして規子内親王が伊勢に群行直後、徽子女王も伊勢に向かったのである。円融天皇は制止の意思を示したが、それも振り切っての旅立ちであった。

世にふればまたも越えけり鈴鹿山昔の今になるにやあるらむ
（拾遺集四九五）

規子内親王の後を追って鈴鹿を越えるときの彼女の感慨の歌である。この歌は『伊勢物語』に見られる、

いにしへのしづの苧環《おだまき》くりかへし昔を今になすよしもがな

を意識しているのではないかと思われる。

彼女は「昔を今にした」のである。

そして伊勢の大淀《おおよど》の浜の禊を見ながら彼女は詠んだ。

大淀の浦たつ波のかへらずは変わらぬ松の色を見ましや　（斎宮集）

こちらも『伊勢物語』の、

大淀の松はつらくもあらなくに浦見てのみもかへる波かな

を効かせた歌である。

「伊勢は変わっていない」。斎王隆子女王は死んだが、決して危機的状況ではない。彼女が都に向けて発信したかったのはこの情報ではなかったのか。

伊勢にあって彼女は都の女性たち、藤原師輔《もろすけ》の娘で母は元斎王の雅子内親王である源高明《たかあきら》の妻、つまり叔父の妻で従姉妹の藤原愛宮《あいみや》や、元斎王で村上天皇の娘の楽子《やすこ》内親王、その妹で賀茂斎院の選子《のぶこ》内親王らと歌を交わしつづけていたと見られる。このような形で都とのチャンネルを開いた例はかつてなかったのではないか。それは伊勢斎宮と都の一体感を強め、都人に伊勢の重要性を再認識させるレポートともなったものであろう。

彼女は自らの意志により、離れつつある都と伊勢を結ぶ架け橋となったのである。

そしてふたたび、内裏の一角

「こうして斎宮女御様は規子内親王とともに円融の帝の世の終わりまで伊勢におられて、帰京の翌年に亡くなられたの。規子内親王もその後まもなく亡くなられたのよ」

「そうだったの……それにしても、すごい人生よねぇ」

「そして覚えている方はともかく、係累といえる方はもういらっしゃらない。だからあの方についてはいろんなことをいう方がいるのよ。歌の天才でしょ、琴の名人でしょ、大変な美人でしょ、華やかな人でしょ、思い込みが激しいでしょ、辛気臭いでしょ、執念深いでしょ、自己主張明確でしょ、独占欲が強いでしょ、見捨てられるのが許せないでしょ、はにかみやでしょ」

「なるほど、支離滅裂な印象なのねぇ」

「あと、私が聞いているのは、お父君の重明親王様が面白い方で、お家に太陽が入ってくる夢を見られた、とか、渤海《ぼっかい》の使者が持参したクロテンの毛皮が少なかったので、クロテンのコートをたくさん着込んで見せびらかした、とか、そんな話かなぁ」

「そうそう、あの風流貴公子の藤原公任《きんとう》様がね、具平《ともひら》親王様と、過去の歌人名手選びをされてる、って話ご存じかしら。そのなかにも斎宮女御様の名前が出ているみたいよ」

「ふーん、そこに入ったら、歌人としての名前はますます上がることでしょうね。ところで、あなた、こんな情報何に使うのよ」

「いえね、お后さまに望まれて書いてるあの物語なのよ、若い娘たちや受領《ずりょう》の妻、娘たちの話は書きやすいんだけど、威厳のありそうなお姫様を出したいのに、周りになかなかいらっしゃらなくて、身分の高い、お固いお姫様の恋ってのは、どうもピンとこないのよねぇ、それでいろいろ聞き歩いてモデル探してるなかで、面白そうだったのが斎宮女御様なんだけどね」

「うーん、そのままで題材として使うのは難しいわよ」

そして後日……

「六条御息所《ろくじょうのみやすどころ》、かぁ、娘の斎王とともに伊勢に下って、光源氏《ひかるげんじ》の君との関係を絶つってのは、斎宮女御様をモデルにしているわよねぇ。でも、源氏の正妻に生霊となって祟る、というのはどうかなぁ、後世の人に誤解を与えなきゃいいけどなぁ……」

赤染衛門《あかぞめえもん》は、同僚の紫式部《むらさきしきぶ》発で回覧されてきた同人誌「光る源氏のものがたり」の最新巻を読んで、深くため息をついたのであった。

そしてそのころの紫式部。

「さて、この娘の斎王はどうしようかしら、そうだ、光の君に後見させて後宮に入れましょう。名前は斎宮女御、帝は源氏の秘密の子だから、源氏の権力を支える人になるわ、私って頭いい。あ、若紫《わかむらさき》が春の人だから、秋が好きって設定がいいかな、じゃ行く末は中宮にして秋好中《あきこのむ》宮っと」

5　媞子女王（一〇〇五―八一）――憑いたのか？　の人

斎女王の時代

十世紀後半以降、少し変わった斎王がしばしば現れるようになる。女王の斎王、斎女王である。

もともと斎王は『延喜斎宮式』に、「凡《およ》そ天皇即位すれば斎内親王を定めよ」とあるように、内親王、つまり天皇の娘であることが重要視されていた。徽子の例でわかるように、斎女王とは、内親王の適合者がいなかった場合の、いわば緊急措置だったのである。

ところがこの時期には、やたらと斎女王が多くなる。たとえば西暦で九五〇年から一〇五〇年までの間に就任した斎王は十人、そのうちなんと約半数が女王なのである。さらにこの時期には、天皇が即位した時点で女王が斎王になる、というケースが顕著になる。その最初は円融天皇の時代の隆子女王で、以後、花山天皇代の済子《なりこ》女王、一条《いちじょう》天皇代の恭子《たかこ》女王、そしてこの節のヒロイン、後一条《ごいちじょう》天皇代の媞子《よしこ》女王と続く。理由の一つは内親王の絶対数が少ないことだ。しかしどうも理由はそれだけではないように思われる。たとえば円融天皇には皇女はいなかった。異母姉妹にはのちに斎王となる規子内親王のように、まだ候補者もいたが、隆子女王を斎王にしている。斎王は忌まれていたようなのだ。

この節の主役、婥子女王もそんな斎王の一人であり、そしてそのことに気づいていた。

婥子女王のあせり

長元《ちょうげん》四年(一〇三一)、彼女の心にはあせりがあったはずである。後一条天皇の即位に伴い、斎王となって足かけ十六年。本来内親王でもないこの身で、伊勢にいること十四年。数え十二歳で斎王となっていたのではや二十七歳となっている。

いや、そんなことより彼女は知っていたはずだ。『源氏物語』のあの一節を。彼女の父は、あの具平親王だったのだから。

具平親王は村上天皇の皇子で、才気煥発《さいきかんぱつ》で知られた皇族である。もっともこの時代には、親王は政治に参画できず、いくら才能があっても、摂関家の後ろ盾を持たない親王には即位の目もない。いきおい才能のある皇族は文人としての存在価値を高める以外に道がなくなる。具平親王もその一人で、母は冷泉、円融天皇や、安和《あんな》の変で皇位継承の芽を絶たれた為平《ためひら》親王を生んだ藤原安子《やすこ》(右大臣藤原師輔の娘)ではなく、醍醐天皇の孫、荘子《たかこ》女王(つまり斎宮女御の友人だった斎王楽子内親王の母)だったので、血統はいいが皇位継承の可能性はほとんどなかった。そして中務卿となり、先の時代の中務卿で文人として知られた兼明《かねあきら》親王(醍醐天皇皇子、具平には伯父)と並び、兼明が前中書王《さきのちゅうしょおう》と呼ばれたのに対し、後中書王《のちのちゅうしょおう》と称された。

彼の見識は、同時代の貴族で、和歌、漢文、管絃、有職故実に優れ、検非違使《けびいし》別当としての優れた行政手腕を示したオールマイティーな教養人である藤原公任との過去最高の歌人をめぐる論争に表れているだろう。公任が紀貫之《きのつらゆき》を推したのに対し、具平は柿本人麻呂を推し、これが契機となって、過去の偉大な歌人三十六人を選ぶ「三十六歌仙」が制定された、という。なお、人麻呂は左の一番、貫之は右の一番なので、この論争は具平親王が勝ったことになる。正確には三十六歌仙を選んだのは公任で、そのときには具平親王は世を去っていたので、その見識に敬意を表したのである。

さて、そんなことより、具平親王はある有名人とのつながりでも知られている。『紫式部日記』によると、藤原道長が、息子の頼通《よりみち》の妻に具平親王の娘隆姫《たかひめ》女王を望み、そのことについて紫式部に「中務の宮わたりの御事を、御心にいれて、そなたの心よせある人とおぼして、語らはせたまふも」とあり、どうやら彼女は中務宮、つまり具平親王と「心よせある」親しい関係で、道長の相談にも乗っていたらしいのである。

このことから、紫式部は若いころ具平親王家に出仕していた、あるいは恋人関係だったのではないか、などの指摘がなされているが、ここでは詳しくは触れない。しかし注意しておきたいのは、具平親王が光源氏のモデル、少なくともその一部にはなっていると長く考えられてきている、ということである。そして、具平親王が亡くなるまでに、『源氏物語』の大部分は完成していたはずである。

ならば具平親王家には『源氏物語』の写本があり、媞子女王はそれを読んでいたのではないか、あるいは少なくとも、斎宮にその写本を送らせていたのではないか、つまり彼女は『源氏物語』を読んだことがある最初の斎王ではなかったか、と考えられるのである。

とすれば、彼女は『源氏物語』の斎王、秋好中宮に我が身をなぞらえることができる当時の日本で唯一の女性であり、その母、六条御息所の言動にも深く影響された可能性が高い。『更級日記《さらしなにっき》』によると、彼女の裳着《もぎ》のために斎宮に勅使として派遣された源資通《すけみち》は、円融天皇の時代から斎宮に仕えているという老女に会った、という。事実だとすれば、六条御息所および娘の秋好中宮のモデルといわれる斎宮女御が、斎王規子内親王の母として斎宮に二度目の滞在をしていたころから、ということになる。

つまり『源氏物語』は、かなりリアリティをもって彼女の周辺で語られていたことがうかがえるのである。

斎宮にまつわる不吉な噂

さて、長々と引っ張ってきたが、彼女が知っていたと考えられる斎宮についての不吉な話、それは、仏教に関する忌避についてのことだった。

『延喜式』には、斎宮では仏教に関することは忌詞《いみことば》だとしている。忌詞とは、仏は中子《なかご》、経は染紙《そめがみ》、塔は阿良々岐《あららぎ》、僧は髪長《かみなが》、尼は女髪長《めかみなが》、斎《いもい》（僧侶に出す食事）は片膳《かたしき》、寺は瓦葺、などと言い換えるルールである。これを「内の七言」という。これについては、八世紀末の伊勢神宮における神仏分離、というより中央における国家仏教の勢力抑制と顕密《けんみつ》（天台宗《てんだいしゅう》と真言宗《しんごんしゅう》）の進出による仏教の変質、さらには神と仏を分離したいが、現実には仏教を完全に排除することができず、言葉のうえだけでも遠ざけようとしたことなどが原因として考えられる。

しかし浄土教《じょうどきょう》が隆盛を迎え、現世の長命や祖先の成仏より、我が身の極楽往生を求める意識が強くなった十世紀以降、仏教を遠ざけることは極楽往生への大きな障害になる、という考え方が強くなる。『源氏物語』「若菜《わかな》」帖《じょう》のなかでも、紫の上に憑《つ》いた六条御息所の怨霊は、斎宮にあって仏教から離れていたことにより、恋の執着から離れられないでいる、と告白しているのである。そして『源氏物語』より少し後、かの赤染衛門の曽孫である大江匡房《おおえのまさふさ》によって編纂された儀式書『江家次第』には、斎王が帰京時、難波津（大阪湾）で禊を終えると、三津寺という寺院の僧が来て風誦を唱えるとしている。斎王は解任されるまで、現実に僧にも近づけなかったことがわかる。

嫥子女王が、この言説、仏教に見放された斎宮という噂を知らなかったとは思えない。とすれば彼女にはこんな思いがあったのではないか。

「私はババを引かされた」

祭主輔親のいらつき

祭主、大中臣輔親《すけちか》はいらついていた。

大中臣氏という歴史のある、神祇祭祀に深く関わり、大化前代以来のライバルである忌部《いんべ》氏を蹴落《けお》とし、神祇官の実務をほぼ独占した一族。しかし、そのなかには一門、二門、三門という三つの系列があり、相互に対立している、という複雑な氏族。そのなかでも二門、しかも奈良時代末期に右大臣にまで上り、中臣氏から大中臣の姓をはじめて与えられた大中臣清麻呂の直系の子孫として、祖父頼基《よりもと》、父能宣《よしのぶ》、そして自分と三代にわたり、大中臣氏のいわば氏職でもある伊勢神宮祭主を独占し、さらに摂関家のために祈願する祝詞師としても勢力を強めていた。娘は上東門院藤原彰子皇太后に出仕し、伊勢大輔《いせのおおすけ》と呼ばれている。都には広大な邸宅も造った。あの光源氏と同じ「六条院」だ。庭園には天橋立《あまのはしだて》の縮小版もある。一介の貴族としては、やりすぎだといわれかねないほどのことをしてきた、といえる。

しかし彼の地位は必ずしも安泰ではない。もはや彼も数え七十八歳。しかし祭主の地位は息子の輔隆《すけたか》に継承させられるとは限らない。祭主を決めるのは政府であり、他の大中臣氏、二門の他の系統や、一門、三門のメンバーも、決して諦《あきら》めたわけではなかったからである。

「元気なうちになんとかしなければ」

関白頼通の気病み

藤原頼通は気に病んでいた。最愛の妻、隆姫女王の機嫌について、である。以前自分が父道長の勧めで三条天皇の娘禔子《ただこ》内親王を容《い》れようとしたとき、急な病に襲われ、祈禱《きとう》の結果、病のもとが具平親王の霊だったことがわかった、という記憶はいまだ生々しい。その具平親王の娘で、隆姫の妹が今の斎王、嫥子女王だ。この人が斎王となったときには「ただこの大将殿よろづせさせ給ふ」（『栄《えい》花《が》物語《ものがたり》』巻第十二）といわれるくらい世話をやかせてもらった。そして二人の弟である源師房《もろふさ》は、自分の猶子《ゆうし》となり、父ゆずりの才能を見せ、貴族としてもしっかりやっていて、まだ幼い実子たちの擁護者として大いに頼りになる。

そんな三人のなかで唯一伊勢という遠くに行っている嫥子が、最近困っている、というのだ。斎王の悩みの理由は、斎宮の行政事務を統轄する斎宮寮の頭《かみ》、藤原相通《すけみち》の横暴である。この時代、地方に赴任する国司は受領と呼ばれ、文字通り国務を受領して、義務づけられた官物を納入さえすれば、あとは利益追求に邁進《まいしん》しても罪とはされないようになっていた。「受領は倒るる所に土をつかめ」といわれたほどに、いわば地方国は中下級貴族の「刈り取り場」となっていたのである。そして斎宮の場合でもそれは例外ではなかった。もとより斎宮寮の長官、斎宮頭は広域の土地支配を行うわけではないから、受領ほどには美味《おい》しい役職ではなかったかもしれないが、地域に赴任してきた中央の有力者として、地域有力者と結託して甘い汁を吸う機会は随所にあったのだろう。しかも相通には小忌《こき》（古木）古曽《こそ》という妙な名前の妻がいた。彼女は斎宮の女房だったようなのだが、どうも夫とともにさまざまな不穏な動きを見せていたらしい。斎宮内院には獅子《しし》身中の虫がいたようなのだ。

そして相通には、大中臣輔親も同様に悩まされていたのである。地域と都を行き来して祭主という権力を生かして財産を作る、という輔親の活動は、受領と大差ないものだった。ということは輔親の権益は相通のそれとどこかで衝突していたはずである。都と伊勢を行き来する祭主より、斎宮に居つづける寮頭のほうが有利に活動できる。直系三代にわたり祭主を独占し、都にも伊勢にも確たる地歩を築いていたはずの輔親の計算は、斎宮寮との権益対立により、累《るい》卵《らん》の危うきになっていたのかもしれない。

頼通は思っていたのだろう。

「どいつもこいつも」

斎王託宣、その日

そして六月十七日、内宮月次祭の日がやってきた。おりしも大嵐《おおあらし》である。その嵐のなか、雷鳴とともに斎王嫥子の怒号が轟《とどろ》いた。

『小右記《しょうゆうき》』長元四年（一〇三一）八月四日条がその様子を次のように伝えている。著者の藤原実資《さねすけ》（右大臣。七十五歳）は、藤原頼通が輔親からの報告を書き送った消息（手紙）の情報だとしている。

六月十七日、斎王が内宮に参詣しようとすると、暴雨大風になり、雷電のなかで、斎王が輔親を呼びました。斎王の御前に参りますと、斎王は叫声とともに託宣をされたのです。

「寮の頭の相通とその妻は、内宮・外宮の御在所と称して祠《ほこら》を造り、いろいろな人を集め、都で巫覡《ふげき》が狐《きつね》をまつるように、連日連夜神楽《かぐら》や狂舞《きょうぶ》を行い、神宮を曲解させている痴《し》れ者です。また、神事も礼に背き、幣帛が減り、神を敬う心も衰えました。末代とはいえ、伊賀守光清《みつきよ》の放火や神民殺害事件の決着にも三年かかりました。今の帝王には敬神の心がなく、今後の天皇も案じられます。天孫降臨以来、天皇の命運は百代で終わるのであり、その百代も半ばを過ぎているのです。相通と妻を神郡から追放するのです、妻は斎王の女房のなかにいます。公郡に追い出しなさい」。そして輔親を呼び、斎王に神への過状《かじょう》（わび状）を進めさせました。また神宣があり「この斎王の奉公の心は、以前の斎王に勝っています。しかし、この件については過状を出しなさい」とのことでしたので、輔親が「斎王は御本心を失っておられます。お聞きになれないでしょう」というと「では斎王を蘇生《そせい》させよう」と神宣があり、斎王が我に返られたので、過状を読み上げました。さらに七回の御祓《おはらい》をするように神宣がありましたが、大雨で、斎王の御座を退けるほどに水が来て、三回が精一杯です。するとまた神宣があり、「汚穢《おわい》のことが多いので、献酒しなさい」とのことで、三度の献杯を五回、都合十五盃《はい》を斎王に差し上げました。また神宣では「この神託は四、五歳の適任者がいなかったので、斎王に託したのだ」とのことでした。結局内宮参拝はできず、神への供え物は処分しました。この神は荒祭宮《あらまつりのみや》の神とのことです。そのほかにいろいろなことがあり、斎王の身近な女房が承っていたようですが、記録はできませんでした。

彼女に憑《つ》いた内宮荒祭宮の神は、いろいろな事例を挙げて、世の終わりが近いと信じられていたこの時代に、朝廷の神宮への敬意が弱まっていることを糾弾した。この託宣のターゲットは、朝廷の責任者である後一条天皇その人である。

神宮が伝えたこと

一方、神宮側の記録、『太神宮諸雑事記』は伝える。

斎王が斎王殿に着き、男女の官人も参詣し、祭主宮司も参宮した。しかし玉串の供奉《ぐぶ》以前に大雨となり、雷電が燦《きら》めき天地が震動した。人々が恐れ戦《おのの》く間に、斎王が突然大きな声で「祭主輔親を呼べ」と叫んだ。そこで祭主が禰《ね》宜《ぎ》ら神宮神職を引き連れ、斎王殿に参ると、斎王に託宣があった。

「我は内宮第一の別宮荒祭宮で、太神宮の勅により斎王に託宣する。寮頭相通と妻の藤原古木古曽ら一党は、この数年、我ら夫婦に二所太神宮が翔《か》け、男女の子等に荒祭宮と高宮が通った、女房どもには五所の別宮が憑いている、との流言をしている。神にも帝王にも、不忠の極みである。皇太神宮が人間に寄り憑くなどということは未だかつてなく、相通夫婦はでたらめをいって人々の耳目を驚かせているのだ。二人には神罰を与えるが、後代や天下に知らせるため、祭礼の場で斎王に託宣するのである。相通らは流罪にせよ。伊賀の神戸《かんべ》の訴えで伊賀守光清を流罪にした一件より、この託宣は、もっと神妙で奇怪なことである。祭主輔親はわが託宣を天皇に奏上せよ」と告げ、その託宣の間に御酒を数十杯飲み、次に和歌一首を詠み、輔親に盃を下し、輔親は三献の盃を頂き、和歌を返した。託宣の旨はいろいろあったがここには記さない。寮頭相通とその妻子は大内人《おおうちんど》以下の神宮関係者によって御川（宮川？）の向こうに追い出されたが、その間に洪水が起こり、人も馬も通れなくなった。その後祭は例によって行われたが、斎王の玉串などは奉らず、斎宮寮の官人は宴席にはつかず、倭舞《やまとまい》も供奉しなかった。翌十八日の朝辰《たつ》の刻、斎王は平静を取り戻し、玉垣の一角を破って輿を入れ、退出された。十九日には祭主が託宣の由を、神宮・斎宮関係者の署名を添えて解状《げじょう》として、寮解を添えて上奏し、内侍、（女）別当、女房らもそれぞれ本院に手紙を送った。その後七月六日に、内外宮の禰宜、権禰宜《ごんのねぎ》、大小内人らが斎宮におしかけ、寮頭館にあった小祠を焼き捨てた。これは祭主の下文《くだしぶみ》により、二宮の神官が行ったもので、この祠は荒祭宮、高宮の御殿として造られたものだった。

彼女に憑いた荒祭宮の神は、寮頭相通によって神宮の権益が軽視されていることを糾弾した。そして八月四日には輔親が寮大別当に補されたことを記している。神宮のターゲットは、藤原相通と斎宮寮だったようだ。

この事件の演出者

さて、ここで考えてみよう。理路整然とした託宣など、神がかりとして信用されるものだろうか。『日本書紀』では神功《じんぐう》皇后は、自ら神主となって神託を受けた、そして中臣烏賊津使主《いかつのおみ》を「審神者（さにわ）」としている。神託にはそれを聞き取り、伝える者が必要なのである。イタコの口寄せなどの映像を見ていても、託宣とされるものは、それ自体については非論理的なことを口走っている場合が多く、聞く側がそれを再構成して理解するものなのである。

では嫥子が口走ったことを託宣としてまとめたのは誰なのか。それは彼女と会話した人物にほかならない。その可能性がもっとも高いのは、彼女から盃を受け、歌を交わした、大中臣輔親なのである。

それにしてもこの託宣はよくできている。天皇の敬神の薄さを責め、「末代」という社会風潮を踏まえて、本来「無限に続く」という意味だった「百王」を、すでに神武《じんむ》天皇以来六十余代と認識していた後一条天皇への揺さぶりのツールとした。そして、この斎王は以前の斎王より優れている、と免罪したうえで過状を出させている。それは天皇に代わっての過状と認識されたことだろう。そして盃の合間に輔親と交わした歌では、斎王は、

盃にさやけき影の見えぬればちりのおそれはあらじとぞ知れ

と詠み、輔親は、

御祖父ちち、うまご輔親三代までに頂きまつるすべらおほんかみ

と、頼基・能宣に続く直系三代祭主として務めてきた自らの正統性を強調している。

この託宣は、勅使、神宮関係者、斎宮関係者の目前で起こったものであり、多くのギャラリーがいたはずである。その前で、託宣の当事者は、あらかじめ巧みに不敬神の罪から逃れていたのである。寮頭の私的な不法を暴くだけではなく、当時の社会風潮をつかんで、天皇の責任問題に発展させるとともに、伊勢神宮に不敬があったとして伊豆《いず》に流罪となった伊賀守源光清の一件を蒸し返すことで、地域の不満も託宣のなかに取り込んでいく。いわば託宣の一撃で、斎王・祭主・神宮宮司以下の地域勢力による寮頭相通夫妻への包囲網が具現化したのである。しかもそれは勅使の目前で行われた。もはや隠しようもない事実となったのである。実に巧妙で周到に計画された事件であった、と思う。

そして都への報告を行ったのも輔親であった。しかしその具体的な内容が賢人右府と呼ばれた藤原実資の耳に入ったのは八月に入ってからである。『太神宮諸雑事記』でも、祭主から上

奏文が十九日に送られ、斎宮周辺の、内侍、別当、女房らからも消息が「本院」に送られている。上奏文はまず関白頼通の手に入ったことだろう。そして「本院」がどこかはわからないが、嫥子の実家、故具平親王の土御門邸《つちみかどてい》を指すとすれば実に興味深い。それを継承しているのは彼女の弟の源師房であり、前述したように、彼は頼通の養子だったからである。

伊勢からの情報は頼通の手元に集められていた可能性が高い。それは嫥子も輔親も織り込み済みのことなのである。実資が知るまで、この話は頼通のところでさらに具体的に熟成されていたのではないだろうか。

この一件は宮廷を揺るがせ、藤原相通とその妻、小忌古曽は流罪となった。輔親は斎宮寮の大別当に任じられ、事後処理にあたった。斎宮頭の権力は大きく後退し、以後は斎宮助《すけ》には大中臣氏が補せられることが通例になっていく。斎宮寮は平安時代初期以来、長く神宮の行政事務を行う太神宮司とその権益を対立させてきたのだが、しだいにその立場は傀儡《かいらい》的なものになっていく。

最後に笑った者は

かくて大中臣輔親の時代が来たかというと、決してそうではない、たしかに彼はその後、長元七年（一〇三四）には従三位となって公卿に列し、さらに正三位にまで昇進し、奈良時代末期の正二位右大臣大中臣清麻呂に次ぐ高位に昇った。しかしこの託宣のときには昇進は見送られたのである。実は朝廷はこの件について先に釘《くぎ》を刺されている。八月にふたたび伊勢神宮の託宣があり、相通の娘や部下たちの追放を命じるとともに、輔親が相通の配流先について、伊豆と指定していたのを報告していなかったことで、天照大神は彼を勘当したというのである。二度目の託宣は斎宮から「仮名の記」、つまり仮名文の報告書で送られてきた。いうまでもなく嫥子やその周囲の女官からの牽制球《けんせいきゅう》であった。嫥子は利用されっぱなしの傀儡ではなかったことがわかる。

そしてその後さほど経たない長暦《ちょうりゃく》二年（一〇三八）、奇《く》しくも同じ月次祭のために都から伊勢に向かう途中、輔親は突然発病して急死したのである。後継者を定める暇もなく、結果彼の子の輔経は祭主を継ぐことはできなかった。三代を通じて伊勢神宮を奉じてきた、と主張した彼の立場は、結局顧みられることがなく、その子孫が藤波家として祭主を自らの家の職としていくには、今しばらくの雌伏が必要となった。

そして我らが嫥子はどうなっただろう。彼女は何事もなかったように後一条朝の斎王を務めた。そして帰京の後、藤原頼通の弟、のちに関白となる藤原教通《のりみち》の継室に収まったのである。

私は以前この一件は、最終的には彼女の独り勝ちと書いたことがある。その想《おも》いは情報がさらに増えた今も変わっていない。いやむしろ、彼女は冷静に状況を察知し、すべてがうまくいくシナリオを書き上げたのではないか、とも考えている。

何しろ彼女は紫式部が憧《あこが》れたかもしれない文化人、後中書王の娘なのである。

6　良子内親王（一〇三〇―七七）――記録の多い人

名前のわかる斎王

良子《ながこ》内親王は、後一条朝の嫥子女王に続く、後朱雀《ごすざく》朝の斎王である。この人は、内親王を母としている。だいたい斎王は、母の生まれが重視されるということはほとんどなく、それ以前に内親王が後宮に入るというのも稀《まれ》なことなので、きわめて珍しい斎王といえる。しかも、父は円融天皇系の後朱雀天皇、母は冷泉天皇系の三条《さんじょう》天皇の皇女禎子《さだこ》内親王で女一宮（長女）、後三条《ごさんじょう》天皇は同母弟、長らく分裂していた二つの天皇家の血を引く、きわめて尊貴な血統の斎王なのである。そのためか、彼女については意外に外部の声が残っている。たとえばその名前だが、良子と書いて「ながこ」と読む可能性がきわめて高い。『範国記《のりくにき》』という日記に見られる卜定記事に、斎王卜定時に命名されたという記述があり、そこに「良を長と読む」としているのである。つまり、良と長に合う訓読みとしては「なが」なので、「ながこ」（あるいは「ながきこ」かもしれないが）という読みはほぼ確定的といえる。平安時代の女性名は「ていし（定子）」「しょうし（彰子）」などと音読みされることが多いが、これは正確な読み方がわからない便宜的措置で、わかっている例だと「あきらけいこ（明子）」のような事例もあり、なかなか単純ではないのである。

旅に苦しむ斎王

さらに彼女については、伊勢への旅である群行の記事が『春記《しゅんき》』（同行した貴族、藤原資房《すけふさ》の日記）に詳細に残されている。これによって群行にかけた時間や、道中の様子などはかなり詳しくわかるようになった。特に最大の難所とされた近江と伊勢の境界に立ちはだかる鈴鹿峠を越える記事は、当時の山越えの過酷さを知る貴重な資料になっている。

このときの鈴鹿峠は、巳《み》の刻のはじめ、つまり午前九時ころに山口で禊をして登坂にかかったのだが、道には横木を渡して道幅を広げる桟が作られているなど、かなり厳しい状況だったようだ。そして下り坂の半ばで日が暮れてしまい、松明《たいまつ》が用意され、資房が（ということは斎王が）鈴鹿頓宮に入ったのは戌《いぬ》の刻（午後八時ころ）になった。女房らの車が到着したのは亥《い》の刻（午後十時ころ）に及び、牛車を降りて馬に乗り換えていた者もいたという。桟道のような狭い道を牛車が通る、というだけでも驚きだが、斎王は輿で、つまり駕輿丁《かよちょう》たちの肩の上でその道を越えていたのである。現在の国道一号線の鈴鹿峠でも、滋賀県側は穏やかな斜面だが、三重県側は過酷な急坂でヘアピンカーブが連続する。桟道の片側は崖《がけ》か急坂になっているはずだから、居眠りして転げ落ちでもしたら命がない、そんな道を、松明だけを頼りに下っていくのである。良子、当時わずか十歳。資房は、「今日御輿のなか尤《もっと》も恐ろしく思《おぼ》しめすのこと あり（今日は斎王は御輿のなかで大変恐ろしい思いをされた）」と記しているが、もっともなことだ。群行途中の斎王の気持ちまで書き残された貴重な記録である。

斎王のファッション

また、彼女の記録からは、斎王のファッションについても知ることができる。斎宮に至った翌年に行われた、『良子内親王貝合』では、斎宮に仕える男女が海辺で貝を拾い、州浜《すはま》の上にいろいろな作り物をして、それを題にして歌合を行うという、斎宮の文雅を伝える華やかな趣向が催された。そのときの斎王の装いとして、「うすものの二藍《ふたあい》の御単衣《ひとえ》重ねに紅《くれない》のすずしの御袴《はかま》たてまつりて、みじかき御几帳あふちのすそごなるをひきよせて、ちひさうをかしげにおはします」と記されているのである。二藍（紫の系統の色、若年層は赤紫の場合が多い）のうすものの単衣《ひとえ》を重ね、紅の袴をつけた姿からは、普段の斎王が、都の姫君とほとんど変わらない装いをしていたことをうかがわせる。

このとき、良子内親王は判定役だったが、「おまへの御さだめによるべきを、只《ただ》をかしと思《おぼ》し召したる御気色にぞうち笑みて御覧ず」とあり、工夫を凝らした作り物を楽しげにニコニコと眺めていたという様子が記されている。年に相応の少女の風である。『源氏物語』の若紫のような風情、と思うのは私だけだろうか。

斎王の務めとして

しかし彼女の時代の斎宮は、『源氏物語』のような優美さを誇るだけの時代ではなくなっていた。こうした雅《みやび》な風情の一方で、長久《ちょうきゅう》元年（一〇四〇）に伊勢神宮の外宮が倒壊したのである。この重大事は何を意味するのか、朝廷は対応に追われていた。

後朱雀天皇はこの事件に怯え、次々と対応策を打ち出し、ついには自ら伊勢に行幸するとまで言い出した。その最中の八月十三日に、斎宮から手紙が送られてきたのである。この倒壊について祈っていたところ、神体が仮殿に安置されている間は「外人《とのひと》」、つまり皇族以外の人が奉幣使となることは好ましくない、という託宣があった、という内容であった。さらに同年の内裏が焼失するという大事件のときも、予知夢を見たという報告があった。このような形で斎宮から大事件について情報発信してくる斎王は前例がないのである。

もともと良子のような高い身分の斎王が選ばれた背景には、長元の託宣とその後の後一条天皇の早世によって、朝廷が伊勢神宮に相当な脅威意識を抱いていた、という事情があったと考えられる。斎王は天皇を助ける者でなければならず、媄子女王のように朝廷批判をする斎王は当然望ましくない。そもそも『延喜斎宮式』には、斎王が託宣した場合の規定など記されていない。斎王が託宣をすることなど想定外だったのである。

しかし十一世紀になると、斎王が夢によって天皇を支える、という先例ができていた。後一条天皇の先代、三条天皇の時代、斎王は娘の当子《まさこ》内親王だったが、彼女は長和《ちょうわ》三年（一〇一四）六月に、父の在位期間について「私のような（実の娘の）斎王を立てたので、宝位十八年」

という夢を見た、と野宮から母の皇后藤原娍子《すけこ》に言上した。結果的にこの夢は外れたのだが、斎王がそのような予知を行う、という前例はすでに見られていたのである。

そして良子もまた、天皇の娘の斎王として、お父さんがんばれ、と伊勢からエールを送っていたのである。その意味でも良子は独特の斎王だった、といえる。

小柄な美女、良子

さて、彼女はその生活についてもわかる珍しい斎王である。彼女は斎王に卜定されたときに内親王宣下《せんげ》を受けて二品という高い位に叙せられている。そして斎王在任中の寛徳《かんとく》二年（一〇四五）に准三后《じゅさんごう》となっている。ただしその直後に後朱雀天皇が譲位し、亡くなっているので、斎王退任の後の身分保障として天皇が残した配慮であった可能性が高い。それにしても元斎王で皇后に準ずる地位を得たわけである。このことで彼女は、年官年爵《ねんかんねんしゃく》を受けられることになった。これは任官除目《じもく》の際に昇進者を推薦できる権利で、そのことによって推薦した貴族・官人から謝礼を受けることができるという、当時の高級貴族の特権であり、それを許された、ということで、身分だけではなく、生活保障も安定したことを示唆している。

『春記』を読んでいると、後朱雀天皇が神経の細やかな愛情深い人物であったらしいことは随所からうかがえる。それが寿命を縮めてしまったともいえるのだが、『栄花物語』は、その愛情は特に良子に寄せられており、同母妹で賀茂斎院を務めていた女二宮の娟子《うるわしきこ》内親王には、母の禎子内親王が愛情を注いでいた、とする。後朱雀は死の床にあっても「斎宮の御事をなんいみじう申させ給ける」（巻三十六）とあり、遠く伊勢に滞在する娘をいつも心にとめていたらしい。しかしこの父娘はついに生前の対面は叶《かな》わなかったのである。

父の死去により帰京した元斎王良子は、多くの都人の関心を集めたらしい、やはり『栄花物語』には、この姉妹の評判として「十七、十五におはしませば、わざとの大人のうつくしうささやかなるにておはします。御かたちどもいとめでたくおはしますとぞ」（巻三十六）とある。良子内親王は十七歳になり、すっかり大人の美しさで、小柄で愛らしく、その姿も大変素晴らしいとしている。『栄花物語』は、かの赤染衛門の作に加筆した、女房による歴史文学の傑作であり、その原典資料には『紫式部日記』なども用いられている。こうした男性の日記では見られないような評判記もまた、彼女らに接することができる宮廷女房たちからの情報を元にしていた可能性が高い。良子は小柄な美人だったのである。

その後の良子内親王

帰京後の良子は、母、禎子内親王と妹の女二宮で元賀茂斎院の娟子内親王とともに暮らしていたらしい。

ところが天喜《てんぎ》五年（一〇五七）、二十六歳になった娟子は突然参議兼左近衛権中将の源俊房《としふさ》に降嫁する。俊房は三歳年下の二十三歳。村上天皇の皇子、あの具平親王の孫で、父の師房

（つまり媋子女王の兄弟）は藤原頼通の猶子、母は藤原道長の娘の尊子《たかこ》という摂関家に近い人物である。実は『今鏡《いまかがみ》』によると、彼女は「長月のころ、いつこともなくうせ給にければ」、つまり、宮から突然いなくなり、「三条のわたりなる所にすみ給なりける」と、三条のあたりに隠れ住んでいたのを見つけられたという。二人は駆け落ちしたわけだ。

この一件は当然貴族社会で大きな話題になり、『伊勢物語』を引き合いに出され、娟子は「狂斎院」、つまり「情熱斎院」ともいわれた。そんな妹に比べ、姉の良子にはそういう浮いた話題もなく、承暦《じょうりゃく》元年（一〇七七）に急逝するまで、穏やかな生涯を送ったらしい。

「この日一品良子内親王早世す。年四十九。これ疱瘡《ほうそう》による也。後朱雀院第一皇女也。母陽明門院」（『水佐記《すいさき》』。俊房の日記）

死因までわかる斎王はきわめて珍しい。都で天然痘が大流行した年のことであったらしい。本人が何をした、というわけでもないのに、最後まで有名な元斎王であったらしい。

7　媞子内親王（一〇七六―九六）――華やかに散った人

天皇家分裂の終息と白河天皇

さて、天皇家はこのころ、十世紀から十一世紀にかけて、冷泉系と円融系の二つに分裂していたが、後一条天皇から後朱雀天皇の時代に、ようやく合一の動きが見られるようになる。その背景には、摂関家のお家事情の変化があった。

長く最高権力の座にあった関白藤原頼通は子女に恵まれず、天皇の外戚の地位を築けなかったのである。後朱雀天皇の次の天皇は、藤原道長の娘嬉子《よしこ》との間の皇子、後冷泉《ごれいぜい》だったが、彼も結局男子を儲けられず、後朱雀と禎子内親王の間に生まれた後三条が次の天皇として即位する。後三条の即位を強く推したのは頼通の異母弟、権大納言能信《よしのぶ》である。摂関家自体も内部対立を起こしていた。

もちろん後三条天皇も、父方の祖母は藤原道長の娘彰子（上東門院）で、母方の祖母は彰子の妹藤原妍子《よしこ》なので、藤原道長の血が濃厚に流れているわけだから、彼の即位がすべてを変えたということではない。しかし重要なのは、摂関家が頼通、教通の兄弟をはじめとした内部対立や、その次の世代の人材不足により、弱体化を始めたことである。後三条は短期ながら上皇となり、天皇家・摂関家を通して実質的な家長の地位に座った。この家長権は、その子の白河《しらかわ》天皇に継承されていく。藤原頼通の晩年の子である関白師実《もろざね》と白河天皇は、相互依存的な関係にあったが、必ずしも摂関優位というわけではないまま、白河は堀河《ほりかわ》天皇に譲位して上皇となる。

しかし承徳《じょうとく》三年（一〇九九）に師実の子の関白藤原（後二条《ごにじょう》）師通《もろみち》が若くして死去すると、白河上皇を制御する者はいなくなり、まさに専制的な実力者となっていく。これが院政と呼ばれるものの初源であると、私は思う。十世紀から十一世紀前半の王権は、天皇と摂関家の女性の繰り返す婚姻により、一つの家のように機能しており、天皇の母方の後見として、天皇と貴族層の中間に立つ外戚が摂政・関白として家長権を握ったため、いわば母系的要素が強かった。しかし十一世紀半ばになると、摂関と天皇の婚姻関係がやや希薄になり、父系の祖父である上皇（院）が実質的な家長となっていく。そして家父長制的性格が強くなるのである。

白河天皇と斎王

白河天皇は即位したときに二十歳だったが、まだ子供はいなかったらしい。そのため斎王として選ばれたのは、三条天皇の皇子で元の皇太子小一条院《こいちじょういん》（敦明《あつあきら》親王）の皇子で三条天皇の猶子、つまり親王待遇の皇孫、敦賢《あつかた》親王の子、淳子《あつこ》女王である。白河の姉妹にも適任はおらず、後冷泉天皇には娘がいなかったので、冷泉系の斎王が立てられたものと見られる。賀茂斎院も小一条院の娘、斉子《なりこ》内親王である。斎王がいずれも冷泉系で血縁が薄いというのは天皇の立場としては決して望ましいことではない。おそらく白河は二人とも顔も知らなかったはずである。

ところが白河天皇は、承暦二年（一〇七八）に、淳子女王に代えて自らの娘、媞子《やすこ》内親王を斎王にした。母は藤原師実の養女であった藤原賢子《かたこ》である。賢子は村上源氏源顕房《あきふさ》の娘だったが、娘に恵まれなかった師実の養女となって入内していた。つまり建前としては摂関家の姫だが、実質的には皇族系だったのである。賢子は白河に深く寵愛され、善仁《たるひと》親王、のちの堀河天皇を儲ける。媞子内親王はその姉である。顔も知らない斎王から、天皇鍾愛《しょうあい》の女性の子の斎王へ、という劇的な変化が見られたのである。

しかし善仁親王はスムーズには天皇になれなかった。白河には異母弟の実仁《さねひと》親王がおり、父、後三条の遺命で皇太弟にしていたからである。白河が実仁に譲位して上皇になっても天皇の父ではない。すると上皇は家父長ではなくなるわけで、その権力は大きく制限されるのである。しかし白河には幸いなことに、実仁は応徳《おうとく》二年（一〇八五）に天然痘で急逝し、翌年善仁に譲位して、院政を開始するのである。

さて、その間に媞子内親王はどうしていたか。彼女は承暦二年に伊勢に下向、応徳元年（一〇八四）に母、賢子の喪によって退下《たいげ》、帰京している。斎王であったのは三歳から九歳の間にすぎなかった。しかし斎王になる直前には、准三后となっていた。斎王で准三后というのは、かの良子内親王以来のことである。特別待遇といってよい。そして伊勢にいるときには、禊のたびに勅命により、公卿や地下人《じげびと》が数多く伊勢に派遣されていたという。幼児の禊を多くの大人たちが見守り、天皇に報告していたわけである。いかに重視され、鍾愛されていたかがわかろうというものだ。

つまり白河は、皇太子を持たず遠縁の斎王しかいない天皇として即位し、娘を斎王とした天皇になり、実の子を天皇とした上皇となるというように、一段一段その地位を高め、ついに家父長的存在となったのである。白河にとっては賢子や実仁の急逝は予想外だっただろうが、彼の狙《ねら》いはともかくも達成できた。そして媞子は白河の有力な手駒《てごま》となり、堀河即位までのつなぎとして、白河の権力形成の一翼を担っていたと見られるのである。

斎王から未婚女院へ

さて、白河上皇である。この権力の所在をかぎ分ける独特の能力を持った上皇は、八歳で即位した堀河天皇をそのままにしておくことはなかった。堀河の外戚は賢子の養父、藤原師実で、即位に合わせて関白から摂政へと転任したが、賢子は実の娘でもなく、しかも早くに亡くなっていたため、天皇の母を通じてのコントロールはかなり制限されたものだったと見られる。それに代わる「新たな天皇の母」として白河が選んだのが、鍾愛の皇女にして堀河の実姉の媞子だったのである。

応徳四年（寛治《かんじ》元年、一〇八七）、彼女は堀河の准母として「入内」している。つまり夫もいないのに「天皇の母」の立場で後宮に入ったのである。その結果、摂政の権力の根拠といえる「天皇の母の父が幼い天皇に代わって政務を行う」という名目が成り立たなくなってしまった。その権限は父、つまり白河に吸収されてしまったのである。

そして寛治五年には、未婚のまま中宮になっている。これは新天皇が即位しても皇后は置かれず、天皇の母が中宮職を持つことを許されるという、九世紀に生まれた変則体制を意識したものと考えられる。つまりは、ただの皇母から中宮へと昇進したのである。その場合、本来ならば夫は、父である白河院ということになる。結婚もしていないのに、世にも奇妙な扱いになったものである。この年、堀河は十三歳、元服に伴い師実が関白に復帰し、叔母である篤子《あつこ》内親王が入内して女御となっている。

そしてこの後、媞子は寛治七年に女院となり、郁芳門院《いくほうもんいん》の号を受ける。天皇の実母以外の皇族女性が女院となるのは、後冷泉天皇の中宮である章子《あきこ》内親王の前例があるものの、結婚経験のない皇族女性の女院ははじめてである。これまでも東三条院（一条天皇母、藤原詮子《あきこ》）、上東門院（後一条、後朱雀天皇母、藤原彰子）のように女院は大きな権力を持つことがあった。そうした立場に、いわば白河上皇の傀儡である十八歳の娘が就いたのである。

こうして媞子は権力の座に就いた。ただし、彼女の実像を伝える史料はほとんど残されていない。政治的活動の記録はなく、多くの歌合の主催者となっているが、和歌が勅撰集《ちょくせんしゅう》に採られているわけでもない。

しかしのちの右大臣、藤原宗忠《むねただ》の日記『中右記《ちゅうゆうき》』に次の一節が見られることが彼女のすべてを物語っているといっていいだろう。

天下盛権只この人に在り。

実はここまで述べてきた彼女の人となりは、永長《えいちょう》元年（一〇九六）に突然訪れた、その死に関する宗忠の記述に集約されているのである。

ひ弱な美少女、歴史を動かす

宗忠によると、彼女は美しく、たおやかで、心映えも優れていたが、春ごとに身体を壊すというひ弱な少女であった。しかしその身体には、元斎王としての情熱も秘められていたのであろう。そうした彼女のすべてが集約された出来事が嘉保《かほう》三年（一〇九六）に起こる。のちに「永長の大田楽《おおでんがく》」と呼ばれた一件である。

田楽はもともと農村芸能である。それが一種の仮装行列として華美を競い、ついには都市にまで波及し、熱狂をもたらす祭礼となっていく。この年の六月の田楽ブームは『洛陽《らくよう》田楽記』として大江匡房が記録するほどだった。すでに寛治八年（一〇九四）には、少納言源家俊《いえとし》が青侍十人ばかりを引き連れ「あるいは裸形、あるいは烏帽子《えぼし》を放ち」などして、百鬼夜行かと思われるような姿で深夜の街頭を練り歩き、関白藤原師通の邸宅と悶着《もんちゃく》を起こした、とある。

それが嘉保三年になると、貴族から庶民にいたるまで仮装して行列を組み、楽器を鳴らして街区を練り歩き（『洛陽田楽記』）、白河院の側近たちも、院の専権を象徴するかのように、山鳥の尾を飾ったかぶり物をして、金銀錦繡《きんしゅう》の衣装、唐錦の袴などと記される華美で異様な装束をして、白河院や堀河天皇のいる内裏で田楽を行い、中宮、つまり媞子のところにも廻《まわ》ったらしい（『中右記』）。霊狐《れいこ》の仕業とされたほどの狂奔が都に溢《あふ》れた。そしてこのブームにのめり込んだのが郁芳門院だったのである。

しかし身体の弱い彼女にその熱狂は荷が克《か》ちすぎたのか、まもなく病の床に伏し、あっという間に世を去ってしまった。世間は怪異と思ったのであろう。『洛陽田楽記』には「ここに知る。妖異《ようい》の萌《きざ》す所、人力の及ばざるを」としている。一大田楽ブームは一人の佳人の命を木の葉のごとく散らして過ぎ去っていったのである。白河のショックは大きく、そのまま出家を遂げ、政治の表舞台から消えてしまう……はずだった。

ところが、白河院は僧となっても政治に影響力を行使しつづけた。それどころか僧という立場も生かして、仏教界にも影響力を行使するようになる。親王を僧として「法親王《ほっしんのう》」という地位を与え、大寺院のトップに据えていくという寺院勢力の統制方法は、白河が始めたものである。

そして媞子に始まる「未婚の元斎王が独身のままで中宮になり、女院となる」という不思議な展開は、伊勢の斎王や賀茂神社に仕えた斎院の出世パターンとして以後しばしば見られるようになる。白河院と媞子内親王というラブラブ親娘の実績は、以後の斎王の政治的役割の前例として受け継がれていくのである。

第3章　斎宮年代記《クロニクル》

第2章では代表的な斎王の人生を追ってきたが、彼女たちの人生はまた、その時代の社会の枠のなかで繰り広げられたものである。世間から切り離された斎宮での生活とて、社会から自由であるわけがない。とすれば、それほど大きな足跡を残したわけでもない斎王をめぐる出来事からも、斎宮と社会の関係、社会人としての斎王のあり方を知る手がかりが得られるだろう。この章では、斎王をめぐるいくつかの事件から、斎王が彼女たちの生きた時代とどのように切り結んでいたのかを考えてみたい。個人から社会へと話は展開していく。

1　六九八年――当耆皇女、伊勢斎宮に向かう

「伊勢斎宮」のはじまり

文武二年（六九八）九月丁卯《ひのとう》　遣当耆《たき》皇女侍于伊勢斎宮。

編纂された公的な歴史書のなかで、はじめて「伊勢斎宮」の文字が出てくるのは『続日本紀』のこの記事である。先述したように、『日本書紀』のなかにも、「伊勢斎宮」という表現は出てきていないので、これが「最古」の斎宮についての記事となる。そしてこの記事の重要性は、文武天皇の即位直後、つまり持統天皇段階でリセットされた斎王制度の最初の記事だということだ。

この当者皇女は、天平勝宝《てんぴょうしょうほう》三年（七五一）に皇族最高位の一品として死去した天武皇女、多紀《たき》内親王と同一人物ではないかと思われる。ただ、この「たき」という名前はなかなかくせ者なのである。

『日本書紀』では、朱鳥《しゅちょう》元年（六八六）四月に「多紀皇女」を伊勢に遣わし、五月に戻るとある。しかしこの時期には大来皇女が伊勢にいたはずであり、斎王とは考えにくい。一方、『続日本紀』には慶雲《けいうん》三年（七〇六）に多紀内親王が伊勢大神宮に参る、という記事がある。同一人物だとすると、「多紀皇女→当者皇女→多紀内親王」と表記が変わったことになる。あるいは原史料の表記が異なっていた、ということなのかもしれない。この時代の名前の漢字表記、特に官人身分を持たない女性の場合、どこまで統一されていたのかは不明な点が少なくない。そしてこの混乱がもとで、後世には斎王についての大きな混乱が生じるのである。

初期斎王をめぐる混乱

たとえば、中世に作られた天皇家系譜『本朝皇胤紹運録』は、彼女を「多紀皇女」として、母を蘇我大蕤媛《おおぬのいらつめ》とする。ところが同書では、その姉妹に「託基《たき》皇女」が挙げられている。二人は別人としているのである。また、鎌倉時代に完成したと見られる斎王のリスト『斎宮記』には、当耆内親王が天武皇女、多紀内親王が文武皇女として記されている。多紀が天武の娘なのはその死去の記事から明らかなので、間違いである。

さらに複雑なのは、彼女らを斎王と見る文献と見ない文献がある、ということである。たとえば鎌倉時代に編纂されたらしい『一代要記』は、天皇ごとに家族、大臣、后、斎宮などを列挙した便利な本なのだが、その天武天皇の項目には、大来皇女のことがまったく記されておらず、朱鳥元年（六八六）に斎王が置かれたが、天皇が崩御してもなおそのままなのはなぜか、としている。これは多紀皇女の伊勢派遣の誤認と考えられる。そして持統天皇の時期の斎宮は、多紀が「元の如」く務めており、文武天皇のときにも引き続き多紀で、慶雲三年二月一日に退出したとする。これは慶雲三年（七〇六）に泉内親王が斎王として伊勢大神宮に参った、という『続日本紀』を意識したものだろう。つまり、『一代要記』の歴史認識では、斎王は天武末年の「多紀皇女」に始まり、彼女が持統、文武朝まで務めて、慶雲三年に退出した、ということになる。

ところが前述の『斎宮記』では、大来の後に天武皇女の「多基子内親王」、次が「阿閉内親王」で、次が天武皇女の「当耆内親王」、そして二代挟んで文武皇女の「多紀内親王」と続く。つまり三人を別々の斎王と見ているのである。ただしこの記録は、伊勢に勅使として派遣されていただけの阿閉内親王（のちの元明天皇）を斎王としているなど、斎王と皇女勅使についての事実誤認が見受けられるので、信用はできない。

神宮の記録から

では神宮の側の記録ではどうなっているかというと、まず、『斎宮記』と重複する部分の多い『二所太神宮例文《にしょだいじんぐうれいぶみ》』の歴代斎宮記事では、多基子、当耆、多紀を別々の斎王としている。そして平安時代中―後期に成立したと見られる神宮の史書『太神宮諸雑事記』ではどうなっているか、というと、壬申の乱は太政大臣「大伴王子」の謀反で、天武「天皇」はこの戦のさなか、伊勢太神宮に祈り、合戦に勝てば皇女を御杖代として進めると祈念して勝利を収める。そして即位二年に神宮に参詣し、白鳳《はくほう》四年に「多基子」内親王を太神宮に参入させた、とある。この文脈では、多基子は大来と重なってしまう。

この文については、「日本紀に記す」とあるが、当然『日本書紀』にはそんな記事はない。実は中世の史料のなかには、しばしば「日本紀」を出典とする、というものがある。ところが実際の『日本書紀』にはそのような箇所はなく、『日本書紀』とは別の『日本紀』という文献があったわけでもない。つまり偽書ですらない。『日本書紀』に仮託された架空の史料なのである。研究者の間では、これらを「中世日本紀」と呼ぶことが一般的になっているが、『太神宮諸雑事記』の「日本紀」もその類だと考えられる。その意味では、こうした斎王の混乱は、平安後期以降、中世的な特徴と理解できるだろう。そして架空の「日本紀」を持ち出さなければならないほど、平安後期の伊勢神宮では、実物の『日本書紀』を読める機会がなく、壬申の乱や大来皇女についての正史に基づく記録も残っていなかったのだろう。

ここで留意しておきたいのは、「多基」「多紀」は「おおき」と読め、「大来」も「おおき」と読めることとである。『太神宮諸雑事記』に見られる多基子と大来の混乱はそういうところから起こってきたものと考えられる。つまり中世的な文脈のなかでは、複数の「たき」と複数の「おおき」が混乱しており、朝廷側も神宮側も、八世紀初頭については、誰が斎王か、ということも根本的なことまでわからなくなってしまっているのである。

誰が斎王なのか

このようなところから、斎王の代々を定めるのは実は非常に難しいことになっている。斎王歴代表を掲載している辞典としては『国史大辞典』と『平安時代史事典』が挙げられるが、両者にはそれぞれの個性がある。『平安時代史事典』は、多紀内親王を斎王と数えており、『国史大辞典』は採っていない。さらに両者とも、元明朝の斎王として、田形《たかた》女王、智努《ちぬ》女王を数えている、という特徴がある。この二人はいずれも平城京木簡や『万葉集』から、その実在がたしかな四世女王だが、『一代要記』には、『神祇記文』を出典として、このときに斎王を定めず、田方《たかた》内親王と多貴内親王が各一度参入、次に智努女王、次に円方《まどかた》女王が各一度参入した、とするのみである。つまり斎王だとは言っていないのである。そのため、私の勤務する斎宮歴史博物館では多貴以下三人は斎王とは断定していない。『神祇記文』は神祇官に残されている業務記録と考えられるから、それなりの信憑性があるとすれば、元明朝には斎王は置かれなかった、ということになる。

このように、奈良時代前期の斎王の記録はきわめて不十分であり、公的な記録もきちんと残されていなかったように思える。それは斎王制度が未だ確立していない部分を多く残しており、システムとして十分に動いていなかったことを示しているのだろう。

その意味で、斎王制度の安定化は、井上内親王以降、と考えるべきなのである。

2　七八四年？——斎宮に古代都市完成する

奈良時代末期の斎宮

八世紀後半から九世紀前半にかけて、即位した天皇は自分の娘を斎王と定め、いずれも伊勢に送っていた。光仁、桓武、平城、嵯峨、淳和、仁明《にんみょう》、文徳《もんとく》の代々である。実は光仁朝に斎宮は、おそらく奈良時代の淳仁朝まで続いていた史跡西南部から、史跡東部に移されたことがわかっている。この間の称徳朝には、伊勢神宮には神宮寺が置かれ、神仏一体となった支配体制が取られていたため、斎宮は置かれていなかったようで、いわば斎宮は光仁朝にリセットされたのである。この斎宮の再置には、光仁天皇の皇后だった元斎王の井上内親王の意向が強く反映されていると考えられる。しかし先に述べたように井上は天皇呪詛《じゅそ》の罪で廃后され、桓武の時代となる。この時期の斎宮の象徴といえるのが、碁盤目のような区画「方格地割」の成立なのである。東西最大七区画、南北四区画、各一区画が一二〇メートル四方を原則として、東西約一キロメートル、南北五〇〇メートルに及ぶ。

私事で恐縮だが、私が斎宮の研究を始めた一九八〇年代末、斎宮跡の現場では、どうやら斎宮跡には平安時代の方格地割があったらしい、ということがいわれるようになっていた。その話をはじめて聞いたときには、何が何だかまったく理解できなかった。都から来た天皇の娘のためとはいえ、京のような区画まで造るものか？　寝殿造のような豪壮な邸宅ならいざしらず、それでは一つの街ではないか。とてもにわかには信じられなかった。

しかしその後の調査で、この見通しは実証される。先に述べたように、現在では、桓武天皇の時代に巨大なオフィス街といえるこの区画が造られたことは、斎宮をめぐる共通認識となっている。

この区画を構成する道路は、最大幅約一五メートルあった。斎宮跡の調査では、奈良時代の鈴鹿関で東海道と分かれ、伊勢神宮や志摩《しま》国府に向かう官道（古代伊勢道と通称している）が確

古代伊勢道を東から見る（著者撮影）

認されているが、その幅が約九メートルである。この規格は同じく発掘調査で確認されている古代山陰道《さんいんどう》と同等のものだが、古代伊勢道は方格地割のなかでは、その区画道路に吸収されていたと見られる。平安時代にはその道路は斎宮北路、斎宮南路と呼ばれ、斎王が暮らした斎宮内院の南北を走る道路だったと考えられている。そして斎宮北路は発掘調査で確認されており（斎宮南路は江戸時代の伊勢街道とほぼ重なると見られている）、古代伊勢道は方格地割の内部だけは幅が広くなっていたことがわかっている。

都から神宮や斎宮に来た使者や、神宮から京に向かう使者は、いずれも斎宮のなかを通り、急に広くなった道路幅と、その左右の建物群により、斎宮の権威を体感する仕組みになっていたのである。方格地割の斎宮は、交通の要衝でもあったといえる。

巨大な斎宮の意味するもの

この斎宮については、淳和朝の天長《てんちょう》元年（八二四）に多気郡から度会郡の離宮に移り、火災にあって承和《じょうわ》六年（八三九）にふたたび多気郡に戻るという大きな変化が見られたが、平安時代を通じて維持されていた。度会郡の斎宮の実態は明らかではないものの、斎宮跡では、方格地割が多気への帰還の後もそのままに使われ、平安時代後期に建物の減少傾向が顕著になるとはいえ、この区画意識には大きな変化がなかったことが、発掘調査からうかがえる。

方格地割の造営からわかるように、桓武朝以降の王権は、伊勢神宮の神郡内にある国家機関としての斎宮寮の存在意義を高める施策を取っていた。桓武朝には、方格地割の造成と対応して、斎宮寮の長官である斎宮頭が伊勢守や介を兼務する事例が増える。それとともに、延暦二十三年（八〇四）には、文書事務を司る史生《ししょう》が四人、はじめて斎宮に配置される。それは都市的区画の造成による斎宮の外見的な権威の強化とともに、行政組織としての斎宮の権力強化を図ったものと考えられる。桓武朝の基本的な政治路線は「造都と征夷」だったといわれる。斎宮の造営は、規模は小さいとはいえ造都の一環である。斎王の宮の家政機関としての性格が強かった斎宮寮は、伊勢南部地域のもう一つの国府、ともいうべき高度な行政機能を持つようになっていく。

なお、方格地割のなかで、斎宮寮の中心建物「寮庁」と見られる区画がはじめて確認されるのは、区画の完成から少し下ったこの時期である。その建物は、斎王が暮らした内院区画の北側で、のちに斎宮北路を挟んだ区画に設けられた。地割のなかでは、東から四列目、北から二列目にあたり、通称 柳原《やなぎはら》区画という。斎宮歴史博物館では、この区画を八〇%ほど発掘し、内部の主要建物三棟を現地に再現した。正殿と考えられる中央部の建物は、四面庇《しめんひさし》を持つ大型建物で、従五位の位を有する貴族である斎宮頭は、この建物を行政や儀礼の中核施設とし、神郡や伊勢国に対し、地域の支配者としても大きな影響力を行使するようになっていた。この区画こそ、近鉄斎宮駅東側に整備された「さいくう平安の杜《もり》」なのである（一九二頁写真）。

伊勢神宮の対応

これに対して伊勢神宮の行政事務を行う太神宮司も独自の動きを強めていた。九世紀初頭の弘仁八年（八一七）に、神郡である度会、多気郡の雑務を掌握することを認められたのである。

もともと神郡は、その領域内で徴収された租稲を神社の収入とできる、という郡であり、租の徴収は出挙《すいこ》の実施と一体になっているので、いわば収穫された稲が神社の管理財源となっていた。ところが庸調については所在国の管理下に置かれており、伊勢国の場合、租は神宮に、庸調は伊勢国に入ることになっていたわけだ。

しかし弘仁八年に太神宮司に委譲された雑務は「神社の修理」「溝池の修理」「駅家《うまや》の修理」

「桑漆《そうしつ》の植樹」「正倉官舎の修理」「百姓の訴訟」と、多様なものであり、建築管理や、調に属する桑漆の管理、裁判権など、稲の生産の範囲を超えている。これらの事業により、太神宮司は地域に密着した支配への関与を強めていくことになる。太神宮司は神祇官と関係の深い大中臣氏の務める職務であった。

この動きに対して、嵯峨天皇の時代には、斎宮に大きな動きは見られなかった。嵯峨天皇の時代に目立つのは、賀茂斎院が置かれるようになったことである。初代賀茂斎院は嵯峨皇女の有智子《うちこ》内親王で、漢詩を得意とする閨秀《けいしゅう》詩人、桓武天皇鍾愛の皇女であった。一方伊勢斎王は、同じく嵯峨皇女の仁子《よしこ》内親王だが、さほど重視されていた様子がなく、長く務めていたのに記録がほとんど残っておらず、その位も無品で、皇族の最低ランクに止められていた。

淳和朝の振興策とその挫折

それに対して、朝廷側からの強化策を行ったのが次の淳和天皇である。久禮旦雄によると、淳和は賀茂斎院や伊勢斎宮の停廃による別の支配体制を考えていた。しかし、おそらく嵯峨や嵯峨と結びついた藤原北家勢力などの反対により撤回せざるをえなかったらしい。その後に、淳和が伊勢斎王としたのは、その娘氏子《うじこ》内親王であった。淳和は桓武天皇の皇子だが、その皇太子時代の正妃は、桓武天皇と皇后藤原乙牟漏の間に生まれた高志内親王で、その間に恒世《つねよ》、氏子という二人の子供を儲けていた。高志内親王は、平城天皇、嵯峨天皇の同母妹で、淳和は皇后所生の皇女に入り婿して、桓武の子供たちのなかでもっとも血統の尊貴なグループに加わったのである。恒世親王は、淳和即位の際に皇太子を打診されたほどに重要視された皇子だったが、自らその要請を謝絶した。しかしもっとも尊貴な娘である氏子は伊勢斎王になったのである。

ところが氏子内親王は伊勢に群行してしばらく経つと、病気と称して辞任してしまった。同じころに恒世親王も世を去っている。このあたり、いろいろな政治的駆け引きが見られた可能性が高いが、真相は藪《やぶ》のなかである。

さて、淳和天皇によって行われた斎宮による神宮への支配をさらに強化する政策こそが、天長元年（八二四）の度会の斎王離宮に、斎宮をまるごと移転させてしまうという事業だったと考えられる。この離宮は、本来は斎王が伊勢神宮に参宮するときに宿泊するための施設で、太神宮司と隣接して置かれていた。それが恒常的施設となる、ということは、行政機関として権力を強める斎宮が、直接太神宮司を掌握する上部機関となることでもある。承和六年（八三九）の度会の斎宮の焼失と多気郡への帰還は、この体制を解消する契機となった。斎宮が多気郡に戻ったのは、斎王に対する朝廷の関心が薄くなりつつあった淳和朝末年のことなのである。斎宮と伊勢神宮が対立しつつ棲《す》み分けるという平安時代の体制は、ここから始まるといっていい。

3　八六五年？――恬子内親王、世紀のプレイボーイ在原業平に出会う

九世紀前半の政治史

仁明、文徳朝の斎宮には大きな変化は見られなかったようだ。しかし次の清和天皇の時代になると、斎宮には顕著な変化が表れてくる。

もともと嵯峨天皇はその娘、正子《まさこ》内親王を淳和天皇に嫁がせており、正子の双生児の兄妹と見られる仁明天皇が即位すると、正子の生んだ恒貞《つねさだ》親王が皇太子になっていた。しかし恒貞親王は承和九年（八四二）の承和の変に連座して皇太子の位を辞することになる。この政変はかなり無理のあるもので、橘逸勢《たちばなのはやなり》、伴健岑《とものこわみね》という中級以下の貴族が、わざわざ皇太子を担いでクーデターを起こそうとした、とされる。

その助勢を依頼されたのが平城天皇の息子、阿保《あぼ》親王だった。平城天皇には皇族や藤原氏出身の妃が生んだ子はおらず、嵯峨天皇に譲位した時点では宮人出身の伊勢継子《つぎこ》（伊勢氏は中臣氏系の氏族）が生んだ高岳《たかおか》親王が皇太子になっていた。しかし高岳は平城天皇の変ののち廃太子され、やがて出家して空海《くうかい》の門下に入る。その後に平城天皇の血統を代表する存在となったのが、最年長皇子だった阿保親王なのである。しかし彼はクーデターの内容を書簡に認《したた》めて嵯峨の皇后だった橘嘉智子《たちばなのかちこ》に知らせ、嘉智子はその書簡を開封せずに中納言だった藤原良房《よしふさ》

に送り、この件が発覚したという。

逸勢、健岑は逮捕され、逸勢は拷問ののち、流罪途中で死去、という悲惨な最期を遂げる。そして皇太子恒貞親王は自ら皇太子を降りることになった。

こうして、嵯峨・淳和の二系統から、嵯峨・仁明の一系統に天皇家は絞られた。承和の変の後、仁明天皇の治世を支えたのは左大臣となった源常《ときわ》と大納言となった藤原良房で、良房の弟、良相《よしみ》も急速に昇進していた。源常は嵯峨天皇の皇子で仁明の兄、藤原良房は嵯峨皇女源潔《みなもとのきよ》姫《ひめ》の婿で仁明の義兄となる。

さらに仁明天皇は、良房の妹である藤原順子《よりこ》との間に文徳天皇を儲ける。源常が世を去るとその兄、源信《まこと》が左大臣となるが、政界の最長老となった藤原良房は文徳朝には太政大臣となる。そして娘で嵯峨の孫にあたる藤原明子を文徳天皇に嫁がせ、清和天皇が生まれる。天皇家にとって不幸だったのは、仁明、文徳ともに病弱だったことである。実質的に政権の中心となったのは、良房、順子、明子の藤原北家グループであり、政務は皇后を介して権威を高めた良房が行う、というのが通常のこととなっていく。そして文徳が世を去り、清和が即位すると、良房が天皇の代行として政治を行うようになる。さらに貞観八年（八六六）に、応天門《おうてんもん》の変で伴氏（大伴氏）と良相を抑え、貴族では初の摂政となる。

年ふれば齢《よわい》は老いぬしかはあれど花をし見ればもの思ひもなし

かくして藤原良房はその絶頂期を迎える。

平城天皇の孫、在原業平

一方、対照的な道をたどったのは阿保親王の一族である。承和の変について、吉川真司《よしかわしんじ》は、平城天皇の正統な後継者である阿保その人の即位を要請したもの、と考えているが、当時の社会でも、彼がそのような目で見られていたことは十分に考えられる、乱の後まもなく、彼は世を去ってしまったからである。自殺か心労か、いずれにせよ乱が彼の寿命を縮めた可能性は高い。

阿保親王は平城上皇の乱以降、大宰府《だざいふ》の権帥《ごんのそち》として左遷されていた。都への帰還が許されたのは天長元年（八二四）、父の平城上皇の死去の後のことであった。そして翌年、五人目の男子が生まれる。その母は桓武天皇の皇女伊都《いず》内親王、ここに桓武と平城の孫、という血統の皇子が誕生したのである。業平《なりひら》王という。しかしまもなく天長三年、阿保は自らの子供に在原《ありわら》姓を賜り、臣下として、皇位継承の可能性を断った。こうして在原業平が誕生する。五男ではあったが、実質的には阿保親王の後継者となる立場であった。両親ともに皇族、という皇族はこの時代には、淳和天皇と高志内親王の間に生まれた先述の恒世親王、淳和と正子内親王の間に生まれた恒貞親王のほかにほとんど見られない。二人の人生を考えると、業平はそれほどに高貴な血統で、危険な立場だったことがわかる。承和の変のときに業平は十八歳だったと見られている。もしもそこで阿保親王が即位していたらどうなっていたか。自分が置かれた微妙な立場に気がつくには十分な年である。

その業平には、文徳天皇の時代の記録がほとんどない。この時期がいわゆる「色好み伝説」の時代である。その最高の恋人、ファム・ファタール（運命の女）と噂されたのが藤原高子《たかいこ》、文徳の子、清和天皇の妃となった藤原良房の姪《めい》で養女となった姫だった。

業平の貴族としての栄達はその高子の夫である清和天皇の時代に始まるといっていい。そして業平が斎宮と決定的に関わると推定された年が、貞観七年（八六五）である。時に四十一歳。

さて、藤原良房が政権を掌握した時代には、もう一つの不幸なグループがあった。文徳天皇の皇子、惟喬《これたか》親王とその一族である。惟喬は文徳の長男で、清和よりずっと年上だが、母が紀《き》氏であった。当時の紀氏といえば、紀貫之、紀友則《とものり》などの歌人の名が思い浮かぶが、藤原摂関家に比べれば吹けば飛ぶような家でしかない。後世には「惟仁《これひと》（清和のこと）惟喬御位争い」などといって二人の抗争伝説が語られるようになるが、後ろ盾が弱い惟喬は、文徳天皇鍾愛の皇子ではあるものの皇位に就ける見込みはなかった。

斎王恬子内親王との噂

その妹に斎王恬子《やすこ》内親王がいる。よりによって兄の敵、清和天皇の時代の斎王なのである。

『伊勢物語絵巻』 在原業平のもとを斎王が訪れる（江戸時代中期）（斎宮歴史博物館蔵）

そして彼女は、天皇と対面せずに伊勢に来た斎王であった。先に触れたように、斎王と天皇の対面儀式が確実に行われていた最古の例は桓武天皇代の朝原内親王の発遣時で、桓武は娘のために長岡京から一時平城京に戻ったほど、この儀式を重要視していたらしい。ところが約八十年後の恬子のときには、弟天皇は物忌《ものいみ》のため出御せず、おそらく摂政藤原良房がこの儀式を代行したのである。恬子は、天皇から遠ざけられた斎王であった。その恬子と業平とに秘密の恋愛関係があった、とするのが『伊勢物語』第六十九段、通称「狩の使」である。

天皇に代わって鷹狩《たかがり》を行い、鳥を奉献する「狩の使」として伊勢を訪れた「男」に「斎宮なりける人」は、母より、この人はよくいたわれと連絡されていたので、親切にしていたが、そうなると放っておけないのがこの男の性《さが》で、二日目の夜、どうしても逢いたいと言い出した。女も逢いたくないわけではなかったが、人目が多いので逢うことができなかった。深夜になり、男が寝ることもできず、外を見て臥《ふ》せっていると、小さい女童《めのわらわ》を先に立てて女性がやってきた。男は嬉《うれ》しく、自分の寝所に連れて行き、二時間ばかり一緒にいたが、何事も語らわぬ間に女は帰ってしまった。

翌朝、女のもとより、

君や来し我や行きけむ思ほえず夢かうつつか寝てか醒《さ》めてか

という歌が送られ、男は歌を返す。

かきくらす心の闇にまどひにき夢うつつとは今宵《こよい》定めよ

そして狩に出たが、心は今夜こそすぐに逢おうという気持ちがいっぱいだった。ところが斎宮寮の長官で伊勢国司を兼ねている者が、宴席を設けており、一夜酒飲みとなったので、男は血の涙を流したが女に逢うことはできなかった。

翌朝、女のもとより、

かち人の渡れど濡《ぬ》れぬえにしあれば

と、徒歩の人が渡っても濡れないほどの江のような浅い縁《えにし》だったことを嘆く上の句のみの歌が、別れの盃に書かれて届けられる。

男は、

また逢坂《おうさか》の関は越えなむ

と、再会を約した下の句を同じ盃に書き継ぎ、返歌として、尾張の国に旅立つ。

というのがあらすじである。

「秘密の恋」は史実か

この話が史実かどうかについては、実に千年にわたる議論がある。古代学者の角田文衞《つのだぶんえい》は、貞観八年（八六六）にある、伊勢国だけに流行病があり、斎王の伊勢参詣の随行が事欠くために中止する、という『日本三代実録《にほんさんだいじつろく》』の記事を不審と見て、その前年、貞観七年にこの事件があったのではないか、と考え、この記事は史実だとした。一方、中古文学の目加田《めかだ》さくをや片桐洋一《かたぎりよういち》は、唐の小説『会真記《かいしんき》』をもとに創られた話とし、創作説を提唱している。総じて国文学では虚構説が強い。

さて、これより百五十年ほど後、『権記《ごんき》』の名で知られる藤原行成《ゆきなり》――清少納言《せいしょうなごん》や紫式部と交際のあった、書家としても知られる有能な権大納言である――の日記の寛弘《かんこう》八年（一〇一一）五月二十七日条には、一条天皇の重病により、三条天皇への譲位と新皇太子の立太子を進めることになったときに、故皇后藤原定子《さだこ》所生の敦康《あつやす》親王は、定子の母（儀同三司母《ぎどうさんしのはは》として知られる高階貴子《たかしなたかこ》）が高階氏の出身で、高階氏は「斎宮の事」により伊勢神宮との相性がよくないので望ましくないと奏上したことが記されている。このことから、業平と恬子内親王の密通によって生まれた子が、高階師尚《もろひさ》となり、その子孫は神宮祭祀に関われない、という認識が、十一世紀初頭にはできていた、という説が一時は支配的になっていた。ところがこの説の根拠となっている宮内庁書陵部蔵の伏見宮本《ふしみのみやぼん》の『権記』（鎌倉時代写本）では、この部分は行間に挿入される形で枠外に記載されていた。つまり、後世の加筆ではないか、という疑念が持たれるようになったのである。

では、それに次ぐこの密通事件の記述はどこに見られるか、というと、大江匡房による儀式次第書『江家次第』の、それも即位という一見関係のない条項に参考的に引用されている。『江家次第』の成立は十二世紀初頭と見られるので、さらに百年ほど下ることになる。しかもそこに併記されているのは、業平が陸奥国《むつ》で小野小町《おののこまち》の髑髏《されこうべ》を見つけたという、明らかな創作伝説なのである。

というわけで、高階氏云々《うんぬん》という話は、かなり創作臭も強いらしい。

私は、業平が斎王と逢った、という話自体は創作だと思う。

しかしその主人公が在原業平という貴種であり、その相手が権力から軽視されていた斎王だとされたことには十分注意したいと思う。業平が『古今和歌集』に採られた歌は、

かきくらす心の闇にまどひにき夢うつつとは世人定めよ

である。これが『伊勢物語』になると「今宵定めよ」となり、それが、業平と恬子の後日譚《たん》やサイドストーリーを創っていく。そこでは、斎宮に近い大淀の浜（三重県多気郡明和町大淀）を舞台にした話や、斎宮に仕える女性と「男」のやりとりなども見られ、物語としての幅が広がっている。

業平と恬子の恋は、まさに「斎宮物語」ともいうべき形になっているのである。

そして「伊勢」物語の名は、この伊勢に関わる物語性の高さに由来している可能性が高い。

たとえ本当に訪れていなかったとしても、業平は斎宮にとっては、その名を伝えた恩人なのである。

4　九八六年——済子女王、スキャンダルに沸く

オバとオイのような関係

章明《あやあきら》親王、という皇子がいた。平安時代史によほど詳しい人なら、醍醐天皇の皇子だと気がつくだろう。個人として有名なのではない。醍醐の皇子は、保明《やすあきら》親王、重明《しげあきら》親王、代明《よしあきら》親王、兼明親王、寛明《ゆたあきら》（朱雀天皇）、成明《なりあきら》（村上天皇）、賜姓源氏の源高明など「明」を系字にしているからすぐわかるのである。そしてこの兄弟には、徽子女王の父である重明のように、優れた人材が多く出ている。章明親王はそのなかでは目立つほうではないが、『蜻蛉日記《かげろうにっき》』の著者の夫、右大臣藤原兼家《かねいえ》と歌のやりとり（実は右大将道綱母《みちつなのはは》の代作だった可能性が高い、という）をしており、王朝文学とも多少関わりのある文化人皇族だったようである。

この章明親王の二人の娘が斎王になっている。隆子女王と済子《なりこ》女王である。隆子はあの、斎宮で亡くなった斎王で、済子はその妹である。隆子はおそらく年下だった従弟の円融天皇の斎王であった。その妹の済子は父の弟村上の孫の花山天皇、つまり従兄（冷泉天皇）の子の斎王となったのである。ほとんどオバとオイといっていい。

本来天皇の娘が望ましかったはずの斎王に、なぜこうした逆転現象が起こるのか。それは当時の後宮のあり方との密接な関連がうかがえる。どうやら円融天皇のころから、天皇に娘がい

なければ姉妹、という形から、従姉妹にまで斎王の範囲が拡大されたようなのである。

醍醐天皇の時代に、皇太子保明親王と、その子で皇太孫となった慶頼《よしより》王が続けざまに死去し、菅原道真の祟りと噂された事件は、天皇家にとって大きなショックとなった。そうした事態が再発したときの対応策として用意されたのが重明や章明のような、賜姓も出家もしない、名誉職を得て文化人として生きる親王たちの役割だったものと考えられる。

一方、村上の子供たちである冷泉、円融の時代には、後見となる摂関家の女子のほかに後宮に入る女性がきわめて少なくなった。もとより長男である冷泉が正統な後継者であったが、精神的な疾患のためか、後宮を形成する以前に早々に退位する。その後に即位したのが、予備の親王の一人、同母弟の円融だった。しかし非正統な円融系の一条・後一条・後朱雀は、摂関家によってその権威が保たれる形となり、必然的に摂関家（円融の場合は、藤原兼通《かねみち》・兼家兄弟、一条の場合は、藤原道隆《みちたか》・道長兄弟など）以外のキサキをほとんど置くことができなかった。そして皮肉なことに、長期政権を保ったのは円融、一条で、正統的な冷泉・花山・三条はいずれも本格的な後宮は形成できなかった。この状態は、三条の子の敦明親王（小一条院）の皇太子辞退により、天皇家分裂が終息するまで続くのであり、『源氏物語』が「女御・更衣あまたおはするなかに」とした醍醐・村上天皇のころの後宮イメージは完全に過去のものとなっていたのである。

斎王候補の減少と花山天皇の立場

こうした事態は当然、天皇家の子女を減らすことになってしまう。そこで困るのは斎王のことである。天皇本人に娘や姉妹が少ない、という事態になれば、従姉妹にまで範囲を拡大しなければならないのは必然である。そして、天皇直系に不測の事態があったときの安全弁であったはずの親王家が、斎王を出す家ともなることとなった。

済子はそうした時代の斎王だった。

さて、先述したように、花山天皇は冷泉の長男で、円融即位に伴って幼少で皇太子となった村上直系の正統な天皇である。母は摂政藤原伊尹《これただ》（右大臣師輔の長男で即位時には故人）の娘でやはり故人の懐子《ちかこ》、その後宮には太政大臣藤原為光《ためみつ》（実権なし）の娘忯子《よしこ》や、関白藤原頼忠《よりただ》の娘諟子《ただこ》などがいたが、当時の政界最大の実力者、藤原兼家の娘は入っていなかった。兼家の娘は、円融と冷泉に嫁いでおり、それぞれに、のちの一条、三条天皇を生んでいた。つまり正統であっても、花山はきわめて政治的背景の弱い天皇だった。

永観《えいかん》二年（九八四）十一月四日、済子はそんな天皇の斎王になった。

しかし花山天皇は、まんざら無能だったわけではない。彼の周囲には伊尹の子の藤原義懐《よしちか》や能吏として知られた藤原惟成《これしげ》ら有能な若手官僚がおり、時の関白頼忠もまた伊尹・兼通・兼家三兄弟の従兄弟で、兼通、兼家の対立から関白になったようなもので、天皇との血縁は遠く、実権は弱かった。いわば花山は少数派閥ながら有能な政治グループの長だったのであり、藤原師輔・兼家父子やその次の世代の道隆・道長兄弟の時代の摂関政治とは異なる権力構造を作れる可能性があった。

しかし彼には大きな弱点があった。女性に弱く、仏道が好きだったのである。そして寛和《かんな》元年（九八五）七月十八日、花山天皇にもっとも愛されていた女御、藤原忯子が懐妊したまま死去するという事件が起こった。さらに八月二十九日には、円融上皇が病により出家した。この時代の通例からいけば、これで上皇が政治に口だしをすることはなくなり、花山は名実ともに「一の人」になったのである。

そんななか、『日本紀略』によると、済子は九月二日に東河《とうか》（鴨河《かもがわ》）で禊して左兵衛府に入った。初斎院入りである。ところがこの月二十一日には花山が東河で大嘗会《だいじょうえ》の準備と称して御禊《ごけい》を行い、同日に斎宮御禊の場所が定められたという。そして九月二十六日に済子は野宮に入ったのである。もちろん野宮はまだできあがっていないが、九月中にはどうしても入れることになっていたらしい。すると今度は、二十八日に夜盗が野宮に入り、斎王の侍女の衣装を盗み取ったという。続いて十月十一日には朝堂院《ちょうどういん》の殿舎の一つ、含嘉堂《がんかどう》が理由もなく倒壊した。花山は大嘗会までに再建するように修理職に命じた。ともかくも十一月二十九日に、大嘗会は無事に行われた。

寛和二年正月十八日に東京（左京）で数町を焼き尽くす大火災があった。そしてこの年には多くの皇族や貴族が出家したり没したりしている。元斎王で斎宮女御の娘、規子内親王もその一人だった。そんななか、花山は五月三十日に、内裏南殿の前で左右の近衛、兵衛を集めて打毬《だきゅう》を行っている。打毬とは今でいうポロのことであり、馬に乗り、スティックを使って球を打ち合うスポーツである。『日本後紀』は「このこと希代の勝事《しょうじ》なり」としているが、たしかに内裏で兵士が馬を走らせるのはいささか異常なことである。

済子を襲った「噂」

そして六月十九日、斎王済子が野宮で滝口《たきぐちの》武者《むしゃ》の平致光《むねみつ》と密通したという噂が立った。花山は神祇官を召して祭文を仰せ、四日から七日の間、このことの実否を祈らせたという。つまり真偽を神頼みに任せたのである。

ところがその祈りも終わらない二十三日に、花山自身が出奔し、東山の花山寺で出家してしまうという大事件が勃発《ぼっぱつ》する。年十九歳。藤原兼家が企《たくら》み、次男の藤原道兼《みちかね》がともに出家するからと教唆し、途中で姿をくらました、という話が『大鏡《おおかがみ》』に見られる。その直後に藤原義懐、惟成は後を追って出家し、花山体制は一瞬にして崩壊した。『大鏡』には、花山のお忍びの牛車が安倍晴明《あべのせいめい》邸の前を通ったとき、晴明がこの異変に気づいた、という陰陽道《おんみょうどう》好きには有名な一節がある。

どうも花山天皇は済子を早く伊勢に送りたかったらしい。それは彼を取り巻く政治状況の不安定さから来るあせりのようなものだったのかもしれない。実際、含嘉堂の倒壊など、何らかの悪意をうかがわせる事件である。しかし野宮でも続けざまに事件が起こる。花山の打毬の一件は、こうしたいわば包囲網のなかでの焦燥感のなせる業だったとも理解できる。そしてついに彼は「切れてしまった」のである。

一方の済子はどうだったか。彼女もまた、顔さえ知らない天皇のために伊勢に送られる斎王だった。しかも伊勢では、彼女の姉の隆子が死去している。決して縁起のいいところではない。しかも厳密であるべき手続きを省略して早々に伊勢に送られようとしている。そんな環境に耐えられなかったのかもしれない。もちろんこの事件自体が、たとえば藤原兼家サイドから流されたデマだった可能性もある。しかしいずれにしても、彼女は誰からも望まれた斎王ではなかったように思う。前章でも触れたが、この時代には伊勢斎王になることは一つの悲劇と認識されていたふしもある。

花山と済子の記憶

その後の花山上皇の人生も波瀾《はらん》に充《み》ちたものだった。出家後まもなく比叡山《ひえいざん》に籠もって修行を始めたらしく、熊野《くまの》をはじめ近畿地方各地にその伝説が残り、ついには西国三十三箇所を始めたのは花山上皇だという伝説ができあがる。ところが修行に飽きたのか、いつのころにか都に舞い戻り、乳母の娘だった中務《なかつかさ》という女性と関係して子供を儲け、さらにその娘の平子《ひらこ》とも関係して子供を儲けている。さすがにこれはスキャンダルとなるので、子供は父の冷泉上皇の皇子とされた。その一人、清仁《きよひと》親王の子孫が、中・近世に神祇伯を継承し、「王」を代々名乗った異例の氏族、白川伯王家《しらかわはくおうけ》となる。

また、花山は、忯子の妹である藤原為光の四の君にも通っていた。ところがその姉の三の君にも通っていた男がいて、三の君の浮気相手と誤認されて矢を射られ、随行した童子が死ぬという事件が長徳《ちょうとく》二年（九九六）に起こる。それだけでも大事件だが、射かけさせたのが故関白道隆の子、隆家《たかいえ》で、三の君に通っていたのがその兄の内大臣伊周《これちか》だったから話がさらに大きくなった。この一件で藤原道隆流は政界の一線から陥落し、道隆の弟、道長の時代が始まるのである。これを長徳の変という。政治に関係していないのに、花山は政治を動かしたのである。

さて一方済子だが、花山の退位によって、当然斎王も解任された。密通一件もうやむやになったらしい。しかしその後の済子の消息は、話題性に富んだ花山の後半生に対して杳としてわからない。たとえ斎王であっても、女御となった徽子女王や、藤原教通の妻となった嫥子女王のように、よほどのことがない限り、女王の生涯などは記録されないものなのだ。

ところがこの事件だけはおかしな形で記録されていたらしい。「おそくづのえ」の題材として、である。「おそくづ」とは「偃息図」と書く。春画、男と女のむつみ合う姿を描いた絵のことを指す。野宮で平致光と密通している様が後世に書き残されたのである。『小柴垣草紙《こしばがきそうし》』と呼ばれるこの絵巻は、現存するのは江戸時代の写本だけだが、その構図やタッチから見て、平安末期、鎌倉初期ころに成立した可能性が高い。あるいは『餓鬼《がき》草紙』『地獄草紙』などと同様、異様な絵巻を好んだ後白河法皇が関係していたのではないか、とする見方もある。たしかにそういう立場でないと、現役斎王のスキャンダルなど、絵にはできなかっただろう。そしてこの絵巻、別名を『灌頂《かんちょう》巻』ともいう。灌頂とは頭から聖水を注ぐ密教の秘儀である。性の法悦と悟りを合一するチベット仏教的な真言宗（立川流《たちかわりゅう》）などの系譜ともどこかでつながるのかもしれない。

『小柴垣草紙』の描写は、実に具体的で赤裸々なものである。そのため、貴族や大名の性教育の秘書として後世に伝えられたらしく、表にはなかなか出ないが、少なからず写本もあるようだ。済子女王は不思議な形でその名を残した斎王なのである。

5　一〇一七年――当子内親王、自らの道を選ぶ

近年有名になった斎王

斎王を描いた画像はきわめて少ない。例外として「斎宮女御」こと徽子女王がいるが、これは三十六歌仙というアイドルグループ（歌の偶像、という点では間違いなくアイドル。今風にいえば神36）の一員で、鎌倉時代以降歌仙絵がブームになったからという特殊な事情による。しかし現存最古の絵は鎌倉時代の「佐竹本《さたけぼん》三十六歌仙」であり、本人の肖像画というわけではない。「伊勢物語絵」に出てくる恬子内親王の画像も同様のものだ。いわば斎王という記号で描かれ

ている。

その意味では、鎌倉時代であろうが、現代の作品であろうが、それほど価値に違いがあるわけではない。

とはいえ現代のマンガでも斎王が取り上げられることは決して多くない、里中満智子《さとなかまちこ》『天上の虹《にじ》』の大来皇女、大和和紀《やまとわき》『あさきゆめみし』の秋好中宮、ほかに『源氏物語』や『伊勢物語』を原作としたものがいくつかあるなど、ごく限られている。

ライトノベルの世界では、平安怪異ものとして、『篁《たかむら》 破幻草子《はげんぞうし》』（結城光流《ゆうきみつる》、角川ティーンズルビー文庫、二〇〇二―二〇〇七。現在は角川ビーンズ文庫）で、井上内親王（の怨霊）が敵役として出てくるのがもっとも早いのではないか、と思う。現在では、『斎宮さまの婚活』（小牧桃《こまきもも》子《こ》、一迅社文庫、二〇一四）や、『なりゆき斎王の入内《じゅだい》』（小田菜摘《おだなつみ》、角川ビーンズ文庫、二〇一四―）があり「なりゆき斎王……」はシリーズ化されている。しかしいささかマニアックなレベルのようだ。

ところが近年、インターネットの画像検索で、確実にヒットする斎王が出てきた。十一世紀、三条天皇朝の斎王、当子内親王である。

当子内親王は、第2章第6節の良子内親王の節で、長和三年（一〇一四）六月に、父の在位期間が十八年という夢を見た斎王としてすでに紹介しているが、実は彼女には、もう一つの有名な話がある。それは『百人一首』に左京大夫道雅《みちまさ》の歌として採られている、

今はただ思ひたえなむとばかりを人づてならで言ふよしもがな

にまつわる悲恋物語である。

これが、杉田圭《すぎたけい》『超訳百人一首　うた恋い。』第一巻で和歌物語五、つまり百首の超訳のうち堂々五番目として取り上げられ、アニメにまでなったのである。

そのため、当子内親王を検索すると、このマンガで描かれた少女がまず出てくることになっている。なかなか面白い現象だと思う。

『超訳百人一首　うた恋い。』に描かれた当子内親王（© 杉田圭。KADOKAWA刊）

当子内親王と三条天皇

さて、この当子内親王の人生は、当時の斎王の役割を考えさせるよい素材となっている。

先述のように、彼女は三条天皇の時代の斎王であり、その娘である。この時代としてはきわめて異例といっていい。彼女は皇太子居貞《いやさだ》親王の娘、つまり女王として生まれ、寛弘八年（一〇一一）の父の即位により、十月に内親王宣下を受けた。翌長和元年（一〇一二）、伊勢斎王恭子女王帰京のことが決定され、十一月に斎王卜定が行われる。つまり普通の内親王だったのはたった一年余だった。

そもそも皇太子には後宮がないから妃は多くない。まして平安時代中期となると幼帝即位の例が多くなり、妻子はいないほうが通例、といえる。

ところが居貞の場合、一条天皇より年長のうえ、二十年以上皇太子のままだったので、東宮妃藤原娍子《すけこ》（冷泉朝の左大臣藤原師尹《もろただ》の子の大納言藤原済時《なりとき》の娘）との間に、敦明《あつあきら》、敦儀《あつのり》、敦平《あつひら》、師明《もろあきら》親王と、当子、禔子内親王という大家族を作ってしまったのである。しかも娍子は、三条即位の後に皇后となった。六人の皇子女付きの天皇・皇后夫婦、まさにロイヤルファミリーがいきなり発生したのである。そしてその長女が伊勢に送られた。

長和三年、当子十四歳で伊勢に群行。『大鏡』の三条院についての記述には、「斎宮くだらせたまふわかれの御くしささせたまては、かたみにみかへらせたまはぬことを、おもひがけぬに、此院はむかせ給へりしに、あやしとはみたてまつりしものを。とこそ入道殿はおほせらるなれ」とある。

「別れの小櫛」の儀式には一つのルールがあった。「かたみに」とは「互いに」ということ。つまり天皇と斎王ともどもに、である。「みかへらす」とは見返るで、振り返ること。つまり、櫛を挿した後は、互いに振り返ってはいけないのである。ところが三条は「むかせ給へり」という。この「せ」は、助動詞「せる」の未然形で、「使役」と「尊敬」の二つの意味がある。「天皇が斎王を振り向かせられた」とも「天皇が自らお振り返りになった」とも取れる。前者だと、斎王が櫛を挿されて立ち去るとき、天皇は少し時間を置いてターンしており、振り返らせたのはその間ということになり、後者だと、天皇と斎王が同時にターンして、その後天皇が振り返ったことになる。いずれにしても天皇が振り返ってはいけない、というのが興味深い。現在に伝わる民俗事例でも、神に大きな願いをするときは振り返ってはいけない、という慣習があるが、この意識はそれに近いものを連想させる。

振り返ることへのタブー意識は、斎王を神への捧げ物とする認識を示唆しているように思う。もともと斎王には「聖なる犠牲」というイメージがつきまとう。特権を持つ者は社会とのバランスを保つために、さまざまな義務を負う、という意識である。斎王は天皇の権威の象徴であると同時に、天皇がその支配の開始にあたって、犠牲として支払うべき代価のような性格が見られた。そして、仏教と日常生活が結びついた貴族社会では、仏教を信仰できない斎王には大きなリスクがあると考えられていたのは前述のとおりである。

当子内親王への期待

当子はそんな状況で斎王となった。当代の天皇の娘が斎王になったのは村上天皇の時代の三人目、楽子内親王以来、しかし楽子は天皇即位後に生まれた娘である。即位の時点で娘を斎王にした例は光孝天皇以来、しかし光孝は陽成《ようぜい》天皇の実質廃位といわれる譲位の後に、皇太子を経ずに即位しているのできわめて異例である。となると、皇太子当時に生まれていた娘を斎王にした前例は、なんと約百五十年前、文徳天皇代の晏子《やすこ》内親王以来、ということになる。つまり恬子内親王以降、斎王制度が形式化しつつあった時代においては、まったくはじめてのことなのである。第2章の第6節で触れた彼女の夢で「実の娘を斎王に立てた」ことが賞賛されたというのは、決して意味がないことではなかったのである。

さて、この夢は、三条天皇と藤原道長の対立のなかで当子が見たと主張したものである。三条天皇は即位した時点で三十六歳。天皇親政、つまり政治のできた天皇のイメージで後世に語られた祖父、村上天皇が二十一歳だったことと比べても、突出した高齢の天皇、ということになる。つまり彼は政治のできる天皇であった。しかも藤原道長（当時四十六歳）と直系の血縁関係や婚姻関係はない（道長の長姉、藤原超子《とおこ》と冷泉天皇の子なので、叔父甥の関係になる）。

だいたいこの時代でも、天皇の政治機構である太政官は機能しており、幼帝の場合は摂政が天皇の政治的機能を代行するものの、成人すれば天皇が、関白を補佐役として太政官と合議しながら政治を行う建前となっている。つまり天皇の政治的権力は温存されているのである。そして摂政や関白の権力は、天皇の母方の祖父や、中宮・皇后の父だったという家庭的な権威に由来していることが多かった。従って、天皇が成人すれば、自らのブレーンを集めて、「おじいちゃん」や「お義父《とう》さん」から独立しようとするのは自然な流れなのである。独自のブレーンを持っていた花山天皇の例は決して珍しいものではなかった。

ところが三条天皇にはそうしたブレーンすらもいなかったように見受けられる。裏返せばそれほどに道長の勢力は大きかったのだろう。三条が即位した時点で、皇太子は一条天皇の皇子で道長の孫の敦成《あつひら》親王（後一条天皇）と定められ、三条には後宮を形成するほどの妃もいなかった。

しかし用意周到な道長は、三条天皇の即位の一年前、次女の妍子を嫁がせ、彼女は中宮となっていた。この二人の間に親王が生まれていれば三条の立場もいささか変わっていただろうが、生まれたのは内親王（良子内親王の母、禎子内親王である）一人であった。結果、道長は三条天皇とその子たちに圧迫を加えつづけることとなる。いわば孤立無援のなかで、三条は「斎王」となった長女に一縷《いちる》の望みを託した。斎王の権威が形式化していくなかで、先代の恭子女王、次代の嫥子女王と比べ、当子は天皇の分身的存在と強く認識されていたのである。

そうした当子の役割は、伊勢にあっても変わらなかった。長和四年（一〇一五）閏《うるう》六月十日、藤原実資は、斎宮からの消息として、伊勢神宮には怪異がない。もし何か事があるときには必ず怪異があり、また斎王が参宮するときに故障があるはずだがそういうこともない。これは三条天皇が天下をしろしめすことが幾久しいことなのだろうと宮人たちが申していると記している。

さらに九月には、伊勢神宮への定例の使の直後に、中納言で皇后宮大夫の藤原懐平《かねひら》を勅使として、天皇の病気平癒祈願を行っている。『小右記』によると、この使に同行していた実資の養子資平《すけひら》（もともと懐平の次男）は、この勅使が万端うまくいき、神宮の宝殿の扉もスムーズに開いて、必ずや平癒するだろうと報告しており、また斎宮寮頭の正度なる者が彼らに牛などを送っていたことから、彼らが斎宮にも立ち寄っていたことがうかがえる。

三条天皇と当子の間の交渉は頻繁に行われ、当子は三条の切り札でありつづけていたようだ。しかしその一方で、この父子の間には、目に見えないひびが入るとんでもない事態が、都では起こっていたのである。

当子内親王の立場

長和四年（一〇一五）四月七日、禎子内親王の着袴《ちゃっこ》が、藤原道長の主導のもと、盛大に行われたことを『小右記』は記している。着袴はいわば赤ん坊から子供になる通過儀礼で、クライマックスである袴のひもを結ぶ儀は、三条天皇が手ずから行った、という。道長の外孫の誕生は、たとえ女子ではあっても、三条天皇との関係に微妙な変化をもたらしていた。

そして、十月には、三条天皇と道長の関係に大きな変化をもたらす大事件が起こっていた。三条が当子の妹、禔子と藤原頼通の結婚を提案したのである。道長はこのころ、三条にたびたび退位を迫っており、そのなかで三条の側から秋波を送りはじめたのである。しかし第2章第5節でふれたように、この縁談は頼通に正妻隆子女王の父具平親王の死霊が憑くという事件が起こったことで沙汰《さた》やみになる。

その一方、十一月八日には、十二月に当子内親王、禔子内親王の裳着《もぎ》と、四宮の師明親王の元服を行うことについて、安倍吉平《よしひら》に日を選ばせている。ところが十一月十四日には、明春に延期されたことが記され、十五日には禔子の結婚についての具平親王未亡人の嘆きが記されている。この前後の記述のなかでは、三条天皇は道長からしきりに退位を迫られていること、その交換条件として、長男の敦明親王の立太子を希望していたことがうかがえる。三条の最大の希望は、皇位に長くいることではなく、我が子を次代に皇太子とすることにシフトしていたようである。

そして一方、十二月二十七日には、禔子内親王を一品とし、禎子内親王には千戸の封と年官年爵（官職を推薦して推薦された者から謝礼を取る権利）を給《たま》うということがあった。藤原実資は、『小右記』のなかで、裳着も終わっていない者が一品になるなど、乱代の極みだとののしっている。この時代にはすでに一品皇族が三人おり、うち二人が千戸の封や年官年爵を受けていた。なお一人足すことは、大変な財政圧迫になるからである。『日本紀略』には、二十七日に禎子内親王が三宮に準ずる扱いとして、年官年爵と千戸の加封を受けたことを記している。禔子は寛仁《かんにん》三年（一〇一九）に三品となったので、このときの叙品はならなかったようだが、その後、万寿《まんじゅ》三年（一〇二六）頼通の弟関白教通の妻となっている。注意しておきたいのは、三条が、対摂関家融和策として女二宮、三宮を利用しようと考えていたことだ。

対して姉の当子はどうか。裳着は成人式であるとともに、その女性の身分保障を固める儀式でもあった。彼女の前の恭子女王、後の嫥子女王はいずれも二十年以上を伊勢で暮らした斎王だが、ともに裳着の記録があり、斎王にとっても重要な儀礼であった。ところが彼女の裳着は三条天皇退位の動きとともに先送りされ、結局行われないままに帰京したようなのである。

つまるところ、健康を害した三条天皇の願ったことは、長男敦明親王の即位であり、退位の交換条件として、後一条天皇即位、敦明立太子、という了解がこの時期にできたのではないか。

そして三条天皇は道長との対立から融和へとシフトしていったのである。とすれば、対摂関家の先鋒として伊勢にあった当子は、二階に上がって梯子《はしご》を外された状態だったのではないか。

長和五年正月、三条はついに後一条天皇に譲位する。『御堂関白記《みどうかんぱくき》』によると、八月五日には斎王帰京のために近江国の甲賀、勢多の頓宮を調えることが定められ、十日には権左中弁藤原重尹《しげただ》が元斎王を迎える使として下向、途中同行していた検非違使右府生の笠能真《かさのよしざね》という者の部下が乱行し、都に召還されるなどということがあったが、二十五日には山崎《やまさき》から帰京し、路間の行事や御読経の結願《けちがん》のことを報告している。つまり当子は、伊勢道から東海道を通って伊勢・近江・山城と戻り、京には直接入らず難波に抜けて、難波津で禊を行い、読経を受けて世間に戻り、山崎に滞留していることがわかる。そして九月五日に、道長は「今日前斎王入京と云々」としているが、『日本紀略』は三日、あるいは九日としている。道長も風聞を記録しているだけで、特に強い関心を示しているわけではなかったようだ。敗者の姫への関心は確実に薄れていた。

当子内親王の恋

当子と藤原道雅の物語はいよいよこの後から始まるのだが、その前にもう一点、この時代の斎王のあり方に関わる興味深い特徴を挙げておきたい。

それはこの二人を取り持ったのが、「斎宮の乳母で、やがて斎宮の内侍になった」「中将の乳母」と呼ばれる女性だった、ということである。斎宮の内侍は宮廷女官で、本来は配置転換によって宮中で働いていた女性公務員が出向する職務である。一方乳母は、皇子女の誕生とともに三人が天皇の命によって充てられるが、基本的に無位、つまり公務員ではなく、乳母が内侍に出世することは本来ありえない。

ところが十一世紀になると、天皇の場合、その親の位に関係なく、乳母が他の女官より高く位置づけられることが指摘されている。紫式部の娘で、五位程度の受領貴族の藤原宣孝《のぶたか》を父にする藤原賢子《かちこ》が、後一条天皇の乳母だったため、天皇即位により従三位というとてつもなく高い位を得た、というのはその典型例だ。同様に斎宮でも、居貞皇太子時代から当子の乳母を務めていた女性が、斎王就任により、五位の内侍という、斎王家の女官としては最高位に就いた。こうした背景には、本来効率的な事務運用というドライな関係で結ばれるべき女官制に、乳母のような疑似家族が、つまり天皇や斎王のような主たちの私生活を熟知していた女性たちが進出してきたことをうかがわせる。それは公私混同であり、チェック体制の甘さを生む変化でもあった。おそらく「中将の乳母」は、居貞皇太子の一の姫の誕生とともに居貞家に入り、母代わりに当子を育て、母代わりに伊勢に同行し、公私のすべてにわたり、彼女のサポートを行っていた女性と考えられる。乳母もまた家族であり、責任ある公務員だった。そんな人がいわば主人を裏切ったのである。三条院の怒りももっとも、ともいえた。

しかし『おちくぼ物語』や『源氏物語』などを見ても、通い婚のはじまりは、姫付きの女性の手引きから、というのは当時の貴族社会の常識だったはずだ。帰京した当子は、母の皇后藤原娍子の宮は狭いということで、別邸に暮らしていたという。『栄花物語』は、この一件の発覚により、院と皇后の間に「御消息いみじうしきりなり」とする。逆にいえば、三条院はそれまで、当子の処遇を娍子に任せきりにしていたのである。この恋愛沙汰は、当子や彼女らを取り巻く女房たちと、母の皇后、そして父の三条院との意思疎通の不足から生じたものであるのかもしれない。とすればその背景には、中宮妍子への偏愛による三条院と娍子との疎遠化や、裳着も済ませていないという当子の処遇などがあり、三条院についての不満がくすぶっていたことがあると考えられるのである。

しかし当子の女房たちが、主人の恋人に選んだ相手が悪かった。中関白家《なかのかんぱく》の御曹司、三位中将藤原道雅、これまでも当子の兄、敦明親王の従者と暴力事件を起こし、天皇時代の三条から謹慎処分を食らっていた札付きの無軌道貴族だったのである。もっとも敦明親王もまた、あちこちの貴族と暴力事件を起こす、困った公達《きんだち》の一人ではあったのだが。

中関白家自体、祖父の道隆を頂点に、父の伊周から失速してきた家なので、位は高いものの、権勢の座からは遠い。その公達だから当然時の社会への不満は溜《た》まる。しかし天皇の娘となると、摂関家でないと降嫁はほとんど許されないのはほぼ常識であった。皇位を去った病身の三条院には、この恋愛は道雅からの当てつけにも思えたのだろう。

もともと手のひらを返したのは三条なのだから、当子にはそんな父親に対する反発もあったのだろう。この恋愛事件は、父の手駒として意のままに動いてきた娘の強烈な反発だったように思える。だから三条院は許せなかった。世間には「現役ではなく、元斎王なのだからいいのではないか」という声もあったが、道雅は院から勘当され、二人の恋は断ち切られた。百人一首の歌は、このときのものである。

禁断の恋、その後

当子はその翌年、寛仁元年（一〇一七）十一月に出家したという。『栄花物語』は、当子が、道雅と逢えず、「あはれなる夕暮に御手づから尼にならせ給ひぬ」としている。『栄花物語』では、その際の三条院の慨嘆を伝えているが、実際には父の三条院もこの年六月に亡くなっていたので、かなりの脚色がうかがえる。また、『小右記』は、病による出家としている。しかし、道雅との密通のことを記し、その後は母后の宮で拘束されていたと取れる書き方をしているので、自ら髪を切った、というのは十分ありうることだろう。

当子が世を去ったのは治安《ちあん》二年（一〇二二）のことだが、その二年後に花山天皇の秘密の子として知られていた上東門院女房が殺害されるという事件が起こっている。その実行犯は、道雅の命令と自白した、という。この事件の決着はよくわからないのだが、道雅はそののちも従三位左京大夫という名誉職的な立場から動くことはなく、「荒三位《あらざんみ》」という風評とともに生きたのである。

6　一一五八年――亮子内親王、群行せずに退下するが……

女性が動かす平安後期の政治

天下の権勢はこの人の掌にあり、といわれた郁芳門院はわずか二十歳あまりで亡くなったが、もしも彼女が長生きしていたらどうなっていただろう、と考えることがある。というのも、平安時代後期の歴史的動乱に女性が関係していることが少なくないからだ。

たとえば保元《ほうげん》の乱の遠因となったのは、待賢門院《たいけんもんいん》藤原璋子《たまこ》と白河院の「噂」である。彼女は白河院の従兄弟で摂関家ではないが権勢を誇った藤原公実《きんざね》の娘で、白河院と祇園女御《ぎおんのにょうご》と呼ばれる愛人に養育され、長じて鳥羽《とば》天皇に入内し、五男二女の母となり、女院の待遇を受ける。

しかし鳥羽はある時点から長男の顕仁《あきひと》親王（崇徳《すとく》天皇）の父が白河院ではないかという疑念を

持ちはじめたらしい。そして崇徳天皇を譲位させて、璋子に代わる寵姫《ちょうき》となった美福門院《びふくもんいん》藤原得子《なりこ》所生の近衛《このえ》天皇を即位させ、自らの崩御のときには崇徳との対面も許さなかったという。この軋轢《あつれき》と、近衛の後継者として崇徳皇子重仁《しげひと》親王ではなく、同じく璋子所生ながら父が鳥羽であることが確実な雅仁《まさひと》親王（後白河天皇）が定められ、その子で美福門院の養子になっていた守仁《もりひと》親王（二条《にじょう》天皇）が立太子したことで、崇徳の血統に天皇が継承される見込みがなくなったことが両院の対立を生み、保元の乱につながっていったと見られている。

その美福門院得子は、これも摂関家以外の藤原氏で白河院の近臣だった藤原長実《ながざね》の娘で、近衛天皇の母として美福門院の院号を贈られた女性である。白河院の没後も、藤原信西《しんぜい》や鳥羽院の近臣たち、さらに父の藤原忠実《ただざね》や弟の左大臣頼長《よりなが》と対立を深めていた関白藤原忠通《ただみち》らが彼女と近衛天皇・後白河天皇・二条天皇の周りに結集し、一大政治勢力を形成する。さらに平清盛《きよもり》らもそこに加わり、結果的に保元の乱における後白河天皇勢力の中心となる。

彼女の権勢の基本は鳥羽院から贈られた膨大な荘園であり、その大部分は娘の八条院《はちじょういん》（暲《あき》子《こ》内親王）に贈られている。つまり院政期には、こうした院号を持つような女性たちは、親や夫の死後、その財産を受け継ぎ、継承者を指名できる立場になっていたのである。この八条院領は天皇家の財産として継承され、天皇の家産として大きな意味を持つようになる。大領主としての天皇の財産権は、こうした女性たちが握っていたのである。

さて、金毛九尾《きんもうきゅうび》の狐という伝説がある。古代中国は殷《いん》の国の最後の王、紂王《ちゅうおう》の妃で王とともに残虐非道をほしいままにしたという妲己《だっき》の正体は九尾の狐であり、それが次に天竺《てんじく》に渡ってマガダ国の班足王《はんそくおう》の妃華陽《かよう》夫人として現れ、やはり暴虐を尽くし、ついに日本に逃れて玉藻《たまもの》前《まえ》という美女になり、鳥羽院に取り入ったが陰陽師安倍泰成《やすなり》に正体を暴かれ、ついに那須野《なすの》で討たれて殺生石《せっしょうせき》となった、というものである。この伝説の原型は、室町時代にさかのぼる能の『殺生石』などに見られるのだが、そのモデルとされたのが美福門院得子ではないか、といわれるのである。もちろん得子にとっては根も葉もない話なのだが、彼女の存在の大きさが、後世にこのような伝説と結びついた、ともいえないわけではない。

さらに建春門院《けんしゅんもんいん》平滋子《しげこ》の存在も忘れてはならない。堂上《とうしょう》平氏と呼ばれる公家として続いた桓武平氏に生まれ、姉に平時子《ときこ》、兄に平時忠《ときただ》。最初鳥羽院の娘の上西門院《じょうさいもんいん》（統子《むねこ》内親王）に仕えて生まれた憲仁《のりひと》親王が、紆余曲折《うよきょくせつ》あって高倉《たかくら》天皇となり、滋子は皇太后、さらに女院となり、建春門院と号する。彼女は後白河院と平清盛のいわば緩衝役としての役割を果たしており、のちに高倉天皇の妃となる清盛の娘、徳子《のりこ》の裳着の際に裳の帯を結ぶなど、後白河院、清盛、高倉天皇のいずれとも強い絆《きずな》を持ち、政治上の重鎮となっていたのである。その死去は三十五歳という若さで、一年後に平氏討伐の陰謀、鹿ヶ谷《ししがたに》事件が発覚するなど、もしも長生きしていれば歴史が変わったかもしれない女性であった。

八条院と亮子内親王

これらの女性たちは、いずれも権力者である院（治天）を動かせる立場、ということでその権勢が自然と高まったといえる。しかし同じ時代には、夫を持たずに権勢を誇った女性もいた、それが先述した八条院である。

彼女は鳥羽院の娘で、母は美福門院、鳥羽院の鍾愛を受けて育ち、その多くの所領を継承したことは先に触れた。そして彼女は、二条天皇と以仁王《もちひとおう》という二人の甥の後見人となっていたのである。以仁王といえば反平氏の旗揚げをして源頼政《よりまさ》とともに討たれた後白河天皇の皇子であるが、その背景には彼女の経済力があった、ということなのである。

そしてこうした女院たちは、天皇や有力な皇子たちを養子にし、准母となることで、その後見をすることが多かった。つまり血縁関係ではなく、こうした後見・被後見の関係が、当時の政界を動かす重要な要因となっていたのである。八条院のほかにも上西門院、高松院《たかまついん》（鳥羽院皇女姝子《よしこ》内親王、二条天皇の中宮）など、皇族出身の女院は無視できない存在である。

そうしたなかに元伊勢斎王だった女院がいる。郁芳門院の次に未婚のまま斎王から准三后を経て女院となった殷富門院《いんぷもんいん》こと後白河院の娘、亮子《あきこ》内親王である。

亮子は後白河院の第一皇女で二条天皇の妹、母は藤原成子《しげこ》（権大納言藤原季成《すえなり》の娘）で、同母兄弟姉妹には、伊勢斎王となった好子《よしこ》内親王（二条天皇代の斎王）、休子《のぶこ》内親王（六条《ろくじょう》天皇代の斎王。群行せず）、賀茂斎王となった式子《のりこ》内親王、仁和寺《にんなじ》門跡となった守覚《しゅかく》法親王、そして以仁王がいる。

そう、ろくな兄弟がいない。つまり彼女は母の身分が高くない皇女だったのである。実際藤原成子は後白河天皇即位以前からの昵懇《じっこん》の間柄だったのに、女御にすらなっていない。そして亮子は後白河から鍾愛されていた形跡がない。斎王となったといっても、後白河は早々に二条に皇位を譲る予定だったから、伊勢に行くかどうかもあやしい卜定で、実際群行することもなく天皇譲位により野宮から退下しているのである。

そののちの彼女の動向には、意外な人物が関わっている、藤原定家《さだいえ》（「ていか」とも）である。彼の日記『明月記《めいげつき》』にはしばしば亮子内親王の名が現れ、父の俊成《としなり》（「しゅんぜい」とも）とともに、その邸宅に出入りしていた様子がうかがえる。定家の歌の師ともいわれる式子内親王の同母姉妹なので不思議ではないのだが、実は彼の姉、京極局《きょうごくのつぼね》と健御前《たけるごぜん》と呼ばれた二人が亮子に女房として仕えていたのである。

さて、そのころの斎宮では、とんでもないことが起こっていた。六条の後を継いだ高倉天皇の時代の斎王、亮子の異母姉妹である惇子《あつこ》内親王が承安《じょうあん》二年（一一七二）に斎宮で急死したのである。隆子女王以来二百年余ぶりに起こった大事件であった。ところが斎王はしばらく置かれず、治承《じしょう》元年（一一七七）になって、高倉天皇の娘、功子《いさこ》内親王が斎王に立てられたが、今度は母の喪にあって野宮より退出、そして高倉が病により譲位し、まもなく亡くなるという事態が起きる。その少し前、二条朝の斎王でやはり亮子の妹、好子のときには帰京の際に準備が整わず、大変な苦労をしたと『顕広王記《あきひろおうき》』が記している。斎宮を維持する体制はすでにかなり厳しいものになっていた。そして安徳《あんとく》天皇の内乱の時代には、斎王は置かれなかった。

斎宮を見たある僧侶の話

さてそのころ、伊勢の二見浦《ふたみがうら》にある安養寺《あんようじ》という寺院に、高野山《こうやさん》から移住した一人の僧侶が暮らすようになっていた。法名を円位《えんい》という。わかりやすくいえば、かの西行《さいぎょう》法師である。西行はこの後九年間伊勢にあって、その間に『御裳濯河《みもすそがわ》歌合』『宮河《みやがわ》歌合』という二とおりの自選歌合を作り、藤原俊成、定家親子に判者を依頼して、伊勢神宮に奉納することを計画した。「御裳濯河」が内宮、「宮河」が外宮のことである。考えてみれば、いかに当時高名な歌人となっていた西行にしても、かなり大胆な試みであった。伊勢神宮といえば、私幣禁断と仏事排除が長く常識だった神社である。そこに僧侶が自選歌合を奉納するなど、普通なら考えにくい。

しかしこの時代になると、社会通念は大きく変わっていた。末法の世の中といわれ、世間は動乱が続いていた、伊勢神宮の禰宜や宮司たちも、その職務を譲った後には出家して、朝熊山《あさまやま》の金剛証寺《こんごうしょうじ》をはじめ、神宮周辺に経塚を作り、極楽往生を願っていた。また、真言宗系の神道である両部《りょうぶ》神道（真言宗系の影響を受けた神仏習合の考え方。真言宗では、世界は胎蔵界《たいぞうかい》、金剛《こんごう》界《かい》の二つの曼荼羅《まんだら》世界〔部〕で構成されており、その中心にいる最高の仏が大日如来《だいにちにょらい》とする。両部神道では、胎蔵界の大日如来は伊勢内宮、金剛界の大日は伊勢外宮として、両者の立場を対等とすると

信仰を受けたものとされた。ところから、「両部」という）が、外宮の御厨《みくりや》のあった伊勢国度会郡の南端近い吉津《よしづ》の仙宮院《せんぐういん》を発信地として、伊勢地域では勢力を持ち、神宮と仏教徒の共存について、新たな言説を説くようになっていたのである。

その大きな特徴は、伊勢神宮の外宮・内宮が陰陽関係で、胎蔵界・金剛界の曼荼羅に対応するという思想、そして伊勢神宮を大日如来と同体とみなす思想などである。いずれも伊勢神宮とて仏教とは無縁ではないこととの主張である。そしてこの主張には、内宮・外宮同等説が含まれており、外宮に都合のいいようになっていた。西行の歌合が、内宮・外宮それぞれに奉納された、というのも、こうした言説とは無縁ではない。

西行が伊勢を旅立ったのは、平氏による南都焼討の復興のため、鎌倉の源頼朝《よりとも》や奥州藤原氏の援助を得るためだが、その後まもなく、南都復興の最高責任者である俊乗坊重源《しゅんじょうぼうちょうげん》が伊勢神宮に参拝している。もちろん西行には、神宮神官たちの歌を俊成・定家父子を頂点とする中央歌壇に紹介するという、伊勢と都を結ぶ窓口の役割も見ることができる。本来斎王がそれであった、都と伊勢の文化の橋渡し役を、より効果的で政治にもかかわる形で行う、それが西行が伊勢の地に十年近く定住できた理由の一つであった。時代は着実に動いていたのである。

そして西行は、伊勢滞在中に斎宮を訪れていたらしい。彼の歌集『山家集《さんかしゅう》』には、斎宮に来たものの、

伊勢に斎王おはしまさで年経にけり。斎宮、木立ばかりさかと見えて、つい垣もなきやうになりたりけるをみて

いつかまたいつきの宮のいつかれてしめの御内にちりを払はん

とその荒廃した様を詠んだことが記されている。

伊勢神宮が神仏習合にスライドしていくこの時代に、たまたまとはいえ斎王不在の時期が重なる。斎王の存在意義がしだいに薄くなっていく、そんな時代でもあった。

殷富門院としての人生

そのなかにあって、伊勢に来ることのなかった亮子には、元の斎王という立場から、意外な後半生が待っていた。

治承四年（一一八〇）、彼女の同母兄弟、以仁王が源頼政らと語らい、反平氏の旗揚げを試みたが事前に露見して敗死する、という大事件が起こる。このとき以仁王は後見人である八条女院の元におり、亮子も同居していたらしい。そして平氏の軍勢はこの邸宅を襲ったのだが、以仁王も亮子もこのときはかろうじて難を逃れた、という。とはいえこれで彼女は謀反人の姉妹のレッテルを貼《は》られてしまったはずだった。

ところが元斎王という肩書きはそれ以上に大きかったらしい、寿永《じゅえい》元年（一一八二）に彼女

は安徳天皇の准母となったのである。もとより安徳の母は平徳子だったのだか、彼女は退位した高倉院について宮中を出てしまっていたらしい。そしてこの時代には、幼帝には母や母がわり（准母）となる皇族が同席して、ともに輿に乗ったり、高御座《たかみくら》に座ったり、儀式を代行したりする慣行が定着していた。ところが高倉院の姉妹は、亮子内親王の同母姉妹しかいなかったらしい。そのため第一皇女である彼女に白羽の矢が立った、いやそれ以上に、元斎王という彼女の立場が、現実の政治から離れたニュートラルな、ある意味でアジール的な雰囲気をその周りに漂わせていたからではないかと考えられる。

しかし安徳天皇はその後まもなく、平家都落ちにより西国に下る。それは戻らない旅であり、後白河院は三種の神器を持って都を離れた孫を、退位したものとみなした。そして寿永二年、後鳥羽《ごとば》天皇が即位すると、亮子はふたたびその准母となった。そして文治《ぶんじ》三年（一一八七）に、殷富門院の女院号を授けられている。

さて、『百人一首』に殷富門院大輔《たいふ》という歌人がいる。

見せばやな雄島《おじま》の海人《あま》の袖《そで》だにも濡れにぞ濡れし色は変はらず

で知られている歌人である。彼女は殷富門院の女房だったのでこの名がある。先に触れた定家の姉二人といい彼女といい、殷富門院の周辺には騒然とした社会とはかけはなれたかのような華やかなサロンが作られていたようだ。

その点も郁芳門院の周辺と少し似たところがあるように見える。

その後、後白河院の死去に伴い、彼女も出家をしたらしいのだが、建仁《けんにん》元年（一二〇一）に東宮守成《もりなり》親王（のちの順徳天皇）の立太子に伴い、ふたたび准母となっている。母の藤原重子《しげこ》が院の近臣藤原範季《のりすえ》の娘で、それほど高い家柄ではなかったためらしいが、三代の天皇の准母、しかも父子揃ってというのは例がない。後白河院なきあと、天皇家の実質的な家長としての権威を持っていたのだろうと思われる。

斎王としてはパッとしなかった亮子だが、元斎王という立場を十二分に活用した、あるいはされた人生だったということができるだろう。十二世紀末葉、斎王制度や斎宮の劣化は進んでいたが、元斎王という肩書きには、まだ十二分の価値が残されていたのである。

7　一一八七年――源頼朝、斎宮復興に尽力するが……

斎王の復活

治承寿永の乱（いわゆる源平合戦）で約十五年間凍結されていた斎宮は、壇《だん》の浦《うら》の合戦で未曽有《みぞう》の内乱が終結した後、文治元年（一一八五）十一月に、ようやく再開の運びとなる。後鳥羽天皇の践祚《せんそ》から約二年、斎王となったのは、故高倉上皇の娘で天皇の異母姉にあたる潔子《きよこ》内親王、卜定時にはまだ七つの少女で、天皇はたったの六つだった。

内乱後の混乱期であり、京は安元《あんげん》の大火（一一七七、太郎焼亡《たろうしょうぼう》）、治承の大火（一一七八、次郎焼亡）に加えて養和《ようわ》の大飢饉《だいききん》（一一八一—八二）、さらに元暦《げんりゃく》二年（一一八五、文治改元以前）七月には大地震が発生しており、鴨長明《かものちょうめい》が『方丈記《ほうじょうき》』で活写した地獄さながらの光景が見られていた。こんな時期によく斎王制度が復活できたものだが、南都焼失の復興事業も同時期には推し進められており、神仏にすがる気持ちが特に強くなっていた、ともいえるのだろう。

そしてこれらの宗教的事業には、大きなスポンサーが付いていた。鎌倉の源頼朝である。

源頼朝と斎王

内乱さなかの元暦元年（一一八四）、源頼朝は関東御分国、東国の多くの行政支配権と、国司の人事を委託され、実質的に鎌倉幕府を発足させる。『延喜式』と対応すると、そのなかで三河・駿河《するが》・伊豆・相模《さがみ》・上総《かずさ》・信濃《しなの》・下総《しもうさ》は調庸の一部を斎宮に送るべき国だった。斎宮に税を納めていた一八ヵ国の半分近くが鎌倉幕府の領国となっていたのである。

そしてこの時期の頼朝が京に送ったと見られる書状が一通現存している。意訳してみよう。

斎宮寮に東国から納める物の注文リストを送ります。この注文は斎宮寮より提出されたものです。それで処理しようと思ったのですが、細目がよくわかりません。また、うちの事務局にも細目帳があるのですが、一つ一つの項目はよくわからないので、飛脚を遣わして命令します。この注文リストについての一つ一つの詳しい情報を、先例によって検討して連絡して下さい。またこのなかで現在ある物についても、その内容を明確に記して下さい。いろいろよろしくお願いします。

文治三年（一一八七）十一月九日　花押

山城介殿

（鎌倉遺文第二八二号文書、埼玉県、遠山記念館蔵）

頼朝はかなり本気で斎王制度復活に助力していたのである。敬神や朝廷への忠義の志が厚かった、というわけでは決してない。それなら賀茂斎院にも相応の援助はしているはずであるが、賀茂斎院は鎌倉時代前期には衰亡している。

では、斎宮の復活に源頼朝がなぜそこまで関わったのか、その背景には、当時の伊勢国をめぐる複雑な事情が絡んでいるようである。

『伊勢市史　第二巻　中世編』によると、南伊勢地域は伊勢平氏の権力基盤であった。治承五年（一一八一）には源氏方の熊野三山の「悪僧」の水軍が伊勢志摩を襲っており、同年に行われた、源行家《ゆきいえ》・義円《ぎえん》に率いられた三河・遠江《とおとうみ》の源氏方を平家方が押し戻した墨俣《すのまた》渡し（現岐阜県大垣《おおがき》市）の戦いでは、伊勢国から大量の船が徴発された。源頼朝が旗揚げの血祭りとした伊豆国の目代《もくだい》、山木《やまき》判官といわれる平兼隆《かねたか》は、伊勢平氏平信兼《のぶかね》の子である。平信兼に限らず、伊勢国の各地で伊勢平氏と称する一団が勢力を保持していたのは有名な話で、源平合戦終結後も、元久《げんきゅう》元年（一二〇四）の三日平氏の乱をはじめ、反鎌倉の動きが長く見られていた。

そして斎宮もまた、平家と深く関わる地域だった。本章第5節で述べた当子内親王の時代の斎宮頭、平正度《まさのり》は平正盛《まさもり》の祖父、つまり清盛の祖父の祖父にあたると見られる。伊勢平氏の中央進出の契機は、平正盛が、元斎王の郁芳門院媞子内親王の菩提《ぼだい》を弔うために改修された六条院に伊賀国の所領を寄進し、白河上皇の信任を得たことである。また、仁安《にんあん》二年（一一六七）には、平行光という人物が、斎宮寮の四保内の溝隍《こうこう》（ほり）二十余町を開削したことの功を申請する史料が見られる（『兵範記《ひょうはんき》』裏書）。斎宮のある多気郡に勢力を持っていた伊勢平氏の一族だろう。

一方前述の『伊勢市史』には、頼朝が伊勢神宮に神領を寄進し、その窓口として外宮権禰宜《ごんのねぎ》の相鹿光倫《おうかみつとも》を口入神主として、祈禱や神宮との折衝にあたらせたことが記されている。また、相模国の御家人波多野《はたの》氏は神宮禰宜の荒木田氏との婚姻関係があり、伊勢にも所領を持っていた。平氏色の強い伊勢地域だが、パッチワークのように各地にいろいろな勢力が盤踞《ばんきょ》していたことがわかる。

源頼朝が斎宮の再興に協力したのは、このような状況を踏まえ、関東の勢力を伊勢に及ぼすためだったと考えられる。関東御分国から伊勢に定期的に、税の輸送のためと称して武士団を派遣でき、そして潜在的に平氏与党の不満が燻《くすぶ》る不安定な伊勢国に鎌倉幕府の力を強めていくこともできる。頼朝はそこまで考えていたのかもしれない。こうしてともかくも、斎王潔子内親王は伊勢に送られ、後鳥羽天皇の退位まで、その任務を全うした。

群行を飲みつぶした男

しかし一方、朝廷の側では、斎王制度を軌道に乗せるまでに、なおかなりの問題を残していた。それは当時の朝廷が抱えていた問題そのものだった。

正治《しょうじ》二年（一二〇〇）のことである。

その年の暮、翌年に迫った斎王群行のための行事（事務担当）が任命された。斎王は前年の十二月に就任したばかりの土御門《つちみかど》天皇朝の斎王、粛子《すみこ》内親王。粛子は後鳥羽天皇の皇女、つまり天皇の異母姉妹で、当時としてはかなり身分の高い斎王である。行事は正五位下左少弁平親《ちか》国《くに》が司り、翌年四月には群行の行事所が立ち上がった。

ところがこの親国、まったく仕事をする気配がなく、神事と称して宴会を開き、舞妓《まいこ》、おそらく白拍子《しらびょうし》のような芸能も行う遊女を集めてどんちゃん騒ぎをしていたらしい。あげくに斎屋の注連《しめ》のなか、つまり祭の忌み籠もりをするところにまで舞妓を入れる体《てい》たらく、である。

ところがその注連のなかに舞妓を連れ込んだそのとき、どこからともなくミズチ（蛇）が現れ、またすぐに隠れて見えなくなった、という。驚いた親国は翌日から病気になり、群行行事の奉行も辞退した。この時代には、伊勢の神は蛇体で顕《あらわ》れるという考え方がかなり一般的になっていたので、親国は伊勢の神の祟りで病気になったと思ったのだろう。

この記録は、藤原長兼《ながかね》の『三長記《さんちょうき》』に「ある人が院、つまり後鳥羽上皇のところに来て語った話」という噂話なのだが、さらに続けて、去る八日に親国に代わって任命された右少弁藤原光親《みつちか》が調べたところ、群行準備の六万疋《ぴき》の予算が、「当時一塵《いちじん》も拾納する物なし」というありさまだったとしている。一般的には一疋が銭十枚なので、一疋十文なら、六万疋は六百貫となる。今なら数千万円というところだろうか。親国はこれをどうも着服してしまったらしい。群行の予算が一人の官人の遊興費に消えてしまったのである。ただですむとは思えない罰当たりである。

ところが面白いことに、親国は、どうやら罪に問われた気配がない。それどころか八月十九日には右中弁に昇進、三年後の建仁四年（一二〇四）には蔵人頭《くろうどのとう》兼皇后亮、建永《けんえい》元年（一二〇六）には、従三位、つまり公卿に列している。

ではこの平親国というのはどんな人物だったのか。これがまたなかなか面白い。平というから平氏である。しかし清盛を代表とする高望王《たかもちおう》流の武家平氏ではなく、高棟王《たかむねおう》流の堂上平氏である。そのなかでも、先述した後白河院の寵愛を一身に集めた建春門院平滋子の同母兄弟、平親宗《ちかむね》の子だったのである。つまり親国は清盛の義理の甥、安徳天皇の母の従兄弟となる。ところが父の親宗は、兄姉たちとは違って後白河院に接近し、治承三年（一一七九）には清盛のク

ーデターにより解官（公職追放）までされており、平氏滅亡後も生き残り、中納言に上ってい
る。その子の親国は、一説には、平清盛の長男、重盛《しげもり》の長男の維盛《これもり》の娘、つまり『平家物語』
の最後の主役といわれる「六代御前」の妹を妻にしているという。史実なら、かなり剛直な人
物、といえるのかもしれない。
　しかし、三位にまで上がりながら、彼は散位《さんみ》、つまり無任所に留まり、昇進した承元《じょうげん》二年
（一二〇八）に、ついに亡くなったと、藤原定家『明月記』は記している。時に四十四歳。し
かし特に伊勢神宮の祟り、とはしていない。とはいえ、このような前歴を持つ家系がこの後斎
宮に関われたとは思えない。ところがである、彼の息子平惟忠《これただ》、惟忠の孫の親世《ちかよ》は、なんと斎
宮頭に任じられているのである。惟忠などは父を飛び越えて、正二位で参議・大蔵卿にまで任
じられているのだから、とても祟られていたどころではないようだ。
　左少弁の属する弁官局は、さまざまな儀式を仕切る、太政官の要《かなめ》となる部局である。この時
代の儀式は、担当者に全権を委任して執行させる体制になっていたようだ。そのため、こうし
た事業の私物化が起こり、また罰するのも難しかったのであろう。伊勢神宮の神の祟りも、そ
うした担当者の暴走を止められなかったところから出てきた噂なのかもしれない。朝廷の権威
を維持する体制自体に大きな軋《きし》みが生じていたのである。
　粛子内親王には一首の歌が勅撰集に残されている。

植ゑ置きて花の都に帰りなば恋しかるべき女郎花《おみなえし》かな

何気なく意味深長な歌である。オミナエシならぬ百合の恋人を伊勢に残し、都に帰る歌とも取れる。

白拍子の娘の斎王

そしてついには、斎王の人選にも大きな変化が生じてくる。

次の順徳天皇の時代の斎王、異母妹の凞子《ひろこ》内親王は、一風変わった経歴の持ち主だった。藤原定家が『明月記』元久二年（一二〇五）二月十一日条に記すところによると、その母は丹波《たんばの》局《つぼね》という後鳥羽院に仕えた女房で、本名を石といい、もともとは白拍子だったという。定家は「簾《すだれ》を編む男の娘」としているから、職人の娘が芸能者となり、後鳥羽院の目に留まったということなのだろう。

この丹波局は「今、綺羅《きら》を備え、寵愛抜群」とあるので、当代風の美人で、後鳥羽院の寵姫となったらしい。後鳥羽院も肖像画から見る限りなかなかの男前なので、その二人の娘である凞子内親王もさぞかし美しかったことだろう。後鳥羽院には、『承久記《じょうきゅうき》』が承久の乱の原因と記している舞女亀菊《かめぎく》をはじめ、遊女を愛人とすることがしばしばあり、彼女らに局号を与えて、女官に準じる待遇を与えていたらしい。ちなみに亀菊は伊賀局《いがのつぼね》である。このほかにも、遊女を母とした法親王なども知られており、ただならぬ嗜好《しこう》だったことがうかがえる。もっともこの時代、『平家物語』の平清盛に愛された祇王《ぎおう》、祇女《ぎじょ》、仏御前《ほとけごぜん》の真偽は不明としても、源頼朝の兄義平《よしひら》や弟の範頼《のりより》、妹の夜叉御前《やしゃごぜん》などは遊女を母としているとされているので、上下を問わず決して珍しいことではなかったらしい。

それはともかく、凞子はどこで育ったかがわかっている珍しい斎王である。『明月記』の記す彼女の誕生記事によると、後鳥羽院は藤原長房《ながふさ》という貴族の夫妻を乳父・乳母として彼女を養育させることにしたという。この藤原長房、後鳥羽院の近臣で九条家の家司も務めており、院の側近が摂関家のマネージャーを兼務、というだけで優れた実務派貴族だったことがわかる。長房の家は、藤原氏としては傍系であるが、勧修寺《かじゅうじ》流の流れを汲《く》んでいる。十世紀初頭には天皇家との婚姻により、その血統の斎王が何人も出たという家だ。この家の系統からは、院政というある意味実力主義の時代になって、ふたたび宮廷で重きを置かれる者も出るようになっていた。その伯父は吉田《よしだ》（藤原）経房《つねふさ》といい、源平合戦から承久の乱の直前の、京と鎌倉の交渉を一手に捌《さば》いた切れ者で、『吉記《きっき》』という重要な日記を遺したことで知られている。長房は承元四年（一二一〇）に出家し、官界を去って慈心房覚真《じしんぼうかくしん》と名乗り、解脱上人《げだつしょうにん》貞慶《じょうけい》の弟子として貞慶が再興した海住山寺《かいじゅうせんじ》の法燈《ほうとう》を継承し、発展に尽くしている、どこでもその才能を発揮できる人物だったらしい。

さて、長房は養育に際して、先年焼亡していた院御所、二条殿跡を下賜されている。ここは春日殿、または大炊御門殿《おおいのみかどどの》といわれた御所の跡と推測できるので、他の史料から左京二条四坊六町だとわかる。つまりここが、潔子内親王の育った場所なのである、現在は、京都御所の丸太町《まるたまち》通りを挟んだ南側、京都地方裁判所のあるあたりと推測される。

そしてもう一つ、この建物には潔子内親王にまつわる面白い話がある。彼女は、建保《けんぽう》三年（一二一五）三月十四日に斎王となった報告を受け、潔斎に入ったが、このころに不思議な体験をしたらしい。『春日権現験記《かすがごんげんげんき》』によると、その夢に春日の神が立ち、興福寺《こうふくじ》の僧、教英《きょうえい》が、春日八講と称するイベントの季行事という責任職に任じられ、経済的に困っているので援助してやれと告げたというのである。この斎王の夢告によって教英は無事に務めを果たすことができたというのだが、斎王に春日の神が、というのは何とも似合わない。この時代、伊勢と春日の同体説がかなり広まっていたらしく、また教英は長房の妻の兄弟で、のちに長房の師匠となる貞慶も興福寺の僧なので、社会的・政治的背景もありそうな話ではある。

都にいる間、潔子内親王のもとには若い公達が多く集まることもあり、伊勢に下向してからも、在任中に准三后となるなど、出自に関係なく、あるいはその出自ゆえにか、割合に話題が多いなかで斎王として任を全うする。しかしその帰京は承久三年（一二二一）、承久の乱後の混乱のなかで、なかなか大変だったようである。その後は二条東院の二条定高《さだたか》邸に戻る。定高は長房の弟で、この一族は長房の出家後も潔子内親王の後見を務めていたようである。定高は承久の乱後の権力者で、鎌倉幕府四代将軍藤原頼経《よりつね》の父でもある九条道家《くじょうみちいえ》と関係が深く、そのころの対関東交渉を道家に代わって取り仕切った人物といわれる。そのため九条家の家人でもあった藤原定家は長房や定高とも親しく、凞子内親王の消息はしばしば『明月記』に見られる。のちに出家したが、その晩年は明らかではない。この時代には『日本紀略』のような、宮廷の業務日記をまとめたような私撰《しせん》の歴史書さえ存在しないので、内親王とはいえ没年はほとんど明らかではないのである。

物語に見る元斎王の暮らし

ところでこうした元斎王たちはどのようにして暮らしていたのだろう。郁芳門院や殷富門院のように未婚女院になっていった人たちは、いわば天皇家の私領の名義的管理人なのでいいとして、粛子や凞子のようなただの元斎王はどうだったのだろう。実はそのヒントが鎌倉時代に書かれた『我身にたどる姫君』という、作者不明の、平安時代を舞台にした歴史小説（擬古文学、という。現代語版は今井源衛・春秋会訳、桜楓社、一九八三年）のなかにある。あらすじは、関白と皇后の間に秘密の子として生まれた姫君（通称、我身姫）が、いろいろなめぐりあわせからある皇族と結婚して、夫がたまたま天皇になったので皇后になり、その子や孫まで天皇になって、という一代記である。その間に描かれる複雑な宮廷模様が見どころとされているが、一部の研究者に有名なのは、第六巻で主人公的な役を務める「狂《たはぶれ》斎王」と呼ばれた前斎王で、同性愛者という設定である。そのため、この物語は扇情的・退廃的な小説、または斎王制度の衰退を象徴する小説、といわれてきた。

伊勢から帰ってきた前斎王は、嵯峨院と呼ばれる上皇の娘で、嵯峨院は主人公の「我身姫」から見ると、夫の新院の兄、今の天皇から見ると、三代前の天皇である。我身姫はこの時点では先の皇太后として出家しており、その子の三条院の譲位によって、皇后が女帝となっている（この女帝も嵯峨院の娘）。斎王の母は御匣殿《みくしげどの》の女官で、嵯峨院にとっては、最初から里で育てられた見も知らぬ娘である。三条院の時代の斎王となって、内親王として認知されたものと思われ、その意味では凞子内親王と似ている。

そして彼女は、京に帰ってくると、彼女の育った亡き母の実家に入り、叔母の「大納言の君」という尼と暮らすことになる。一方、父の嵯峨院は同居を拒否し、「それでも勅旨《ちょくし》田など一ヵ所ぐらいは大納言の君にとっても何かと不自由であろうと分けてさし上げなさった」とある。天皇が斎王を抱え込む家族のために、私有財産を分けてやる、という設定なわけである。斎王はきままな暮らしを始めるが、尼が女房を使って暮らしている程度の家なので、垣間見《かいまみ》のし放題である。斎王は「今まで伊勢で自由な暮らしに馴《な》れてきたから、ここではしちめんどうくさいことになるかと思ったら、放っておかれてとても結構だわ」とのびのび暮らしていたが、斎王の周りのお気に入りの女房たちのなかに、斎王とただならぬ関係になっている者がいることがわかってしまう。

しかしこの斎王は、伊勢以来の恋人であった中将（斎宮の女官か、斎王の私的な女房かは不明）から、ここ三、四年の間に、小宰相という、乳母の親戚《しんせき》で、都に身より頼りがなくて斎宮に来た女性に心を移していた。そして捨てられた中将の君の生霊は「もののけ」となって斎王を苦しめていたのである。

さて、斎王は「伊勢では、いかにも粗略な扱いはお受けにならなかったお暮らしに馴れて」いたので、嫉妬《しっと》深いものの普段はおおらかな人柄だったが、嵯峨院から譲られた尾張国の勅旨田も経営が不安定で、しだいに生活に困るようになってくる。一方で、斎王は伊勢出身の女房、つまり斎宮で雇用した女房も京に連れてきていたので、かなりの数の女性を養っていたらしい。ついには叔母の大納言の尼は愛想を尽かして、自分の家財道具を持って出ていってしまい、斎王たちはますます困ることになる。斎王に仕えた若い女房の新大夫の君は、右中将という若い公達を斎王にあっせんするが、斎王がいささか変わり者なのであまりうまくいかない。

そしてこの噂は、斎王の姉である時の女帝の耳にも入り、心苦しく思った天皇は、彼女の母である故嵯峨女院から引き継いだ荘園のうち、斎宮の身分にとって面目が立つだけのものを斎王に分与することにした。こうして斎王は経済的な心配がなくなり、後ろ盾に女帝がいるからと、世間も大事にするようになり、仏教儀式や物詣《ものもうで》なども思いのままに行い、自由な余生を送れるようになったのである。

斎王の社会的地位

『我身にたどる姫君』の元斎王像は、同性愛者という点を除くとこういう感じにまとめられる。「京に戻った斎王は実家に戻り、天皇がその家に援助を行うことになっていたらしい。前斎王の生計は天皇から贈られた荘園などによって維持されており、羽振りがよければかなり安楽で、社会から大事にされる生活も送れたようだ。しかし、斎宮にいた女性たちはそのまま斎王の家に仕えており、伊勢で雇用した女房や、その関係者まで連れていたので、この眷属《けんぞく》の多さは負担になることもあり、与えられた領地の善《よ》し悪《あ》しによっては経済的にはかなり苦しい状態にもなっていたとも見られる」

これがおそらく鎌倉時代の元斎王の社会的認識であり、『我身にたどる姫君』の著者はそれを踏まえて「前斎宮」像の設定を創ったと考えられるのである。

ここで読み解いた元斎王像は、美麗と富貴と高慢で有名だった平安時代の酒人内親王（光仁天皇の時代の斎王）や、伊勢以来の女房が身近にいたとされる『源氏物語』の秋好中宮、身近な女房が男の手引きをしたと伝わる当子内親王（三条天皇の時代の斎王）など、平安時代の元斎王の記録とも重なる部分が見られる。

おそらく鎌倉時代においても、帰京後の斎王についての具体像は大きく変わっていなかったということなのだろう。とすれば、天皇家が経済的に破綻《はたん》する南北朝以降、斎王を置けなくなっていくのも理解できるのである。

第4章　斎宮の諸相——いつきのみやをめぐるあれこれ

斎王という女性たちの人生や彼女たちをめぐる事件から、斎王や斎宮についていろいろな「顔」をのぞくことができた。

次は、斎宮という組織をめぐる「さまざま」である。斎宮の儀式、生活、斎宮の噂、斎王をめぐる人間関係、斎宮寮の人事、斎王と女帝、そして断片的な文献史料や発掘で出土した考古資料が物語る斎宮等々、斎宮には話題が実に多い。斎宮歴史博物館のホームページでも学芸員のコラム「斎宮百話」「斎宮千話一話」として紹介しているが、この章ではそれらの一部を骨子にして、さらにエピソードを付け加え、短めの話題をまとめて紹介したい。組織の特徴に展開することで、斎宮はどんな顔を私たちに見せてくれるのだろうか。

1 斎宮は「国家機関」

斎宮の組織

斎宮の四方山《よもやま》話に先立って、明記しておかなければならないことを一つ。

斎宮は国家機関である、ということだ。

斎宮には斎宮寮という官司が置かれ、斎宮十二司と呼ばれる部局があった。

こうした組織は、皇后に仕える中宮職や皇太子の東宮坊のような官司ともよく似ている。一方、斎宮寮の長官である斎宮頭は斎宮の家政機関の長、マネージャーであるとともに、奈良時代末期以降、伊勢国の国守、介などを兼ねることが多かったので、地域支配者でもあったといえる。大宰府や多賀《たが》城《じょう》などの国の出先としての地域行政機関の性格も付与されていたわけだ。

そして斎宮は、国の財政のなかで動く組織の一つ、つまるところお役所だった。その財源は常陸国から伊勢国に至る諸国の調庸の一部と、京から送られてくるさまざまな高級品である。つまり斎宮は、納税のシーズンである秋の終わりころには、諸国からの運送人たちで溢れかえっていたわけだ。意外に気がつかれていないが、斎宮は諸国の人や情報が集中するという意味でも、小さな都だったといえるのである。

伊勢神宮との相違

こうした斎宮のあり方は、伊勢神宮とは大きく異なる。伊勢神宮は、神郡、神戸と呼ばれる所領や民衆からの租庸調などの収入を財源に運用される神社であり、遷宮のような大規模事業は国家が行うことになっている。その運営を行う職員は、宮司は大中臣氏、禰宜は内宮荒木田《あらきだ》氏、外宮度会氏と定められており、外部の氏族は入れなかった。つまり一般的な官人ではない。

そして神郡は、もともと度会・多気二郡であったが、九世紀以降寄進が相次ぎ、平安時代末期には神八郡といわれ、伊勢国のかなりの部分をその領域としてしまう。このように、独自の財源と機構によって運用でき、さらに人事権も自らの組織内で行使できる自立した組織であるから、今でいえば、独立行政法人のようなものだと考えるといい。しかも平安時代後期になると、権禰宜と呼ばれる下級の神職が各地で活動するようになり、御厨と呼ばれる荘園の寄進を進めるから、巨大な荘園領主にもなっていく。そのころの貴族、大寺院などと同じような権力体、すなわち権門となっていくわけだ。だから鎌倉時代から太閤《たいこう》検地で御厨がなくなるまで、中世の伊勢神宮の歴史は、こうした権門の歴史とだいたいシンクロしていく。

ところが斎宮は、いわば国の一部なので、こうした活動にはおおよそ規制がかかる。人事異動で人も動くし、斎王が交替して都に帰れば、斎宮寮自体がなくなってしまうのだから、荘園を置くことがあっても、それを継続的に維持し、拡大させていくのは難しい。その点では、荘園が発展すると支配圏を狭められていく国府ともよく似ている。

つまるところ、斎宮は国府同様、国家財政が健全に維持されていることを前提に機能する制度なのである。

斎宮と律令国家

だから、斎王制度の整備は、律令国家の形成と同時並行に進んでいく。それ以前に天皇に代わり伊勢大神に皇女を送ることがあったとしても、まず「伊勢神宮」というシステムが七世紀後半、天武朝に劇的に変化して、八世紀前半までに国家的護持のハードシステム——二十年に一度の造替と、内宮・外宮の位置づけなど——が確立されるまでは、送る先も確定していなかった、といえる。また、斎王を伊勢で受け入れるシステムや財政基盤が確立するのは八世紀前半であり、その段階ではじめて、レギュラーとして斎王が制度化するのである。斎宮はファンタジーではない、一過性のイベントでもない、現実のシステム、律令国家の一パーツなのである。

そして当然、律令国家が破産するとその制度は続けられなくなる。斎王は鎌倉時代後期になると選ばれても群行するまでに天皇が譲位して、結局伊勢には来ない、というパターンが多くなるが、その根源的な理由は朝廷の財政危機にあったといっていい。

そしていわゆる建武の新政が崩壊するとともに、斎王を選ぶこともできなくなるのは、まさに天皇家の政治的機能不全のためであり、律令国家というシステムが最終的に機能しなくなったからにほかならない。つまり斎宮の制度は、国政破綻によって維持できなくなったのである。

斎王制度は何年何月何日をもって廃止される、というものではない。十四世紀の間はもしかしたら置かれるかもしれない、と考えられていたようでもある。しかしこの時代には皇后・中宮も立てられなくなり、天皇を取り巻く女性たちのあり方も大きく変わっている。この時期には天皇自体が大きく変質しているのである。そのなかでも律令国家の役職自体は形式的には残っているのである。しかし斎王は続かなかった。選ばれても京都から出ずに神宮を遥拝するだけ、という形にもならなかったのである。それは同様な立場にあった賀茂斎王、いわゆる斎院が鎌倉時代に廃絶したことですでに予期されていたことでもあった。

当時の権力社会がもはや斎王を不可欠のものとは考えていなかったのである。それは、斎王を置くという天皇の「特権」が否定されたことであり、天皇に求められたことが変わった、ということなのである。

それは天皇という制度が変質したのだ、といえる。

2　斎宮跡の文字資料

斎宮の木簡

斎宮の本格的な発掘調査は一九七〇年以来の歴史がある。しかしその、結構短くない歴史のなかでも、まったく見つかっていない遺物がある。

木簡である。

木簡が斎宮跡から出土しないのは、斎宮跡という遺跡の特徴と関係している可能性が高い。この遺跡は洪積台地の上に立地している。しかもその自然地層は太古の火山爆発によって降り積もったと見られる黒《くろ》ボク土《ど》といわれる水はけのいい土である。つまり、人間が生活していた時代の土の層のなかに水が溜《た》まりにくい。早い話が、発掘しても地面はほとんどカラッカラ、泥の層はまず出てこない。そして木簡のような木製品が出土するのはたいていは泥の層、水をふんだんに蓄えた層なのである。

つまり斎宮跡には木簡が出土する環境がほとんどないのである。

可能性が残るのは井戸の底などに水が溜まっている場合なのだが、斎宮のような環境では井戸を掘って水に当たるまでは五―六メートルはかかる。そして一度埋められた井戸を掘り返すのは壁が崩れてくる恐れがある。さらに国指定史跡のなかでは、たとえば土木機械を使って井戸を底まで掘る、つまり破壊して発掘することは遺跡破壊につながるので行えない。そのような理由で、斎宮跡では井戸の完全な発掘はほとんど行われたことがない。

しかし斎宮では、木簡を使うような環境はいくらもあったはずなのである。たとえば斎宮には全国から調の一部が現物納として送られてくる。その多くは海産物、陶器、布類などの地域特産物である。それらの多くに、特に海産物などは貢納者の名前を記した付札を伴うのが普通である。そしてこれらは貢納され、数量が確認されると外されて捨てられるのである。また、斎宮の官人たちの考課、つまり勤務評定のための勤務データは、平城京と同じようにカード状の木簡を使って整理されていた可能性が高い。そのほかいろいろな出納帳簿の作成にあたっても、カード状の木簡は大きな役割を果たしていたはずだ。

にもかかわらず木簡はこれまで一点も発見されていないのである。

もっともここには一つ留意点がある。『延喜式』によると、伊勢国は調として紙を納めている、つまり紙の生産国だったのである。あるいは都より斎宮では紙を使いやすい環境にあり、木簡の利用がもともと少なかったのかもしれない。それにしても木簡がまったく使われていなかったとは考えにくいことには変わりはない。

斎宮の墨書土器

そのため斎宮では、文字資料は墨書土器に限られる。墨書土器は八世紀以来斎宮跡では確認されるが、いくつかの大きな特徴がある。まず、土師器《はじき》と呼ばれる素焼きの土器、つまり縄文時代以来使われてきた野焼きの技法で造られた土器に書かれたものが多いことである。それは斎宮跡で見つかる土器の九〇％以上が土師器であることによるのだが、実は土師器に字を書くのは、平城京では、官司の特徴ではなく、内裏や長屋王邸など、邸宅遺跡の特徴なのである。つまり斎宮の土器は、斎宮が官司より内親王の邸宅という性格の強いところだった可能性が強いことを示唆しているのである。しかし土器の文字は、官司の名前などが珍しいくらいで、一文字、二文字のものがほとんど、文章になるものはまず見られない。記号的で生活感のないものといえる。平城京ならもっと文章を書いたものが見られるから、その意味では都会的とも言い切れない。ところが一方、地方の墨書土器によく見られる、吉祥句、つまり縁起のいい文字や画数の少ない文字を何十もの土器に書くような例は斎宮ではまったく見られない。これらは目的を同じくする集団の結盟儀礼のようなときに書かれたもので、識字層ではない人々も形をなぞって書いたため、大量の墨書土器となったと考えられている。いわば、田舎の墨書土器である。そんなものは斎宮では見られない。

このような特色のある斎宮の墨書土器は、宮廷と地方の中間の特徴を持つといえるだろう。もっとも、「豊兆」「平安」などの吉祥文字も稀には見られるのである。これは、そういう文字を書く集団が斎宮に関わっていた可能性を示唆している。斎宮と外部の関係を考えるヒントにもなるのである。墨書土器は、そこに書かれた文字だけではなく、それを書いた人々と斎宮の関わりを考えるうえでも重要な資料となっている。

平仮名墨書土器

斎宮跡の墨書土器のもう一つの大きな特色は、全国的に土器に墨書するという慣習が衰退していく十世紀以降にも墨書した土器が見つかることである。それも「平仮名」を書いた土器が。

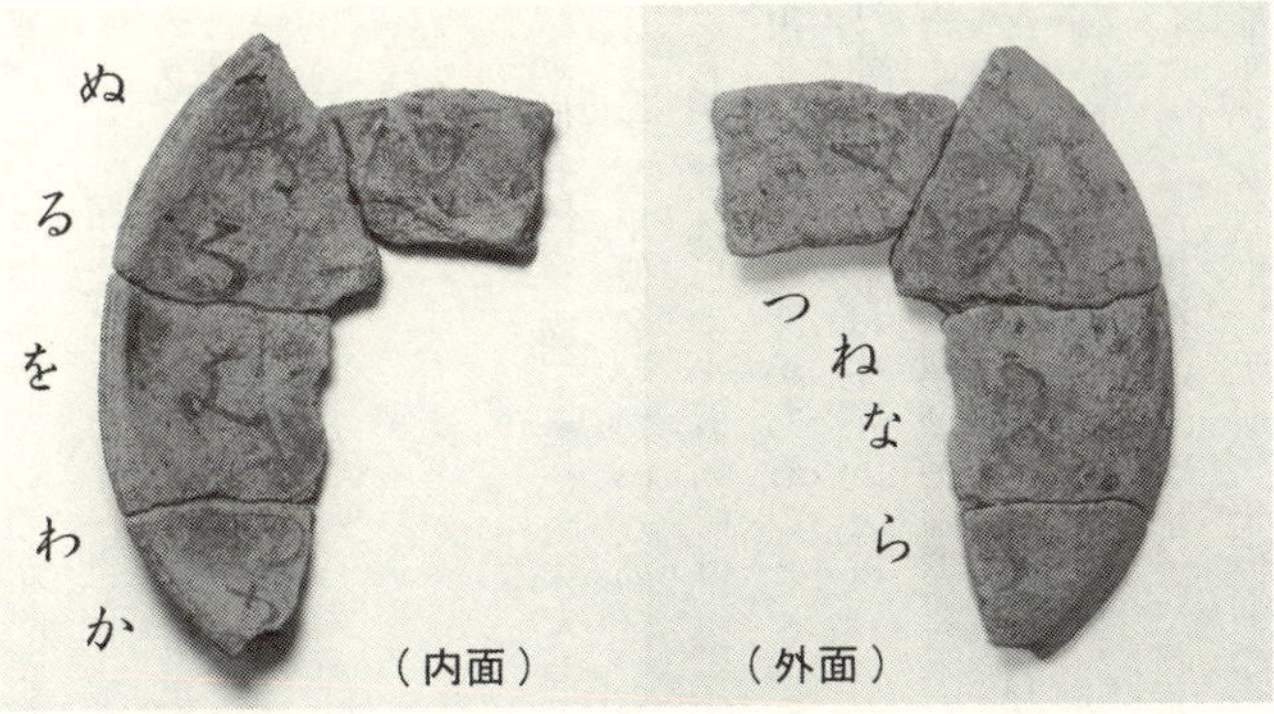

最古の「いろは歌」墨書土器（斎宮歴史博物館蔵）

これらの土器は平安時代後期の遺構に伴うもので、長い間正体不明の遺物とされてきた。何しろ読めない、意味がわからない、国語・国文学の専門家でもその性格の手がかりがつかめない、という厄介な代物なのだった。

　ところが発掘調査の進展とともに少しずつ情報は増えていく。まず平仮名墨書土器が出土するのは、斎王が暮らしていた内院区画の内部にほとんど限られるということ、さらにその上限は十世紀半ばにさかのぼり、全国的に見てもかなり古い時期の平仮名であることがわかってきた。実は伊勢地域においてはさらに古い、あるいは九世紀末期にまでさかのぼる可能性のある平仮名を書いた土器片が、斎宮から西に数キロメートル離れた堀町《ほりまち》遺跡というところから発見されている。この遺跡は櫛田川《くしだがわ》というそれなりの大河の氾濫原《はんらんげん》に水田を拓《ひら》いた平安前期の水利開発遺跡の一つで、その経営には斎宮も関わっていた可能性がある。つまり広い意味で斎宮に関わる平仮名と見られるものである。平仮名が開発されたのは九世紀半ば以降と見られているが、斎宮でもかなり早い時期から使われていたと見るべきだろう。しかし中心となるのは十一世紀末から十二世紀初頭ころの内院北側の道路側溝から出土した土器である。これらはほとんどが習書と見られる意味をなさないものとされていたのだが、そのなかから十一世紀末の、日本最古の「いろは歌」の墨書土器が発見されたのである。

このことにより、これらの意味をなさない平仮名についてもいくつかの指摘が可能になってきた。

平仮名墨書土器を書いた人たち

まず、平仮名を書いたのは、斎王の身近に仕えていた女性、女孺《にょうじゅ》たちらしいことである。そしてこれらの平仮名には、習字的な意味合いもさることながら、筆慣らしや筆遣いのために書かれた可能性があることである。紙ではなくわざわざかわらけと呼ばれる小型の皿の裏側に文章を書くのは生産的とはいいがたい。むしろ文章を書くより、消耗品の皿に文字そのものを書くことで、筆運びの練習や筆ならしをしていたというのである。さらに「いろは歌」の文字には、世尊寺流《せそんじりゅう》、つまり藤原行成、あの『枕草子《まくらのそうし》』にも出てくる能筆貴族に始まる流派の影響が見られ、他の平仮名よりケタ違いに上手だったことも指摘されている。

こうした指摘は、所京子や藤本孝一《ふじもとこういち》によってなされたものだが、要するに、斎王の周りには能筆の女官もいたが、平仮名の習熟が遅れた女官たちもいた。彼女らのある者は伊勢の豪族の娘たちであったのかもしれない。先述したように、『我身にたどる姫君』には、伊勢で斎宮に採用され、斎王の帰京とともに都に付いていった女房が登場する。

斎宮の女孺は、上中下等、あるいは一二三等の三ランクに分かれていた。上等女孺は斎王に近侍する立場なので、なかなか現地採用とはいかないだろうが、下級なら決してありえないことではなかったと考えられる。直接の証拠にはならないが、斎宮跡から五キロメートルほど南にある長《は》谷町《せまち》遺跡で発見された十世紀の火葬墓では、当時としては高級品である大型の灰釉《かいゆう》陶器長頸瓶《ちょうけいへい》の頸部を打ち欠いて転用した蔵骨器が出土し、なかから十八―三十歳くらいの女性の骨が見つかっている。あるいは地域有力者の一族で、斎宮に関わっていた女性であるのかもしれない。

長谷町遺跡出土の蔵骨器（写真・三重県埋蔵文化財センター）

推測をたくましくするならば、斎宮の平仮名墨書土器は、実際に伊勢で採用された女房たちが都から来た先輩たちに負けまいと努力した痕跡《こんせき》なのかもしれない。それは、斎王を中心として、都から来た女性たちと地域の有力者の子女たちが、斎宮という場で都の文化を共有し、切磋琢磨《せっさたくま》していた時代、すなわち、斎宮が女性たちの文化サロンだった時代の華やぎの一端を伝えているものなのである。

3　拝賀される斎王

斎宮の正月儀礼

斎宮についての総合法令、『斎宮式』からは斎宮の性格をうかがわせる情報を得ることもできる。たとえば、斎宮では、正月一日にはこんなことが行われていたらしい。

元日には斎王はまず伊勢神宮を遥拝する。その後に宮の南門を開き、斎宮寮の頭以下が斎王を拝む儀式「拝賀」が行われ、そのときに男女の官人に絹や綿などが与えられる。これは一種のボーナスで、賜禄《しろく》という。元日の拝賀は宮廷で臣下すべてが天皇を拝する儀式であり、全国の国府でも行われるが、興味深いのは斎王を拝むことである。国府での拝賀は、国の頭が国庁正殿に現れ、全職員や郡司たちを率いて、都のほうを拝賀する儀式である。国司への拝賀はその後のことである。ところが斎宮では、拝されるのは斎王だけで、しかも斎王は、その前に伊勢神宮を拝している。つまり斎王は、伊勢神宮を拝する者として、天皇同様の扱いを受けている。

斎王は拝賀される存在なのである。

そして三日には伊勢神宮の宮司、禰宜、度会郡の神郡の郡司が斎王を拝賀し、やはり禄を賜る。ここでは、斎王は伊勢神宮関係者からも拝賀される存在となっている。

なお、七日、十六日にも斎宮頭に禄が与えられる。これは宮廷儀式によると、白馬（なぜか「あおうま」と読む）節会《せちえ》と踏歌《とうか》節会の行われる日なので、斎宮でも宮廷儀礼が行われていたものと考えられる。つまり、宮廷において天皇に用意されたポジションに斎王が位置していることになる。

一方、伊勢神宮関係史料の一つで、平安末期から鎌倉時代に編纂されたと見られている『神宮雑例集』には、神宮関係者の斎王拝賀について、もう少し詳しい記事がある。それによると、神宮では、正月三日に大神宮司と両宮の禰宜が斎宮を訪れる。宮司と禰宜は束帯、権禰宜は衣冠という正装で、おのおのが斎王に菓子や小鳥などの奉り物を持参した。そして斎宮の南庭で斎王を拝賀し、饗《あえ》があり、禄を受けて、再拝して退出したという。

ここで留意したいのは、斎王への拝賀が二度行われていることである。最初の拝賀はいわば無条件に行われるもので、再拝、つまり二度目の拝賀は饗や禄に対しての感謝の意味がある。最初の拝賀は斎王という存在に対して、二度目の拝賀は、斎王からの恩徳に対して行われるものと見ることができる。いわば斎王という制度に対する畏敬《いけい》と、斎王個人との信頼関係を形にしたものということができるだろう。斎王は無個性な権威ではなく、個人としても神宮と関係を持っていた、と認識されていたのである。

さて、公式の記録からわかる斎宮の正月行事のほかにも、斎王に対しては、京なら天皇に対して行われる儀礼が行われていた。たとえば、『斎宮式』の薬の項には、「正月に屠蘇《とそ》を供する」という記述があり、斎宮では屠蘇の献上が行われていたことがわかる。これは朝廷にならった儀礼と考えることができよう。斎宮には宮廷の典薬寮に準じた薬部司もあったわけで、天皇や皇后に準じた薬の献上体制も整えられていた。

とすれば、朝廷では「供御薬《みくすりをぐうず》」という儀式で屠蘇と一対で語られることの多い、長寿を祈る食事の「歯固《はがため》」も斎宮では行われていた可能性が高くなる。平安時代の源俊頼《としより》という貴族の歌集『散木奇歌集《さんぼくきかしゅう》』には、「伊勢に侍《はべ》りける比、宮の御歯固まかでたるを見て読める」という詞書《ことばがき》の、保安《ほうあん》三年（一一二二）ころの歌があることから、少なくとも平安時代後期の斎宮では歯固が行われていたことがわかる。

追儺と斎宮

さて、斎王が天皇に準ずるなら、斎宮は宮廷に準じた空間という意識も見られたのではないか、という推測が成り立つ。

宮廷での大晦日《おおみそか》の夜から元旦《がんたん》にかけては、儀式続きだった。具体的には、大祓《おおはらえ》・追儺《ついな》で年がゆき、引き続き天皇の四方拝《しほうはい》・朝賀・供御薬と続くのである。これを斎宮と対応させてみると、まず大祓があり、そして元日には、伊勢神宮の遥拝、斎宮官人の拝賀、供御薬と続く。確認できないのは追儺だけである。追儺は宮廷や京内から疫神を追い出す陰陽道の儀礼で、方相《ほうそう》氏《し》と呼ばれる金眼四目の怪人が宮廷の内外を儺声《なごえ》をあげて闊歩《かっぽ》する。斎宮では行われていなかったと見ることもできるが、仏教と違って斎宮では陰陽道は禁止されていないので、陰陽師さえいれば別にできないことではない。ただし斎宮寮には陰陽師などいない。

しかし、そのことについて面白い資料が発見されている。それは、斎宮から南西に一〇キロメートルほど行った、同じ多気郡内にある鴻《こう》ノ木《き》遺跡というところから見つかった平安時代末期の土師器の皿である。これには、表裏に絵が描かれ、内面のものは二本の角を生やした怪人が棒と楯《たて》のようなものを持って手を広げているように見える。また外面には何か座った馬のようなものの一部のようにも見える絵が描かれている。これはもしかしたら、追儺で魔物を追う「方相氏」と、やはり晦日に造られたという「土牛《どぎゅう》」を描いたものではないか。

追儺は一般にはほとんど定着しなかった儀礼である。しかし『源氏物語』「紅葉賀《もみじのが》」帖には「儺《な》やらふとて、犬君がこれをこぼちはべりにければ、つくろひはべるぞ」という一節があり、少女若紫の雛《ひな》あそびの道具、つまりミニチュアの御殿雛のようなものを使って、若紫に仕える少女、犬君が人形で「追儺ごっこ」をして、壊してしまったので修理している云々、という場面がある。鬼を追う方相氏というのは、実に目立ちやすく、子供たちにも人気のあるイベントだったのだろう。年の瀬の鬼といえば、現在に伝わる「なまはげ」「あまめはぎ」などの民俗儀礼を連想させるし、仏教界では新暦二月の修二会《しゅにえ》を追儺会《ついなえ》とするところも見られる。民衆化した追儺がこうした行事に影響を与えたことは十分に考えられる。儺の本家である中国でも、宋《そう》代十三世紀には方相氏が衰退し、現在は開山や鍾馗《しょうき》などの神が鬼を追う儀礼であり、いろいろな芝居アトラクションを伴う「儺戯《なぎ》」として各地に残っていることが報告されている。もしかしたら斎宮でも、斎王を楽しませるために方相氏を仕立て、その追儺の様子を写していたのかもしれない。

斎王も斎宮も、普通の貴族・皇族や、その邸宅とは考えられていなかったことは随所にうかがえるのである。

4　都市斎宮と伊勢神宮

神宮の門前町

現在、伊勢神宮は、街中の神社である。伊勢神宮の門前町は、内宮が宇治《うじ》、外宮が山田《やまだ》という。これらを合わせると宇治山田となり、近鉄の「宇治山田」駅の名はこれに由来する。現在の伊勢市は、もともと宇治山田市と呼ばれていたのである。

そして山田は、常に宇治より大きな街だった。山田や宇治の繁栄を支えていたのが、神宮の権禰宜という肩書きを持つ下級神人で、彼らは鎌倉時代ころより「御師（伊勢では「おんし」

と読む）」と名乗り、全国に伊勢神宮の信仰を布教し、参宮を勧めてきた。その効果で、古代以来私幣禁断が定められ、個人の参詣は厳しく禁じられていた神宮は、室町後期には多くの参詣者が集まる、巡礼の聖地に変化していく。そして御師は、十六世紀には在来の神宮下級禰宜層に代わって、その株の売買によって外部から入ってくる新興層がしだいに優勢になり、参詣者を案内し、自らの屋敷に宿泊させて手数料を取ること、つまりツアーコンダクター兼ホテルオーナーという立場で、より商業的に伊勢信仰に関わっていく。当然その関係者は屋敷周辺に集住することになり、多くの店舗や古市《ふるいち》のような遊郭もできる。

こうして山田や宇治ができあがる。特に外宮の門前町山田は、伊勢の港に近いうえ、現在の伊勢市駅、宇治山田駅が外宮のすぐ近くにあることからもわかるように、宇治より立地に優れていて、室町時代後期より山田三方《やまださんぼう》といわれる自治組織を持ち、江戸時代には人口三万といわれる、日本屈指の都市に成長していた。

山田の起源

さて、それでは、これらの都市はいつごろ成立したのだろうか。十世紀に編纂された『延喜式』では、「山田原」という地名が、神宮の外宮関係の祝詞などに見受けられるが、山田「村」という名での初出は『伊勢公卿勅使雑例』（『続群書類従　第一輯』所収）にある天仁《てんにん》二年（一一〇九）五月二十三日の記事である。これによると「山田村」の住人石《いその》連《むらじ》武時《たけとき》の妻が亡くなり、その子が六月四日に二見郷《ふたみ》の住人重成《しげなり》という人に拾われた。重成はその後神宮の六月月次祭に奉仕したが、武時の妻の死穢《しえ》を受けていたのではないか、ということで大問題になった、という。平安時代後期の山田に「村」と呼ばれるような集落があったことがわかる。

ちょうどそのころ、平安時代後期を代表する大部の日記『中右記』の著者、右大臣藤原宗忠（一〇六二―一一四一。藤原道長の次男右大臣頼宗《よりむね》の曽孫）が、永久《えいきゅう》四年（一一一六）に、伊勢神宮に天皇からの臨時の勅使として三位以上の者が派遣される「公卿勅使」となったときの記録を残している。

宗忠は二月二日に斎宮の「北面方」を通過し、ちょうど賀茂祭の行列のように、斎宮の女房たちが車を並べて見物しているのを目の当たりにして、夕刻に宮川近くの離宮（九世紀に十五年ほど斎宮が移転していた、斎王の離宮）に至り、三日に参宮する。午前中に外宮に神宝を収め、天皇直筆の宣命を微音で読む。次に内宮に向かうが、途中から大風となり、参拝の後は暴風雨で一行が散り散りになってしまう。ようやく戌の刻（午後九時から十一時の間）に宮川まで戻るが、増水して渡れない。外宮の禰宜が自宅での宿泊を勧めてくれたが、神宮近くで泊まるのは恐れ多いので、「下人屋」に宿した、という。

どうやら外宮周辺には、禰宜館など関係者の居館以外には宿泊できるようなところもなく、「山田村」といわれる集落が当時あったとしても、外宮の周りに門前町のような施設群はまだなかったことがわかる。交通が便利な山田でもそうだったのだから、内宮周辺となればましでや、ということだろう。このころにはまだ宇治橋もなく（神宮の橋についての史料が現れるのは鎌倉時代以降）、内宮は五十鈴川の向こうの深遠な森のなかで静かに佇《たたず》む、世間から隔離されたところだったと考えられる。

古代都市斎宮と自然のなかの神宮

このように、現在の伊勢市の中心部、宇治・山田界隈《かいわい》は、平安時代にはまだまだ自然の静けさのなかに置かれていたようだが、同じ神宮関係の施設でも、平安時代初期より、人工的な景観が形作られていたところがあった。それが斎宮である。

平安時代の斎王は、都市的景観の斎宮から、自然的景観の神宮へと旅をして、年に三度の神宮参詣を行っていたのである。それは、花の都からはるばる伊勢に赴いた斎王の旅を圧縮したものと意識されていたのだろう。

斎宮跡で、そうした斎宮の様子を再現したのが、史跡公園「さいくう平安の杜」である。二〇一五年秋にオープンしたこの公園でもっとも目立つのは、発掘調査をもとに再現した平安初期の三棟の復元建物だが、それとともに見逃せないのは、この区画の南側で約二〇〇メートルにわたって再現した「方格地割」の区画道路「斎宮北路」で、当時の斎宮の壮麗さを体感していただく装置となっている。いつきのみや歴史体験館の斜め前（やや南側）から、近鉄線の北側に沿うようにして東に向かって伸びている（一一六頁写真）。

(上)「さいくう平安の杜」の復元建物　奥の森は竹神社
(下) 近鉄線越しに見る竹神社（著者撮影）

この道路を東に行くと、南側にクスノキなど三本の木が立っており、その近くで先述の「いろは歌」の平仮名墨書土器が出土した。そして近鉄線路を挟んだ南側には、竹《たけ》神社の森が広がっている。平安後期の斎宮内院はこの地域に集約されていたと考えられている。つまりこの道路が、宗忠が通り、斎宮女房たちが車を停《と》めて見物していた道路だということになるのである。

この区画の北側には小型の建物が十五棟表示されている。南側には正殿・脇殿《わきでん》の区画、北には小型建物、いわばバックヤードとなっていた。この組み合わせは、実は京で確認されている貴族邸宅の構成とも類似している。いわば都市区画とともに、都の最前線の邸宅様式が斎宮に持ち込まれていた。さらにこの区画では、道路側溝が東から西へと水を流すようになっていた。排水についても都市的な工夫が凝らされていたのである。

5　女帝時代の斎王

『北山抄』に残された奈良時代の記録

第2章第4節などに出てきた藤原公任（九六六—一〇四一）は藤原道長の時代の有能な高級貴族として知られた人物である。彼は『北山抄』という儀式書を著している。『儀式《ぎしき》』『西宮記《さいきゅうき》』『江家次第』などとともに、平安時代の儀式研究の基礎史料とされている文献だ。

この『北山抄』、道長の祖父、師輔の兄で関白だった実頼《さねより》の系統に伝わる儀式情報をまとめたものとしてきわめて貴重な史料なのだが、そのなかに、斎王卜定の先例調査についてのこんな記事がある。

承平五年十二月廿二日、今日、伊勢斎王を卜定するの由、陰陽寮勘申《かんしん》し了《おわ》んぬ。而して、天平勝宝・天長例に依《よ》りて、前の斎王の京に入るの後に定むべきの状、仰せ了んぬ。（貞御記）

貞御記というのは、実頼の父、関白藤原忠平の日記『貞信公記』のことと考えられる。このときの斎王は醍醐天皇の皇女、雅子内親王で、彼女の退下により次の斎王を選ぶ卜定の日程を、陰陽寮が十二月二十二日にしたいと上申してきたが、斎王が帰ってきてからというのが前例だと認可しなかったという内容である。

雅子内親王の次の斎王といえば、斎王卜定の後に急死したのではないかと考えられる斉子《きよこ》（済子とも）内親王であろう。彼女は薨去《こうきょ》記事しか史料に現れてこず、その次に斎王となった徽子女王の卜定が翌承平六年（九三六）九月なので、この斎王卜定は斉子のものと考えられる。

そして面白いのは、その前例として天平勝宝という年号が挙げられていることである。これは奈良時代、七四九年から七五七年まで使われていた年号であり、この期間は、孝謙天皇の治世とほぼ重なる。女帝の時代なのである。

女帝と斎王

斎王はいうまでもなく女性で、一般的には、男の天皇が娘をはじめとしたその一族から選ぶものと理解されている。では、もし天皇が女性であった場合はどうか。置かれたり置かれなかったりしているのである。

『日本書紀』や『続日本紀』の記述によると、次のようである。

・推古天皇のときは、用明天皇の娘、酢香手姫《すかてひめ》皇女が継続、のちに自主的に退出
・皇極（斉明）天皇のときは、『日本書紀』に記録なし
・持統天皇のときは、『日本書紀』に記録なし
・元明天皇のときは、『続日本紀』や平安時代後期に編纂された『一代要記』に伊勢神宮に派遣された皇女の記録はあるが、斎王かどうか不明
・元正天皇のときは、『続日本紀』によると、即位して二年以内に選んでいる
・孝謙天皇のときは、『一代要記』に小宅《おやけ》女王の名があるが、『続日本紀』には記録なし
・称徳天皇のときは、『続日本紀』に記録なし

女帝と斎王の問題は、なぜ女帝がいるのか、なぜ斎王が女性なのかという問題とも関わる大

きな問題である。たとえば、もともと天皇（大王）とペアだった斎王が伊勢に送られたから、女帝の時代には斎王はいないという考え方もある。たしかに、一見すると、最初の女帝である推古天皇のときになしくずしに止めてしまい、その後は置いていないのが、律令体制になるとだんだん置くようになったとも取れるが、推古天皇から天智天皇までの間は、そもそも『日本書紀』に伊勢神宮自体の記録がほとんどないのである。そして、持統天皇は自ら伊勢・志摩への行幸を行うなど、伊勢神宮とは特殊な関わり方をした天皇である。ある意味で斎王や伊勢神宮の制度化を進めた天皇ともいえることは前述した。その意味で単純比較はできない。

また、奈良時代の斎王は、男性天皇の場合でも、たとえば天皇が即位してすぐに選ばれるという原理原則が必ずしも守られていたわけではなかった。文武天皇は即位してすぐに斎王を卜定したが、聖武天皇は即位前、つまり元正天皇の時代に娘の井上内親王を斎王にして、即位後もその任を続けさせたことは前述したとおりである。そして淳仁天皇は、即位のすぐ後に斎王を置いたらしく、斎王のことをわざわざ伊勢神宮に報告するという記事が『続日本紀』天平《てんぴょう》宝字《ほうじ》二年（七五八）八月十九日条に見られるが、廃帝となった特異な政治的事情により記録は断片的で、斎王の名さえわからない。光仁天皇、桓武天皇は即位の後に娘を斎王にしているが、伊勢神宮に報告したという記事はない。奈良時代の天皇と斎王の関係は、割合に不安定なのである。平安時代に見られる安定した天皇と斎王の関係を構築するためのさまざまな試行錯誤が行われていたとも考えられる。

そうしたなかでこの史料は、名前こそわからないものの、孝謙天皇の時代に斎王がいたことを明確に示すものとして注目できるのである。しかも藤原忠平という権力者が参考にしているので、かなり信頼性の高い文献、おそらく斎宮に関する部類記（その事項についての行事記録）などを参考にしていたものと考えられる。つまり、後世の編纂物である『一代要記』よりも信頼性が高いわけである。

奈良時代の先例

そしてこの史料は貴重な記録の一つであるとともに、特に面白い点がある。それは、奈良時代の事柄が「先例」とされていることである。平安時代は先例主義の時代ではあるが、奈良時代の、しかも女帝の時代の斎王の記録が残されていて、先例とされるのはきわめて珍しく、その意味でも注目される記録なのである。

孝謙（称徳）天皇の時代は、独身の女帝ということで後継者が定まらず、その結果が称徳天皇としての重祚《ちょうそ》と、僧である道鏡《どうきょう》への皇位禅譲問題となる。そうした時代にもかかわらず、孝謙朝には斎王は確実に置かれていた。それが小宅女王という名だったのかどうかはよくわからない。ちなみに、のちに皇族籍を削られた小家内親王という血筋不明の女性皇族がおり、彼女ではないかともいわれるがよくわからない。しかし重要なことは、孝謙が奈良時代の天皇でただ一人、皇太子を長く務めたうえで即位し、一代一人の斎王を置いていたらしいこと、そしてその帰京が前例とされるように、きわめて常識的なこととして記録されていたらしいことである。それは『続日本紀』の記載とは大きく異なる感覚だといえるだろう。孝謙の時代に斎王がルールに従って選ばれており、それが先例として記録され、参考にされていたことはきわめて興味深い。出家の後に重祚して、伊勢神宮にも仏教色を強めさせた称徳朝とは違うのである。女帝だから当然斎王も特殊、というわけでは決してないのである。

6　斎王の「お名前」

音読みと訓読みと

斎宮歴史博物館では、斎王の読み方を訓読みにしている。たとえば「規子」は「のりこ」、「当子」は「まさこ」などという調子である。しかししばしば、次のような問い合わせが寄せられる。

「紫式部がお仕えしたのは藤原ショウシ（彰子）中宮で、清少納言がお仕えしたのは藤原テイシ（定子）皇后と習ったのですが」

実はこれらの名前の読み方は、あくまで便宜的なものなのである、音読みも訓読みも。

平安時代の貴族女性の名は、その冒頭の桓武天皇の時代くらいから、○子、○姫などの形が盛んになり、嵯峨天皇の時代になると、それ以前に見られた大伴坂上《さかのうえの》「郎女《いらつめ》」、県犬養広《あがたのいぬかいのひろ》

「刀自《とじ》」などの女性的な名、あるいは百済王《くだらのこにきし》明信《めいしん》、和気広虫《わけのひろむし》など、男か女かわからない名前は消えていく。○子形の女性名は、藤原宮子など八世紀前期から散見することはできるが、一般的になるのは平安時代初期以降といえる。つまり名前のジェンダー（社会的な男女差異）が明確になったのである。一見すると現代風になったようだが、問題なのはこの読み方なのである。

たとえば、文徳天皇の妃で、清和天皇の母は藤原明子だが、この名は「あきらけいこ」と伝わっている。あるいは、その清和の妃であり、在原業平の恋人だったのは藤原高子で「たかいこ」であった。いずれも簡単には読めるものではない。

また、平安時代初期には「有智子」「多可幾子」「須恵子」「可多子」などという「万葉仮名的読み方＋子」のような名があり、それぞれ「うちこ」「たかきこ」「すえこ」「かたこ」と読まれていたことがうかがえる。ただし「可多子」には「カタノコ」と後世のふりがなが入っている本もあり、「うちのこ」「すえのこ」と読む可能性もある。

いずれにしても訓読みで読んでいた可能性が高いのだが、ではどう読むのかとなると、「○子」さんの場合、読み方を記した本が残っていない限り、まったくわからない。「ながこ」と読むことが文献から判明している良子内親王などまったくの例外なのである。ちなみに斎宮歴史博物館での付け方としては、その字の意味から、縁起のいいものを選び、その名にする、という方法を採っている。たとえば、斎宮女御の徽子女王の場合、『大漢和辞典』によると、

「徽」の字の意味は、「むかばき・三つよりの縄・一般的な縄・たばあるいは束ねる・止める・琴の絃や琴節・かなでる・よい、うつくしい・揮《ふる》う・しるし、はたじるし・匂《にお》い袋」などだったので、「よい」から「よしこ」としたわけである。しかし「うつくしきこ」でも「うるわしきこ」でも、意味としては十分に使える。

ただ、このやり方でいくと、人名には嘉字《かじ》といって、良い意味のある言葉を選ぶものだから、「よしこ」とか「やすこ」ばかりになるのが難点なのである。実際、斎王の名も、「よしこ」さんばかりになっている。そういうこともあって、国文学の世界を中心に、「テイシ」「ショウシ」などの音読みで読むという方法が使われてきた。近代国文学の知恵なのである。

というわけで、斎王の名前は、音で読むのも訓で読むのも実は正しくない。研究者でも、「どう読むかわからないのでなるべく近い雰囲気の訓読みで読む」という人と、「どうせ間違った読みしかないなら、より便宜性の高い音読みで読む」人に分かれている。

江戸時代の女官名簿

ところで、斎宮歴史博物館には面白い本がある。文政《ぶんせい》十一年（一八二八）ころの宮廷人の名簿で、そのなかに、女官の名がふりがなつきで書き上げられているのだが、これがまた、難読名のオンパレードになっている。

ではここで問題、次の名はなんと読むでしょうか。

まずは天皇（おそらく仁孝《にんこう》天皇）に仕えていた「内女房」の部から。

誠子・徳子・雅子・兄子・亀子・敏子。

普通なら「まさこ・のりこ・まさこ・あにこ・かめこ・としこ」と読みたいところだ。ところが実はこう読むらしい。

誠子＝みちこ、徳子＝なりこ、雅子＝なをこ、兄子＝さきこ、亀子＝ふみこ、敏子＝たつこ。

当たり前の名に見えて、どこをどう読んだらこうなるんだ、という名前ばかりである。まあ誠を尽くすことは道徳的だから「みちこ」、徳仁と書いて「なるひと」さんもいるわけだから「なりこ」、兄は先に生まれるから「さきこ」くらいはわかるけれど。

次に女官より、命《みょう》婦《ぶ》の敬子、女蔵人の栄子、都子。

敬子＝しずこ、栄子＝ひさこ、都子＝くにこ、である。尊敬される人はしずしずとしているので「しずこ」、栄えることが久しくあれ、で「ひさこ」、都は国の中心だから「くにこ」、かなあ、などと考えてしまう。

次に上皇（おそらく仁孝天皇の父、光格《こうかく》天皇）や皇太后（おそらく義母の欣《よし》子《こ》内親王）、女御付きの女房から連続して。

正子・准子・養子・康子・臣子・陳子・業子・善子・永子・庸子。

一気に読むと、

正子＝なをこ、准子＝なみこ、養子＝くみこ、康子＝ひらこ、臣子＝くみこ、陳子＝ひさこ、業子＝ことこ、善子＝たるこ、永子＝はるこ、庸子＝のぶこ。

すいません、堪忍してください、という気分になる。こういう名前が、全女房の三分の二はいるのである。

多分、正しいとまっすぐだから「なを」、准ずる者はある者と等し並みなので「なみ」、養子は縁組みするから「くみ」なのだろう。ほとんどクイズのように読んでいたようだ。

このなかには平安時代の女性と同名の人もたくさんいる。平清盛の娘、徳子や後白河院の愛人、高階栄子などである。斎王と同名でも、雅子（なをこ）・敬子（しずこ）・善子（たるこ）がいる。

しかし、江戸時代にこの読みの人がいたから、単純にこれが正しい、ともいいにくい。今のところは、やはりいかような読み方も可能、という感じなのである。

平安時代風の通称

ところで、これらの女性のうち、内女房を除いては、すべてこんな具合に付記がある。

伊予《いよ》　相模　新大納言

これらは女房の通称で、彼女たちは、たとえば「しずこさん」とか「ひさこさん」とか呼ばれることはほとんどなく、宮廷では「伊予さん」とか「相模さん」とか「新大納言さん」と呼ばれていたようである。

このような呼び名は、まさに「清原《きよはら》○子」さんを「清少納言」、赤染○子さんを「赤染衛門」、相模守の娘源○子さんを「相模」、伊勢守の娘藤原○子さんを「伊勢」と呼ぶのと同じで、平安時代以来宮中で使われていた呼び名のルールがずっと生きていたことを示している。このような、一種の源氏名のような風習は大正天皇の皇后、貞明《ていめい》皇后（九条節子、ちなみに「さだこ」と読む）の皇太后宮までは続いていたらしい。

とすれば、彼女たちの不思議な本名はほとんど呼ばれていなかった可能性が高いのである。本名は諱《いみな》といい、これは忌み名の意味で、使用が避けられた名、ということだから、実際に使われることはほとんどなかったのかもしれない。あるいは字が知られても読めないように、わざと判じ物めかしていたとも取れる。

このように、斎王や貴族女性の名前は、訓読みされていたことはたしかだが、その正しい読み方はわからない、というのが正解なのである。

7　無名の斎王のネットワーク

淳和朝の斎王

九世紀前半でもっとも知られていない斎王に、淳和天皇の時代の二人目の斎王、宜子《よしこ》女王がいる。桓武天皇の皇子、仲野《なかの》親王（七九二―八六七）の娘、つまり淳和天皇の姪だった、ということまでしかわからず、生没年すら不詳。斎王を辞した後の暮らしなどももちろん史料がない。

宜子女王の係累

淳和天皇の時代の斎王は、一人目が氏子内親王（？—八八五）である。第3章でも触れたが、氏子は父が淳和天皇、母は桓武天皇の皇女、高志内親王、つまり、異母兄妹の天皇と内親王の間に生まれた、もっとも血筋のいい斎王の一人である。斎宮は彼女の時代に、多気郡から度会郡の離宮、つまり宮川を挟んだ外宮の対岸に移転しており、伊勢神宮運営の主導権に関わるいろいろな思惑があったものと見られるが、氏子にとっては一年三回の参宮が「楽になる」配慮だったということができる。ところが氏子は、天長二年（八二五）九月に、神宮に五回参詣しただけで病気帰京してしまう。斎王が病気で交替するのはきわめて珍しく、宜子はその交替要員として同年に選ばれ、天長十年の淳和譲位まで務めたのである。

宜子もまた、度会郡の離宮に赴き、そこで暮らしている。度会の斎宮は十五年間続き、火災に遭ってふたたび多気に戻るのだが、宜子女王がいたのはちょうどその間のことなので、斎宮跡とは縁のない斎王だということになる。そのため、発掘調査で宜子女王のころの斎宮が明らかになる、ということは決してない。名前以外の情報が、今後増えるとしたら、度会斎宮の遺跡（離宮跡院）の調査を待たなければならない、ということになる。

さて、このように地味な宣子女王なのだが、彼女には班子《なかこ》女王という姉妹がいた。この班子の夫は時康《ときやす》親王といい、仁明天皇の第三皇子である。本来ならば絶対に皇位が回ってこない立場の親王なのだが、時康は元慶《がんぎょう》八年（八八四）に、急遽《きゅうきょ》譲位した陽成天皇に代わり、五十五歳にして即位し、光孝天皇となってしまったのである。つまり宣子の義兄弟が光孝天皇、そして甥が宇多《うだ》天皇になるわけだ。光孝即位のころにはまだ存命だったかもしれないので、大変びっくりしたことだろう。そして以後の平安時代の天皇は、すべてこの親子の子孫となる。つまり宣子は、十世紀以降の天皇の主流にきわめて近い立場の斎王だった、というわけなのである。

そして光孝代の斎王は、その娘（班子の子ではないが）の繁子《しげこ》内親王である。このときに鈴鹿峠を越える東海道が開通している。

その鈴鹿と関連の深い伝説に「立烏帽子《たてえぼし》」の話がある。『太平記《たいへいき》』あたりを初出として、室町時代には、かつて鈴鹿峠に「立烏帽子」また「鈴鹿御前《すずかごぜん》」と呼ばれる女盗賊がいた、という話が語られるようになる。この立烏帽子を降《くだ》したとするのが「田村将軍」、つまり坂上田村麻《さかのうえのたむらま》呂《ろ》である。ところが田村麻呂は桓武天皇の時代の武官であるから、彼の生きていた時代には鈴鹿峠は開削されていない。

しかし面白いのは、田村将軍の別名に「田村利仁《としひと》」という名があることだ。利仁といえば藤原利仁、芥川龍之介《あくたがわりゅうのすけ》の『芋粥《いもがゆ》』にも出てくる、富裕な貴族で、鎮守府将軍を務めたことから、「利仁《りじん》将軍」といわれた人物である。

この人のときには、鈴鹿峠はあるから、立烏帽子を退治できないわけではない。といっても、本当にそんな話があった、と主張しようというのでは、もちろんない。面白いのは、彼の息子に藤原叙用《のぶもち》がいる、ということである。

宣子女王と斎藤氏

藤原叙用は、十世紀に斎宮寮の長官、斎宮頭を務めていた人物で、本人はごく無名の官人である。しかし斎宮の藤原氏ということからその子孫が斎藤氏を名乗るようになった、つまり斎藤氏の先祖となったことが注目される。この叙用の母は、輔世王《すけよおう》という皇族の娘だった。つまり輔世王は、藤原利仁を婿取っていた、というわけである。

そして、この輔世王が、仲野親王の息子、つまり宣子女王の兄弟なのである。宣子女王の兄弟の孫が、斎宮頭になり、斎藤氏の元祖となるわけである。

このように、宣子女王自体はごく無名なのだが、その姉妹の子孫から斎王が何人も出て、兄弟の子孫は斎宮頭を務め、その子孫から斎宮に由来した斎藤姓が生まれているのである。

無名の斎王とはいえ、のちの時代とこの程度は関係しているのである。これは斎王の重要性、というよりも、当時の貴族社会が、何とも狭い社会だったことを物語るエピソードでもあるのだろう。

柔子内親王の人間関係

さて、班子の子、宇多天皇の娘には、柔子《やすこ》内親王（?―九五九）という斎王がいる。同母兄弟の醍醐天皇の時代の斎王である。彼女は寛平九年（八九七）から延長《えんちょう》八年（九三〇）まで足かけ三十四年も斎王を務めた人で、これは斎王在任の最長記録である。寛平四年に内親王宣下を受けていることから、寛平二年ころの生まれと想定されているのだが、とすれば、数え八歳から三十九歳まで斎王でいたことになる。人生のもっとも大事な時期を斎宮で過ごしてしまったので、都に帰ってもまったく馴染《なじ》めなかったんじゃないか、と心配したくなる。ところが彼女には『後撰和歌集《ごせんわかしゅう》』冬の部に、こんなエピソードが遺されている。

式部卿あつみのみこしのびてかよふ所侍りけるを、のちのちたえだえになり侍りければ、いもうとの前斎宮のみこのもとよりこのごろはいかにぞとありければ、その返事にをんな

しら山に雪ふりぬればあとたえて今はこしぢに人もかよはず

あつみのみこ、とは宇多天皇の皇子敦実《あつみ》親王（八九三―九六七）で、柔子内親王や醍醐天皇（八八五―九三〇）の同母兄弟である。彼には忍んで通っていた女性がいたが、しだいに訪れが途絶えがちになったところ、「前斎宮」、つまり柔子内親王から、このごろはどうですか、と便りがあったので、

「白山に雪が降ったら人の足跡も消えてしまい、今は越《こし》の国への路《みち》に人が通わないように、あの人も私のところに通ってこないのです」という歌が返された、というのである。弟の恋人に、このごろどうなってるの、とたずねている感じだろう。

ところでこの歌はいろいろと興味深い。まず、この歌と同じ歌が『大和物語』の第九十五段に見られるのだが、それによると、この「敦実親王の恋人」は「右のおほい殿の宮すむ所」で、帝《みかど》が亡くなったあとに敦実親王がその邸《やしき》に住むようになったのが、どうしたわけかいなくなったころに送った文への返歌となっている。右のおほい殿は右大臣、「宮すむ所」は「御息所」のことで、天皇や皇太子の子供を生んだ女性のことだから、右大臣にゆかりのあるお妃ということになる。

柔子と勧修寺流藤原氏

この時期の右大臣は藤原定方《さだかた》（八七三―九三二）と考えられる。定方は醍醐天皇の母、藤原胤子《たねこ》の弟で、柔子や敦実の叔父にあたる。その娘藤原能子《よしこ》が醍醐天皇の女御なので「右のおほい殿の宮すむ所」は彼女となろう。つまり敦実は、従姉妹であり、兄の醍醐天皇の妻でもあった能子と恋愛関係にあった、ということになる。

このあたり平安時代の宮廷はかなりおおらかである。これが唐の場合だと、皇帝の没後、後宮にいた女性たちは尼になったり女道士になったりして、世間から離れてしまう。皇帝の弟であったとしても、亡兄の妻と通じるのはよほどの覚悟の必要なことであろう。しかし日本ではずいぶんと意識が異なる。たとえば女流歌人として知られる「伊勢」は、伊勢守藤原継蔭《つぐかげ》の娘で、もともと宇多天皇の妃の藤原温子《よしこ》に仕えた女房だったが、宇多天皇の寵愛を受け、皇子（夭折した）を生んだので「伊勢の御」とか「伊勢の御息所」などと呼ばれた女性だが、宇多亡きあと、その子で醍醐天皇の同母弟の敦慶《あつよし》親王と再婚し、中務と呼ばれた娘を儲けている。

このように、天皇に愛された女性に言い寄ることは決して珍しくないのである。しかし伊勢は特に身分を持っていなかったが、藤原能子は女御、天皇の正式な妃だった。そしてこの柔子内親王の歌からは、敦実の同母の兄弟姉妹が、藤原能子に歌を送っていた、つまり全部知っていた、ということがわかる。なかでも柔子は敦実と三十年近くも別れ別れだったのに、敦実やその恋人（しかも元は兄の妻）とも親しい関係だったわけである。このネットワークを理解するには、醍醐、敦慶、敦実、柔子、そして藤原能子が全員藤原定方の父、贈太政大臣藤原高藤《たかふじ》の孫、「勧修寺流」藤原氏と呼ばれるグループに属する人々だったことが重要なのであろう。それはおそらく伊勢にあった柔子を陰で支えていたのが、母の藤原胤子につながる右大臣定方、中納言兼輔《かねすけ》、朝忠《あさただ》といった勧修寺系藤原氏だったことを示しているのだろう。柔子は伊勢に捨て置かれていたわけではなく、父方の兄弟、母方の従姉妹などのネットワークのなかで、常に都とのつながりを続けていたものと考えられる。

最後に整理しておくと、柔子内親王は宣子女王の甥の娘である。

8　謎の斎王——恭子女王をめぐって

無名の斎王、恭子女王

斎宮六百六十年の歴史のなかで、斎宮に滞在した斎王は五十人以上を数える。そのうちには、大来皇女や徽子女王のような有名人もいれば、ほとんど知られていない斎王もいる。一条天皇の斎王恭子《たかこ》女王もそうした一人である。

この斎王は女王である。女王の斎王は内親王より身分が低いので、記録も少なくなるのだが、彼女については、ただそれだけではない問題がある。たとえば、斎王であった時期がすごく短かったのか、といえば、寛和二年から寛弘七年まで、つまり九八六年から一〇一〇年まで、なんと二十五年にわたって斎王を務めている。歴代斎王でも五本の指に入る長い記録である。では、この時代が記録の少ない時代だったのか、というわけでもなく、藤原道長の『御堂関白記』、藤原実資の『小右記』、藤原行成の『権記』など、貴族の日記として完成度の高いものがいくつも残されていて、宮廷日記などを素材に作られた私選の国史『日本紀略』もまとめられている時代なのである。

では彼女は取るに足りない存在だったのか。たしかに女王で、時の帝の一条天皇からすれば父の兄の娘、従妹にすぎない。しかし彼女の父は為平親王（九五二―一〇一〇）といい、一条天皇の父、円融天皇の同母兄であり、村上天皇を父に政界の実力者藤原師輔（九〇八—九六〇）の娘の皇后安子《やすこ》を母に生まれているきわめて血筋の優れた皇子であった。つまり恭子は、安子の兄弟兼家の子である藤原道長から見ても従姉の娘でもある。天皇家と摂関家の血を引く女王というのは、決して軽んじられるものではない。にもかかわらず彼女の記録はほとんど残されていない。

記録の少ない理由

その理由の一つには、彼女の母に関わる問題があるのかもしれない。彼女の母は、右大臣源高明《たかあきら》（九一四—九八二）の娘なのである。高明は醍醐天皇の皇子で、斎宮女御の父、重明親王の弟だが、早くから臣下に降りて源氏を賜り、源高明と名乗り、藤原氏と肩を並べ右大臣まで出世した。醍醐天皇の子供たちには才能豊かな人物が少なくないが、高明も『西宮記』という重要な儀式書を著し、和歌、音楽などにも通じており、また藤原師輔の娘を二人も妻にしているなど、摂関家とも深く関わっていた。

さて、この高明、才能豊かで血統が良くてしかも源氏で、摂関家と婚姻関係を持っている、というと光源氏によく似ており、古くから光源氏のモデルの一人といわれていたが、この立場が彼に災いをもたらす。安和二年（九六九）、源満仲《みつなか》という男が、皇太子を廃して為平親王を擁立する計画があり、その背後には、為平の妻の父である源高明がいると密告した。高校教科書にも出てくる「安和の変」である。最高権力者だった師輔亡きあとの後継争いで、高明の失脚を狙った藤原氏の陰謀と説明されることが多い。これにより高明は大宰権帥に左遷され、一方源満仲は摂関家とつながりを強くして、その子孫からは源頼光《よりみつ》、義家《よしいえ》、頼朝らが出てくるのである。為平親王自身は罪に問われることはなかったが、天皇候補からは外されることになった。もっともその娘には藤原道長の妻となり、右大臣頼宗《よりむね》、権大納言能信の母となった源明子《あきこ》がいるのだから、必ずしも失脚したというわけでもなさそうである。

為平親王の娘たち

恭子女王が斎王に選ばれたのは三歳のときだと『日本紀略』に書かれている。とすると彼女は永観二年（九八四）生まれで、安和の変の後の出生、すでに源高明は世を去っており、為平親王が政治的な影響力をまったくなくしてからの娘だということになる。つまり彼女は、栄光が過去のものになった名家の姫だったわけである。ところが寛和元年（九八五）十二月に、恭子の姉、婉子《つやこ》女王が花山天皇の女御となる。このためか、為平親王は安和の変以来十六年ぶりに昇殿が許され、いわば本当の意味で謹慎が解けたことになる。ところが花山天皇は翌年、先述した突然の出家により退位、婉子は捨てられてしまう。代わって従弟の一条天皇が即位し、恭子女王はその直後に斎王となったのである。為平親王は、宮廷での地位を回復するために、娘二人を天皇に差し出した、と見えないこともなく、権力者の勝手な意向に振り回された一家といえるのかもしれない。

恭子女王が伊勢に向かうまでの記録は、当時大納言だった藤原実資の『小右記』に詳しく、「別れの小櫛」の儀式などの重要史料となっている。実資はこのころ、婉子女王と恋愛関係にあり、のちに再婚するので、いわば内妻の妹としていろいろ気にはかけていたらしい。

ところがわずか五歳で伊勢に送られてから二十二年、二十七歳で帰京するまで、彼女の記録は『小右記』にはまったく出てこず、他の記録類でも、わずかに長保《ちょうほう》二年（一〇〇〇）に裳着、つまり成人儀礼を行ったという記事が見られるだけなのである。有能な官人で一条天皇の時代では最高の知識人とされた実資ですら、妻の妹には興味を示していないとしか思えない。このころの斎宮の遺跡を見ても、建物は減り、土器もつましく、かなり簡素化したものとなっている。伊勢の恭子女王が必ずしも満ち足りた生活を送っていたとは考えにくいのである。

恭子斎王のその後

そして彼女は父、為平親王の死去により解任されて帰京するのだが、その直前から一条天皇は健康を害していたらしく、恭子帰京の三日前には、不予、つまり予断を許さない状況になり、翌月には退位して亡くなってしまった。そのため、一条天皇の病気については詳細な記録が記されているのに比べ、『御堂関白記』『小右記』『権記』、つまり、それぞれの筆者である左大臣道長・大納言実資・中納言行成、いずれもが彼女の帰京についてはまったく記していない。そしてこの後、彼女の記録はまったく途絶えてしまったのである。

数え年三歳で斎王となり、二十二年を斎宮に暮らした恭子女王には、都の記憶も両親の記憶もおそらくほとんどなかったことであろう。彼女の人生での故郷は、斎宮ではなかったか、そして伊勢生まれ伊勢育ちの斎王と自覚していたのではないかとも思う。京に帰ったときにはすでに父はなく、姉の婉子も世を去っていた。母である源高明女の消息もよくわからない。彼女の余生は決して華やかなものではなかったと思われる。

恭子が伊勢にいた時期に、宮廷では紫式部が『源氏物語』を書いていた。源氏のモデルとして高明をイメージしつつ、伊勢にいるその孫に思いを馳せることはあったのだろうか。『源氏物語』の斎王は時の帝と結婚して秋好中宮と呼ばれ、源氏の養女として栄華を極《きわ》めたのである。王朝の華、栄華の時代といわれた一条天皇の時代の陰に、大人たちの思惑に翻弄《ほんろう》され、時代の波のなかに消えていったこんな少女の物語もあったことを忘れてはならない。

9　斎宮と斎藤氏

藤原利仁の記録

第7節で少し触れたように、「斎藤」という姓は斎宮の藤原氏から来ていることは近年少し知られるようになってきた。斎宮の知名度が上がってきた証拠ともいえるが、今でも斎宮という漢字を電話で相手に説明するときには「斎藤さんの斎にお宮さんの宮」というのが一番楽である。そのたびに「斎藤のもとは斎宮なんだけどなぁ」と少し残念に思う。

さて、そうした理解を少しでも増やすため、斎宮と斎藤氏について改めてまとめてみよう。

十世紀のはじめごろ、藤原利仁という人物がいた。武人として有名だった人で、「りじん将軍」と通称されている。『今昔物語《こんじゃくものがたり》』というより、芥川龍之介の小説に見られる有名な「芋粥」のエピソードで、越前《えちぜん》国敦賀《つるが》に住む裕福な地方豪族として現れることは前述した。ともかく後世でも、坂東の藤原氏をはじめ、藤原氏で武士となった一族は、その先祖を、平将門を討った藤原秀郷《ひでさと》か、この藤原利仁に求めるのが普通だった、というくらいの有名人だった。

ところがこの人の生没年がさっぱりわからない。十世紀はじめのころに活躍したことしかわからない。史料が残っていないからである。だから伝説上の人物ではないかという説もある。

文書行政が始まった八世紀初頭以来、日本史上でもっとも史料が少ないのはどの時代か？　実はこの十世紀なのだそうである。九世紀には『日本三代実録』までその時代の政府が作った歴史書があり、十世紀終わりごろからは、藤原道長の『御堂関白記』、藤原実資『小右記』などの日記や、『栄花物語』『大鏡』などの物語もある。

ところがこの間がすっぽりと抜け落ちていて、断片的な史料しか残っていないのである。つまり、国家が歴史書を編纂し、何部も作るという事業をやめてから、貴族の日記が公式の記録に準ずるようになり、写本がたくさん作られるようになるまでの間は、記録保存の方法が確立されず、火事やら内乱やらで、限られたデータが紛失すればそれっきりになっていたわけなのである。

この時代は律令国家から王朝国家への転換期といわれている。九世紀が奈良時代の名残を強く残した、中国風の朝服を着た貴族・官人の男女が漢詩をたしなむ時代だとすれば、十一世紀は、衣冠束帯や十二単の貴族男女が優美に和歌を詠み、武士が京内の警護者として闊歩する、まさに平安時代というイメージの時代である。この変化を追える史料がほとんど残っていない。つまり武士も十二単も、気がついたらできていた、という感じなのである。

こういう時期に生きた武人が藤原利仁なのだから、有名人なのにその人生がよくわからないということになる。

で、この人が斎宮と何の関係があるかというと、実は何の関係もない。

利仁の子孫

ただ、室町時代に編纂された系図一覧の『尊卑分脈《そんぴぶんみゃく》』などに引かれた「斎藤氏系図」によると、この人の息子の一人、藤原叙用が斎宮頭、つまり斎宮寮の長官になっている。そしてこの人が、斎宮の藤原氏、つまり「斎藤」姓を名乗る人々のご先祖様になるのである。だからもしも斎藤氏が発展していなければ、斎宮という文字の説明は余計に難しくなってしまうわけで、叙用は、ある意味で斎宮の恩人ともいえる。

ところが、彼は父の利仁以上にわからないことが多い。何しろ生きていた時代が悪いせいで、この人についての史料もまったく残っていないのである。

たとえば、時々博物館に、叙用はどの斎王のときの斎宮寮頭なのですかという問い合わせがあっても、「わからない」のである。何しろ確実なところは系図だけで、生没年も斎宮頭以外の職歴もまったくわからない人なのだから。

というわけで全国の斎藤さんごめんなさい。あなた方のルーツはここらしいのですが、それがいつなのかはわかりません。

ただ、叙用についてはいろいろと面白いことがあり、わからないながらそれなりに推測は可能なので、史料に基づいて推測してみよう。

『尊卑分脈』によると、利仁の経歴は、就任年のわかる最後のものは延喜十五年（九一五）の鎮守府将軍で、ほかに就任の年がわからない官職として武蔵《むさし》守が記されている。鎮守府将軍は従五位上、武蔵守も同じなので、そうは変わらない位である。さて、系譜上、彼の長男は藤原有頼《ありより》で、鎮守府将軍はこの人が相続したらしい。一方叙用は七番目の男子となっている。しかし有頼の母が丹波目《さかん》伴統忠という下級官人の娘なのに対して、叙用の母は輔世王の娘という皇族だから、本家はこの人が継いだらしい。先述のように輔世王は仲野親王の子で、仮に仲野親王満三十歳の子とすると、生年は八二二年となる。でその娘も三十歳の子とすると八五二年生まれ。九一五年には六十三歳。夫の利仁が同い年とするとちょっと将軍を務めるには年が行きすぎている。源頼義《よりよし》のように六十五歳で鎮守府将軍になって前九年《ぜんくねん》の役を戦った、なんて怪物もいるが。まあ八六〇年生とすると九一五年には五十五歳、このくらいかなぁ、というところ。で、その七男ということで、八九〇―九〇〇年ころの誕生と仮定したら、九五〇年には五十―六十歳、斎宮頭がもっとも華々しい官職だったとしたら、だいたいこのころかなぁ、という感じになる。

で、そのころの斎王が伊勢にいた時期、つまり斎宮頭が置かれていた期間はといえば、第7節で見た醍醐朝の柔子が八九九―九三〇年の長期在任で、次が朱雀朝の雅子で九三三―九三五年、次が斎宮女御徽子で九三八―九四五年、それから村上朝の悦子《よしこ》の九四九―九五四年、楽子の九五七―九六七年、この間で斎宮頭が明らかなのは徽子の時代の源忠幹《ただもと》のみ。

実は私は叙用の任官は悦子のときではないかと考えている。なぜかというと、叙用が軍事的な貴族だからである。

叙用登用の理由

斎宮頭というのは当然のことながら本来は文官である。たとえば、源忠幹は光孝天皇の子孫で、その子の為正《ためまさ》は徽子の娘の規子内親王のときの斎宮頭を務めているが、為正の兄の為憲《ためのり》は『三宝絵詞《さんぼうえことば》』や『口遊《くちずさみ》』を著しており、どうも学者や歌人として知られた一家らしい。ところが『今昔物語』の芋粥の話によると、利仁は北陸地方に勢力を張った武人で、叙用の子孫からはその北陸の武士である斎藤党が出ているわけだから、彼もまた武士的な下級貴族だったと考えられる。

そしてこういう人が斎宮頭に任命されるのは非常に例外的なので、それを記念して子孫が「斎藤」を名乗った、というのは考えすぎだろうか。

この時代、武士的な受領が下向するときには、従者として武士団を連れて行き、その地域の治安維持や税物徴収にあたらせるのが普通である。どうも叙用任命の背景には、そうした武力による秩序維持が期待されていたのではないか、と思うのである。つまり、叙用が任命された時期、斎宮を含む南伊勢地域では治安が乱れていたのではないか、ということなのである。

しかし南伊勢地域の秩序の乱れなら、たとえば神郡には検非違使がおり、秩序維持にあたる人や組織はあるので、利仁流の武士団を導入する必要もないだろう。そこで仮説に仮説を乗せる想定をしてみる。伊勢と関東の海上交通による距離の近さを想定して、平将門の乱の戦後処理の一環としての、将門与党、残党蜂起《ほうき》に備えた措置、というのはどうだろうか。

関東の騒動を伊勢で気にするというのは大げさにも思えるが、十世紀後半には、常陸平氏の子孫が伊勢平氏になり、北伊勢で内紛を起こしている記録があるのだから、関東と伊勢はあながち無関係ともいえない。

平将門が戦死したのは天慶《てんぎょう》三年（九四〇）、斎宮女御徽子女王の在任期間中であることはすでに見た。関東全域を巻き込んだ兵乱であるから、その後十年くらいは落ち着かなかったことは想像するに難くない。一方、徽子が帰京するときに準備がまったく足りていなかったことは、父の重明親王が日記に記している。斎宮もなかなか不安定な状態になっていたらしい。こうした事態を克服し、関東の治安の乱れが飛び火しないように、武力を持った斎宮頭が任命された、ということは考えられないだろうか。

というわけで、藤原叙用は、珍しい武人系の斎宮頭として、悦子女王のときに務めていたというのが私の仮説の結論である。

10　斎宮女御と百人一首

三十六歌仙と百人一首

近年はマンガ『ちはやふる』ですっかりお馴染みになっている百人一首であるが、この百人一首には斎宮は縁がない。というのも、百人一首に入っている斎宮関係者が一人もいないのである。もちろん第3章で述べた藤原道雅と当子内親王のように、斎王の恋人が入っている例はある。

あひ見ての後の心にくらぶれば昔は物を思はざりけり

の藤原敦忠《あつただ》もその一人である。醍醐天皇の皇女にして朱雀朝の斎王、雅子内親王が斎王になる以前の恋人として知られており、熱烈な悲恋の歌を交わしたことで知られている。しかしこの歌の相手は雅子ではないとされている。

歌人というのは、歴史上の人物でも、現代ではそう有名ではないことが多い。そのなかで、なんとかかろうじてわかるのは、「百人一首のあの歌を詠んだ人」なのであるが、斎王や斎宮寮の人たちから百人一首の歌人は一人も出ていない。ではろくな歌人がいなかったのか、とんでもない。斎王のなかには三十六歌仙にも入っている「斎宮女御」がいるではないか。なぜ彼女は百人一首に入っていないのか。

百人一首は藤原定家が、息子為家《ためいえ》の舅《しゅうと》にあたる鎌倉御家人、宇都宮蓮生《うつのみやれんじょう》の小倉山荘《おぐらさんそう》に貼ったという「百人色紙」が原型とされている。つまり、細かい背景はともかく、藤原定家の好みで選ばれたというわけだから、定家のセンスと斎宮女御のセンスが合わなかっただけ、といってしまえばそれまでなのだが、斎宮女御の名誉回復？　のためにこんな話を考えてみた。

三十六歌仙のなかで百人一首に入っていない人は、大中臣頼基、源公忠《きんただ》、源信明《さねあきら》、藤原仲《なか》文《ふん》、中務、藤原清正《きよただ》、源順、藤原元真《もとざね》、藤原高光《たかみつ》、小大君《こおおきみ》で、徽子を入れて十一人、意外に多い。しかも信明以下八人の計九人は徽子と同世代を生きた人、この世代で採用されたのは壬生《みぶの》忠見《ただみ》、大中臣能宣、源重之《しげゆき》、平兼盛《かねもり》、清原元輔《きよはらのもとすけ》くらいで、なんと五勝九敗の不成績。万葉、古今世代は圧倒的に強かったのに、この世代が弱いから全体で二十五勝十一敗に留まった、ともいえるのである。つまり、『拾遺集《しゅういしゅう》』あたりで活躍する歌人は定家の好みではなかったのかもしれないわけだ。

ところが、斎宮女御は、同じ定家の編纂した『新古今和歌集《しんこきんわかしゅう》』には十二首が採られている。これは第二十九位の成績で、女流歌人としては第七位、しかも百人一首に採られた同世代の歌人、平兼盛―大中臣能宣の十人のなかで彼女より多いのは、皮肉なことに生前は不遇に終わった歌人、曽禰好忠《そねのよしただ》ただ一人なのである。彼女の世代の歌自体が定家の好みに合わなかったとしても、斎宮女御が百人一首に採られなかったのは、ほかにもわけがありそうに思える。

百人一首の天皇と皇族

そこで考えてみたいのは、斎宮女御と並ぶ皇族歌人として知られた、大斎院《だいさいいん》選子や村上天皇、花山院などが入っていない、ということである。

百人一首に入っている皇族歌人は、天智天皇、持統天皇、陽成院、光孝天皇、元良《もとよし》親王、三条院、崇徳院、式子内親王、後鳥羽院、順徳院である。このなかには実に「わけあり」の天皇が多い。百人一首の研究を見ていると、その成立については、当時隠岐《おき》と佐渡《さど》に流されていた後鳥羽院、順徳院の顕彰という意識がかなり強く見られていたことがよく指摘されている。とすれば、

人もをし人もうらめし味気なく世を思ふ故にもの思ふ身は

という第九十九番の後鳥羽院の歌と、

ももしきや古き軒端のしのぶにもなほ余りある昔なりけり

という第百番の順徳天皇の歌は、百人一首のテーマとも関わる選定と考えられよう。つまり百人一首とは、後鳥羽天皇の慷慨《こうがい》と、順徳院の懐古で、承久の乱による両院の配流、歴史的にいえば平安時代の終わりを慨嘆して締めくくる、ということになる。

こう考えたときに、他の天皇はどうなるか。まず天智天皇、有名なことだが、

秋の田のかりほの庵《いお》の苫《とま》を荒《あら》みわが衣手は露に濡れつつ

は天智の作品とは考えられていない。天智が採られたのは、平安時代の天皇のルーツが天智天皇に始まる、という考え方に基づくものだろう。そして持統天皇、

春すぎて夏きにけらし白妙《しろたえ》のころもほすてふ天の香具山《かぐやま》

は、天武系の奈良時代の天皇と天智系の血統をつなぐ存在となる。以後、桓武を経て皇位継承は、兄弟と親子の継承を繰り返しつつ、基本的には直系でたどれるのだが、陽成院、

つくばねの峰より落つる男女《みな》の川恋ぞつもりて淵《ふち》となりぬる

でいったん途切れてしまう。彼は突然退位させられた天皇で、代わって即位するのが大叔父（祖父文徳天皇の弟）の光孝天皇である。彼の歌が、

君がため春の野に出《い》でて若菜つむわが衣手に雪はふりつつ

この歌は天智、持統の歌と比べると実に興味深い。

「わが衣手は露に濡れつつ」と「わが衣手に雪はふりつつ」は明らかに対応している。さらに、「若菜つむ」には持統の「衣干す」に通じる天皇の歌にしては庶民的なおおらかさがうかがえる。そして天智の「秋」、持統の「夏」に対して、光孝は「春」なのである。つまり、陽成によって「峰から落」ちた天皇家は、天智の再来ともいえる光孝（ちなみにこの諡号は、桓武の父、光仁を思わせるものがある）によってふたたび春がめぐってきたという意識があるのではなかろ

うか。一方陽成院の皇子元良親王は、

わびぬればいまはたおなじ難波なるみをつくしても逢はむとぞ思ふ

と、「わびぬれ」た立場になってしまう。

こうして天智系の皇統は、光孝系としてリスタートを切ったのだが、冷泉・円融の兄弟から二系統に分かれてしまうのは前述のとおり。しかし、この分裂は、冷泉系の禎子内親王を円融系の後朱雀天皇が娶り、生まれた後三条天皇が即位する、という、いわば円融系による冷泉系の吸収で完結する。そして吸収された冷泉系最後の天皇が禎子内親王の（そして当子内親王の）父、三条院で、歌も、

心にもあらで浮世にながらへば恋しかるべき夜半の月かな

という悲憤を込めたものになっている。

平安末期の動乱と百人一首

こうして一本化された天皇家はなんとか世代間継承を続けるが、それが途切れるのが保元の

乱で流された崇徳院、

瀬をはやみ岩にせかるる滝川のわれても末にあはむとぞ思ふ

四国に流された人の歌と思って読むと「瀬をはやみ」とか「岩にせかるる」とかはなんとも思わせぶり、「われても末にあ」うという執念は、怨霊になったという伝説を思わせる。こうして後鳥羽（父）、順徳（子）の時代になるのである。ところが源平の合戦のころの皇統分裂、つまり二条、六条、安徳といったところには対応する天皇の歌がない。二条も高倉も歌人としては知られていないし、六条と安徳は子供なので、選ぶほどの人がいなかったのだろう。そこで浮かんでくるのが、二条―高倉の間の賀茂斎院で、定家がその家司として仕えていたともいう式子内親王である。

玉の緒よ絶えなば絶えね長らへば忍ぶることの弱りもぞする

平氏全盛と没落の時代に耐え忍ぶ天皇家のイメージとは考えすぎであろうか。

百人一首の政治性

このように、百人一首の皇族の歌は、すべて平安時代史のターニングポイントを表しているように思え、それらは最終破局である後鳥羽・順徳の歌につながるようにまとめられていると考えられる。

これはあくまで天皇家関係の歌だけに限定した仮説なのだが、百人一首の天皇関係歌が歌で語る平安王朝史だとすると、斎宮女御や村上天皇らの歌が入らないのも理解できる。

つまり、村上天皇の時代は、天暦《てんりゃく》の治といわれ、後世に「聖代」として理想化された時代なのである。そういった平穏な時代（現実には地方の争乱とかいろいろあったのだが）の皇族は百人一首には入らない、だから斎宮女御は百人一首の歌人にはなれなかった、と考えられるのである。

歌人、斎宮女御の名誉回復を試みてみた。いささか強引なのは承知のうえである。

11　斎宮と公卿勅使平清盛

公卿勅使とは

朝廷から伊勢神宮に送られた勅使の一つに、公卿勅使と呼ばれるものがあった。公卿勅使とは、祭祀に関わる神祇官人や、天皇の代理としての王族ではなく、文字通り貴族が任命される勅使で、神宝を奉納するために送られることが多い。しかし、天変地異や神宮・宮廷で起こった異変、不吉な年のことなどで祈願があるときにも送られることがあり、特に十世紀以降にはしだいに増加し、十二世紀になると毎年のように送られることもあった。つまり、天皇の私的な祈願をフレキシブルに伊勢神宮に伝えるための勅使になっていったと理解することができよう。

もともと平安初期以来、伊勢神宮への天皇の使は、祭主が行うことが多かった。祭主は神祇大副《たいふ》を兼ねる大中臣氏の氏長者が務める職で、いわば家職であったが、公卿勅使はそれより上位に位置し、天皇に直属する勅使として成立したものである。公卿とは、四位相当の参議（天《てん》平宝字《ぴょうほうじ》五年〔七六一〕以降は従三位相当）と、三位以上の貴族のことをいうが、公卿勅使はその上、天皇側近の大物貴族が任命されることが多い。

たとえば一条天皇の時代には、一条朝の四納言（四人の大納言・権大納言）といわれたうちの二人、源俊賢《としかた》と藤原行成が、ともに参議のときに来ている。あの藤原行成である。また、白河天皇の時代に権勢を振るった村上源氏の太政大臣源雅実《まさざね》は八回もこの役を務めたことがわかっている。つまり天皇の信頼の厚い寵臣《ちょうしん》でないと任されない重職だということができるだろう。さらに学者として、また有職故実家として高名な参議（極官は権中納言）大江匡房の名も見られる。しかしなんといっても有名なのは、かの平清盛だろう。

平清盛は、参議だった永暦《えいりゃく》二年（応保《おうほ》元年＝一一六一）と、権中納言だった長寛《ちょうかん》元年（一一六三）に、二条天皇の命を受けて公卿勅使になっている。このうち、永暦二年については少し詳しい記事が遺されている。

清盛はこのとき四十四歳、参議で右衛門督《うえもんのかみ》兼検非違使別当《けびいしべっとう》であった。『山槐記《さんかいき》』（藤原〔中《なか》山《やま》〕忠親《ただちか》の日記。忠親は源平合戦ころの公卿で、藤原頼通の五代の孫）によると、彼は四月二十二日に、右大臣藤原公能《きんよし》、蔵人頭藤原忠親らと大内裏に参内している。内裏では二条天皇が奉納する神宝を見る儀式（神宝御覧）が行われる。内宮には飾りの付いた剣、赤く塗られた弓矢、錦《にしき》の蓋《ふた》のついた鏡箱や御幣、神の装束、葦毛《あしげ》の彫馬などが五つの櫃《ひつ》で、外宮には剣、弓矢、鏡箱、彫馬などが四つの櫃で、そして荒祭宮に獅子形、つまり狛犬《こまいぬ》と唐獅子《からじし》のセットが送られる、という内訳である。現在の伊勢神宮には狛犬の類はまったく見られず、伊勢神宮の他の神社にない特徴として紹介されることがあるが、実は昔からなかった、というわけではないのである。なお、やはり荒祭宮に送られた神宝の控えと見られる、建保三年（一二一五）の奥書のある『伊勢公卿《いせくぎょう》勅使神宝絵図《ちょくししんぽうえず》』（阪本龍門文庫所蔵《さかもとりゅうもんぶんこ》）にも獅子・狛犬形が描かれている。

さて、天皇は沐浴《もくよく》した後これらを見て、そののち、御馬の御覧も行われ、そして天皇から清盛に直筆の宣命が渡され、清盛は絹の袋に入った宣命を首にかけて退く。この後、辰《たつ》時の終わりごろ（午前九時ころ）に勅使は出発し、天皇は伊勢神宮を遥拝している。

今回の参宮は二十五日、帰京は二十八日と定められており、出発した二十二日のうちに甲賀駅家（斎王群行なら二泊目の頓宮）に着く必要がある、という急ぎ旅であった。そして二十五日には、清盛から、巳時《み》（午前十時ころ）に参拝する旨連絡があり、さらに二十八日の巳時には帰京したと記されており、すべて予定どおり行われたことがわかる。二十五日に両宮を参拝するためには、二十四日の夕刻には度会郡の離宮院に到着しておく必要があり、二十三日には鈴鹿峠を越えて、伊勢国に入っていたことになる。とすれば、清盛が斎宮の方格地割内の「斎宮北路」を通ったのは二十四日の午後と考えられる。清盛一行を、斎宮の女房たちはやはり桟敷を並べて見物していたことだろう。藤原宗忠が五日かかった道を三日で飛ばしてきた、このあわただしい勅使は、斎宮に仕えた女性たちの目にはどのように映ったのだろうか。

平安後期となると都と伊勢を結ぶ幹線道路はかなり維持が難しくなり、川は海沿いの河口部を選んで渡ったという記録などもある。そうした旅のひととき、よく管理されていた斎宮の北面道路や、いまだ雅を残していた斎宮そのものを、清盛はどのような思いで見つめて通ったのだろうか。斎宮の立地する多気郡は、彼ら伊勢平氏の出身地説もあるところだった。

清盛の時代の斎王

当時の斎王は、後白河天皇の皇女好子内親王が務めていた。この斎王は二条天皇即位に伴って保元三年（一一五八）に選ばれた。こののち後白河院派と二条天皇派の対立が加速され、平治《へい じ》の乱が勃発する。この乱を鎮静させ、実質的な勝利者となったのが平清盛だというのは有名だろう。この対立は最終的に二条天皇の死去により解消され、そのときに好子も帰京した。しかしその帰京は物資が不足し、大変苦労したという記録が『顕広王記』に残っている。永万《えいまん》元年（一一六五）の帰京時、平清盛は権大納言になっていた。さらに内大臣から太政大臣に進み、三年後には辞任して出家し、浄海《じょうかい》と名乗る。平氏政権はまさにここから律令国家の規制を離れ、新たな展開を遂げていくのである。

一方、後白河院は、この時期に亮子内親王に続き、好子、休子、惇子と四人の娘を斎王にしている。彼が息子ながら美福門院の庇護下にあった二条天皇の即位のため、便宜的に皇位に就いた、いわば資格に問題のある天皇であったことと、娘を次々に斎王にしていったことにはおそらく関係がある。二条天皇から権力を取り戻し、院としての立場をたしかなものにしていくとき、斎王の父という立場は重要なアイテムとなっていたのだろう。何しろ上皇は公卿勅使を送れないのである。しかし結局惇子内親王の斎宮での死去により、このパターンも途絶えてしまう。

一方清盛は厳島《いつくしま》神社を重視したように、伊勢平氏でありながらそれほど伊勢神宮を重要視していなかったようにも見える。こうしたスタンスの違いにも、後白河院と清盛の対立の一端がうかがえるようで、きわめて興味深い。もっとも、平家西国落ちの後に後白河院は後鳥羽天皇を即位させたが、斎王を置いたのは、平氏が滅亡し、安徳天皇（京方の認識では先帝＝上皇）が没して、神器の帰還（剣は消失）があった後のことである。

12　斎宮の「怪談」

斎宮の「白専女」

さて、少し固い話が続いた。ここいらで少し変わった事件を取り上げてみよう。『百練抄《ひゃくれんしょう》』という鎌倉時代末期に作られた歴史書がある。その延久《えんきゅう》四年（一〇七二）十二月七日条に、藤原仲季《なかすえ》という人物が土佐《とさ》国に流罪になったという記事が見られる。理由は、斎宮のあたりで「白専女《しろとうめ》」を射殺したから、という。

というわけで、こういう話を作ってみた。

創作怪談「斎宮の白狐」

初冬のころのある月夜、斎宮寮の長官の随身（従者）の藤原仲季は、供の者に松明を持たせて、斎宮内院の周りを逍遥《しょうよう》していた。

と、何やら慌てた跫《あしおと》とともに、一つの灯《あか》りが近寄ってくる。供の者が照らすと、怯えた男の顔が浮かび上がった。かなりの大男だ。炎に照らされた髭面《ひげづら》には覚えがある。門部の、名はなんと言ったか……しかし妙に怯えている。

「これは仲季様……」

「何事だ。騒々しい、斎王さまがおわす内院の周りぞ。場所柄をわきまえよ」

「あの……何かいるのです……」

「何かいる？　この真夜中だ。人なら誰何《すいか》して、不審な者は拘束するのがそなたたちの役目であろう」

「そ、それが……何やらさっぱり……」

「ええい、話にならぬ、とく案内せい」

　仲季の高飛車な態度については、少し説明がいる。この時代、現地に赴任する国司、つまり受領に任命された下級貴族は、国司の経験があって事務に長《た》けているが、今は失業中の同僚や、武芸に自信のある舎人などを従者にして、事務や警護を任せるのが常識であった。斎宮寮の頭も受領級の貴族だから、こうした身分の高い（といっても下級貴族だが）従者を何人も連れてきている。彼らはいわば私人だが寮頭クラスの身分で、しかも斎宮寮の官人序列には入らない客分的な立場なので、下級官人たちにはかなり横柄になっていたのである。仲季もそんな一人で、今は無官の散位、つまり斎宮の居候のような立場だが、端くれとはいえ貴族で、父は大和守、門部などよりははるかに身分が高い。しかも腕に自信があったので、寮頭の警護役を自任していた。

　さて二人が斎宮南門のあたりまで来ると、先に立った門部の足がひた、と停まった。

「どうした」

「あ、あれを……」

震える指のずっと先に、何か白い物がふわふわとさまよっているかのようである。漂う煙のようにも見えるが、白い布が揺れているか、あるいは白髪をざんばらにした人影のようにも見えないではない。初冬の寒々とした月明かりのなかのその姿に、仲季もさすがにぞっとしたが、ここで弱みを見せれば、臆病風《おくびょうかぜ》に吹かれたと噂されるに決まっている。

「ええい、何を怯える、弓を貸せいっ！」

門部は武官なので弓矢は常に携帯している。半ばむりやりに弓矢を取り上げ、狙いをつけて近寄っていく。ぶるぶる震えているのが自分でもわかるが、相手はこちらに向かってくる気配はない。二丈（六メートル）ばかりまで近づいて、思いきって射放った。

虚空に「ぎゃっ」という悲鳴が響いて……白い物が倒れる。

「はは、もろいものよ」

語尾の震えを隠して松明で照らす。それは一人の老婆であった。

「こ……これは……」

「仲季様……いったい……」

顔を見合わす二人。と、その前で倒れていた老婆が突然立ち上がる。いや、ふわりと浮き上がったようだ。その姿はみるみる白い光に包まれ、しだいに獣の形になっていく。その獣は二人に向かってくわっと耳まで裂けた口を開き、真っ赤な目がらんらんと輝き、二人を強く射すくめた。

「あれえっ!!」

……やがて野火が鎮まるように光は消えた。その跡に残っていたのは、一頭の白いキツネのむくろ。しかし、仲季と門部がそれに気づくことはなかった。二人ともとっくに、白目をむいて気絶していたからである。

白狐を殺す「罪」とは

以上はかなり増幅しているものの、斎宮に出た怪異の記録に基づく「お話」である。

同じ『百練抄』の治承二年（一一七八）五月十三日条には、初斎院のために斎王がいた宮中斎宮の御在所の近辺で、院の下北面の下臈《げろう》の源競《きそう》が「白専女」を射殺したという事件が記録されている。そして翌々月の閏六月五日に、仗議《じょうぎ》、つまり貴族会議があって、競の罪名が議題になった。

この会議については、『山槐記』に詳しい記事がある。それによると、実際に手を下したのは宿直していた源競の郎党、つまり部下の伴武道《とものたけみち》という者で、初斎院別当、初斎院の責任者である前相模守隆盛《たかもり》の言上により、外記に前例を調べさせると、この延久四年（一〇七二）の前例が出てきたのである。その記録によると、犯人の藤原仲季は大和守成資《なりすけ》の三男で、射殺した「白専女」は「霊狐」なのだという。また、もう一例として、天承《てんしょう》二年（一一三二）に斎宮寮内院の「中御殿」の前で専女の子が「直る」、つまり死んでいた、という事件が挙げられている。

この会議では、宮殿で内に向かって矢を射ると徒《ず》一年とか、杖《じょう》一百（百叩《たた》きということ）とか、外に向かって射たなら杖八十とか、「白専」は神霊にほかならないから殺した者は斬刑《ざんけい》だ、とかいろいろ議論があったようなのだが、結局、二十四日になって、伴武道は佐渡国に流罪になった。

キツネと斎宮

もともと「専女」とは、老女の意味だそうである。とすれば、白専女は、白い老女という意味かもしれない。しかし一方、十一世紀はじめごろにできた『新猿楽記《しんさるがくき》』には「伊賀専《いがのとうめ》」という言葉が「キツネ」の意味で使われている。なにより『山槐記』は「霊狐」と明記しているのだから、やはりキツネのようである。また、天承二年（一一三二）の「専女」は「白」ではないので、ただのキツネのことも「専女」と呼んでいたことがわかる。

というわけで、十二世紀くらいには、斎宮ではキツネが「専女」と呼ばれて大事にされていたらしい。何しろ殺したら死刑になったかもしれない、というのだから、真面目に神様と崇められていた、ということとなのだろう。しかし、『延喜斎宮式』には斎宮とキツネを関係づけるような記述はいっさいない。つまり斎宮とキツネの関係はそれほど古いこととは思えないのである。

そして、「犯人」にされた藤原仲季や伴武道は、「白専女」を見たときに、神のキツネだとは思わず、化物の類と思ったと考えられよう。特に伴武道のような「北面の武士」は、宮廷に出た妖《あや》しいものを鎮めるのが仕事の一つだったから、彼としては化物退治をしたつもりだったのだろう。何しろ彼の主人の源競は渡辺競《わたなべのきそう》ともいわれ、摂津《せっつ》国の難波に本拠を置く嵯峨源氏渡辺党の武士で、その祖先は羅生門《らしょうもん》で鬼の腕を斬《き》り、源頼光に従って酒呑童子《しゅてんどうじ》を退治したといわれる伝説的な豪傑の渡辺綱《つな》である。そして渡辺党は代々、頼光の子孫に仕え、この事件のときの主人は、鵺《ぬえ》退治で有名な源頼政だったのだから、まさに平安時代のゴーストバスターズの一人だったのである。とすれば、「白専女」は、彼らお化け退治のプロが見ても、「化物」との区別がつかなかったということになろう。

ならば斎宮では、キツネは平安時代後期をそれほどさかのぼらない時期に、化物から神様に「昇格」したのかもしれない。それについて、興味深い史料があるので紹介しておこう。

第2章でも取り上げた、長元四年（一〇三一）の「長元の託宣」についての『小右記』の記述のなかで、斎王に憑いた「荒祭宮の神」は、斎宮寮長官の藤原相通とその妻の藤原古木（小忌）古曽が「連日連夜、神楽狂乱して、京洛のなかで巫覡が狐を祭るように、枉《ま》げて大神宮と定めて」祭っていることに激怒しているのである。つまりこの史料では、「狐を祭る」のは妖しげな宗教者に踊らされる愚かな民衆の所業であり、公的な機関でそれに類するようなことは嫌悪されているわけだ。この時代の斎宮でキツネが神と崇められることは考えにくい。十一世紀前半には斎宮ではキツネは崇められていなかったらしいのである。

しかし一方で、京内で民衆がキツネを祭ることが例として引かれているのは、この当時にキツネの信仰が、少なくとも民衆の間では、ある程度一般的になっていたことを示しているようである。

とすれば、十一世紀の長元四年（一〇三一）から延久四年（一〇七二）の間に、斎宮では雑信仰的に見られていたキツネの祭が公に認められるようになり、「妖狐《ようこ》」は「霊狐」に昇格し、キツネが崇められるようになったのではないか、と考えられる。

しかしそれにしても、白いキツネが斎王の寝殿の周りをふわりふわり、というのはなかなか不気味な光景ではある。仲季や武道でなくても、思わず矢を射てしまいそうには思う。

ところで、源競は『平家物語』に、その名も「競」という巻の主人公として出てくる。彼は嵯峨源氏で、源頼政と以仁王が反平氏の旗揚げをしたとき、平家のリーダー、平宗盛《むねもり》に偽装投降し、その馬を奪って頼政の下に戻り、かつて頼政の息子、仲綱《なかつな》が愛馬を平宗盛に取り上げられたことの意趣返しをしたという。「弓矢取りては並ぶ敵もなく、心も剛に、謀《はかりごと》もいみじかりけるが、而も王城第一の美男なり」とある。古典の世界の意外な有名人が斎王と少しだけ関わっていたのである。

13 『古老口実伝』に見る斎宮の禁制

『古老口実伝』とは

伊勢神宮の中世史料に『古老口実伝《ころうくじつでん》』と呼ばれるものがある。『群書類従』神祇部に収録されているので、比較的見つけやすい文献である。

十三世紀（鎌倉時代後期）、伊勢神宮の外宮に度会行忠《ゆきただ》という禰宜がいた。この人は伊勢神道（伊勢神宮、特に外宮の禰宜層によって集成された神についての考え方。密教を主体とした仏教、陰陽五行説などの世界観を反映させ、神宮の独自性を説明する。外宮と内宮が対等であることが最大の特徴といえる）という考え方をまとめるにあたって大きな役割を果たした学者でもあったが、その編著の一つが『古老口実伝』で、外宮禰宜の経験に基づいて、「禰宜として知っておくべき仕事の実態、禁忌、学問などについて、古典・古記録・家の口伝に則り、簡潔に、しかももらすところなく懇切に書きとどめた書」と評価されている。

斎宮の禁制

さて、このなかに「斎宮院内禁制式文のごとし」と題名が付いた、いくつかの記事がある。まず表題は、斎宮内での禁制は「式文」つまり、式という法のとおりに行うこと、としている。

この「式」は『延喜斎宮式』（あるいはその後に出された追加の細則も念頭に置いているのかもしれないが）のことであろう。そしてその後に、禁止項目が見られる。

それによると、まず、

月水の故障、服気《ぶっき》の男女ら、退出の法なり。

とあり、月経期間中の女性や、喪に服しているなど、けがれている状態とされた男女は斎宮には入れないとしている。『斎宮式』にも、斎王は月経期間中は祭に参加できず、御汗殿《みあせどの》と呼ばれる別の棟にいなければならなかったとする。

次に、

鼓笛音は院中禁忌とす（尺拍子《しゃくびょうし》を用いるなり）。

とあり、鼓や笛を使うのは禁止、代わりに尺拍子（リズムを取るためのパーカッション楽器、三〇センチくらいの長細い板だと思われる）を使うこととしている。

次に、

巫《かんなぎ》の態は禁忌。

これは、巫女《みこ》のように託宣をしたり呪いをしたりすることは禁止、ということであろう。前述のとおり、長元の託宣事件、つまり長元四年（一〇三一）に斎王自らが託宣し、神宮や宮中が大騒ぎになった、という事件をはじめ、十一世紀前半にはいくつかの託宣事件があった。巫の態が禁止されたのは、こうした事件を踏まえてのことだとすると、この禁止事項は『斎宮式』以降に追加されたものかもしれない。

次に、

六色の禁忌と内外の七言は式条のごときなり。

六種類のタブーと内外七種類の忌詞は『斎宮式』のとおりとしている。忌詞は『斎宮式』に見られる十四種類の言い換え、第2章で述べた仏教関係の言い換えである「内の七言」と、「死」を「奈保留《なおる》」、「病」を「夜須美《やすみ》」、「哭《なく》」を「塩垂《しおたれ》」、「血」を「阿世《あせ》」、「打」を「撫《なず》」、「宍《しし》（肉）」を「菌《くさひら》」、「墓」を「壌《つちくれ》」とする「外の七言」のことだろうが、六色の禁忌はよくわからない。『斎宮式』で見られる禁制は「殴闘《おうとう》」「修仏《しゅうぶつ》」「私奸《しかん》」「密婚《みっこん》」「火穢《かわい》」などがあるが、六種にはならないのである。その後に追加があったのかもしれない。

次に、

鴨子を供進せず（貞観以後禁制なり）。

鴨は水鳥のカモである。カモの肉は食べない、という意味かと思われるが、鳥の子、という と鶏の卵になるので、カモの卵を食べない、という意味かもしれない。当時、動物を食べるこ とを忌む意識は貴族の間で強くなっていたが、カモ、キジ、シギなどの鳥はそれに代わって盛 んに食べられていたので、斎宮だけのタブーだと思われるが、理由はわからない。

斎宮と音楽のタブー

これらの禁制で興味深いのは、鼓笛は斎宮では使わない、としている項目である。

斎宮に関する史料には、楽器や音楽のことがしばしば出てくる。たとえば『斎宮式』では新嘗祭で禄をもらう人のなかに「歌人」が見える。延暦十八年（七九九）には、斎宮の新嘗祭を停止して、神宮の九月祭（神嘗祭）に「歌・舞・伎」を奏すという記事もあるくらいなので、斎宮でも音楽は必要だったはずである。

一方、『源氏物語』の「賢木《さかき》」帖では、野宮を訪ねた光源氏の耳に管絃の音がきれぎれに聞こえる、という描写がある。また、斎王本人も音楽に秀でていることがあり、斎宮女御徽子女王は琴の名手で、琴を弾く右手をかばうあまり、普段は左手を使っていた、という逸話があるくらいである。また、『更級日記』には、源資道《すけみち》という貴族が斎宮で数代前の斎王から仕えているという老女からよく調弦された琵琶《びわ》を差し出された、と記されていて、琵琶の名手が斎宮にいたこともわかる。

斎宮に関わる音楽は、弦楽器や歌の記事が多く、たしかに鼓や笛は見られない。もともと弦楽器に比べて、笛のような木管楽器や鼓のような打楽器を女性が演奏する、という話は古典や歴史史料のなかにもあまり見られないようではある。『源氏物語』の「若菜上」でも、女楽として紫の上や女三宮《おんなさんのみや》らが合奏するのは琴や箏《そう》、琵琶などの弦楽器である。そもそも平安時代の貴族女性が笛を吹いたのかどうか、鎌倉時代に書かれた『とりかえばや物語』では、男の子として育てられた姫君が、懐妊したので女性に戻って姿を隠すときに、笛を吹けないと嘆く場面があり、笛は男性のものだったのかもしれないのである。だとすれば、日常的に、斎宮内院で男性が音楽を演奏することはあまり考えにくいので、あるいは斎宮のなかでは、鼓や笛がなくても案外大した問題はなかったのかもしれない。

ところが斎宮には、「笛川橋」という笛にまつわる地名がある。笛川は、史跡の東外側を流れていた川だが、現在は河川改修などの関係でほとんど空の用水路のようになっている。笛川橋は伊勢街道がこの川を渡るところの橋だったが、現在は道路を横切る溝自体が数十センチの幅で、その上は舗装道路になっているため、橋であることすらわからなくなっている。そしてこの橋には面白い伝説がある。斎王恬子内親王と在原業平の密通の話に関わり、業平がこの橋のところで笛を吹いて合図をしたことに由来しているというのである。江戸時代以前にさかのぼる古い記録には出てこないのだが、密通の合図なら、以後斎宮で笛が禁止されていてもおかしくはないのかもしれない。あるいは斎宮での笛の禁止から派生した伝説、とも考えられる。

とはいえ、たとえば斎宮の女孺は伊勢神宮で五節舞《ごせちのまい》を披露している。現在伝わっている五節舞では竜笛《りゅうてき》、篳篥《ひちりき》などの木管楽器は使っているようである。とすれば、平安時代だって使っていないとは考えにくいだろう。鼓笛の禁制がどの時代にまでさかのぼるかは、やはり疑問なのである。

14　斎王がこの世の終わりを告げるとき

大鳥神社に伝わった記録

大阪府堺《さかい》市に大鳥《おおとり》神社という古社がある。十世紀に編纂された『延喜式』の神名帳にも「名神大社《みょうじんたいしゃ》」という格の高い神社として載せられており、平安時代後期には和泉《いずみ》国一宮になっている有力社である。本殿の建築は大鳥造と呼ばれ、住吉大社の住吉造をアレンジした様式で、いかにも歴史と伝統を誇る神社という雰囲気がある。

今は大都会堺市民の憩いの緑地帯になっているが、残念ながらたび重なる戦火や戦災によって、古い文献はほとんど残っていない。ところが近年、国立公文書館内閣文庫に『大鳥太神宮《おおとりだいじんぐう》并《ならびに》神鳳寺縁起帳《じんぽうじえんぎちょう》』（以下「縁起帳」）という鎌倉時代の史料があることが紹介され、そのなかには奈良時代にさかのぼる伝承も入っているのではないか、として注目されている。そして近年、柳田甫《やなぎたはじめ》によってその全文が翻刻された。その結果明らかになったことは、この縁起、つまり神社の由来の続きに、「弘法《こうぼう》大師の曰く」として天照大神についての言説が記されていたことである。もちろん空海に仮託された「偽書」なのだが、ここに斎宮と関係する伝説が記されている。

この「縁起帳」には両部神道の独自解釈が強く見られる。もともと大鳥神社は、古代にはこの地域の有力氏族の大鳥連《おおとりのむらじ》氏の氏神だったはずなのだが、ここでは天照大神と出雲《いずも》大社を祀るものとされている。そして本来の両部神道とは違い、伊勢が太陽で胎蔵界、出雲が月で金剛界に対応するという説明になっている。さらに興味深いのはこの一文である。

第十一代垂仁天皇の御時、初めて斎宮女御を別御室にて祝ひ奉る。この室に（天照大神が）入らせ給はんとては、御冠装束は俗の姿にて入らせ給ふ。必ず三枚の鱗《うろこ》を落とす。これを大唐櫃に取り入る。この櫃入り満たむ時は、世の中滅ぶべしと云々

つまり、垂仁天皇のとき以来「斎宮女御」が特別な部屋で神宮を祀るようになり、その部屋

へは一般のような姿で天照大神が入り、そこには必ず三枚の鱗が落ちているというのである。

地方に展開する伊勢の伝説

いうまでもなく「斎宮女御」は、平安時代中期の斎王、徽子女王のことである。しかしここでは、垂仁天皇以来あった一つの役職のように書かれている。そして垂仁天皇に関わる伝説は、『日本書紀』で伊勢神宮を拓いたとされる倭姫命の記事に基づくものであるはずだから、斎王についてはかなり情報の混乱が見られるようである。そして斎宮は「別御室」という形でしか出てこず、斎宮という言葉についても正しい理解がなされていない。さらに興味深いのは、「斎宮女御」という言葉が「斎宮にいる（神の）女御」という意味で使われているように読めることである。

実はこの話の原話のような話が、鎌倉時代の僧で、神宮祭主の大中臣隆通《たかみち》の子である通海《つうかい》が神宮を訪れたときの記録『大神宮参詣記』（別名、通海参詣記）のなかに出てくる。要約すると、

「斎宮は皇太神宮の后で、夜な夜な通うので、斎宮の御衾《おふすま》には朝になると蛇の鱗が落ちているという人がいる」

ということである。

通海はこの話について「信じがたいが、よくたずねられることがある、しかし決して正しい話ではない」と、厳しく否定しているが、当時この説がある程度知られていたことがわかる。大鳥神社の「縁起帳」で語られる「斎宮女御」は、「皇太神宮の后」と同じ意味で使われており、それは通海の記した「世間の人がよくたずねる」内容と重なるものではなかったかと考えられるのである。

通海の参詣記が書かれたのは弘安《こうあん》十年（一二八七）のころと考えられており、そのころ斎王の群行はすでに行われず、伊勢にいた最後の斎王、愷子《やすこ》内親王も帰京した後のことである。斎王は選ばれないか、選ばれても天皇の退位により伊勢に来ることはないのが常態化していた。とすれば斎宮寮のような官司もなくなっており、斎宮の記憶は急速に変化していたものと考えられる。そうした変動のなかで、「斎宮女御」という言葉が一人歩きして、「女御なのだから神宮の后なのだろう」、と理解され、この不思議な言説が語られるようになったようにも思える。そして興味深いのは、これまで伊勢でしか確認できていなかった、天照大神が斎宮に通うという言説が、遠く和泉国でも知られていた、ということである。

書き換えられていく斎王

平安末期から鎌倉時代前期ころに『倭姫命世記《やまとひめのみことせいき》』という本が、おそらく外宮の禰宜たちの間で創作された。『日本書紀』の神宮創建伝承や、『皇太神宮儀式帳』、平安時代後期ころに作られたと見られる『大同本紀《だいどうほんぎ》』と呼ばれる偽書をもとに、神宮の伝承を膨らませて作られた、最近では「中世神話」などと呼ばれる文献である。そこでは、トヨスキイリビメの時代から天照大神は各地をさまよっており、丹波にも赴き、倭姫命の時代まで長い年月をかけて各地を巡行して、最終的に伊勢に至ったとし、雄略天皇の時代に至り、丹波での約諾に基づき、外宮を伊勢に迎え入れたとしている。要するに、内宮より外宮のほうが天照大神と関係が古い、というのがメインの主張である。

　外宮禰宜たちは鎌倉時代に、内宮と外宮が陰陽補完する神社で同等、いや外宮こそ天御中《あめのみなか》主命《ぬしのみこと》を祀る最高の神社とまで主張する「伊勢神道」「度会神道」といわれる「神道」を創作して神宮についての新たな解説を生み出し、中世社会にそれなりの影響力を与える。その教理書は「神道五部書」といわれるが、『倭姫命世記』は、古代以来内宮の下位に置かれてきた外宮にとって乾坤一擲《けんこんいってき》となる「史書」なので、特に重視されていたらしい。今でも全国に残る「元伊勢（伊勢に行く前に神宮はここにあった、とする伝説）」はこの本に由来するものが多く、江戸時代でも広く信じられていた形跡がある。

　斎宮をめぐる常識的な言説は、どうやらこの時代に大きく書き換えられていたらしい。不思議な斎宮女御伝説もその一つとして理解できるのである。実は伊勢神道は、両部神道の強い影響を受けていた。大鳥神社周辺では真言宗寺院が多く、両部神道の影響は受けやすかったと考えられる。真言宗系の寺院ではこうした話は意外に有名な話になっていたのかもしれない。
そして「縁起帳」で興味深いのは、天照大神が斎宮に通うという伝説が「この鱗が大櫃に一杯溜まると世が滅ぶ」という終末観に発展していることである。

斎王と終末観

斎王と終末観との関係については、「長元の託宣」を記した『小右記』（藤原実資の日記）に、託宣した斎王嫥子女王が、「すでに百王は半ばを過ぎている」と、天皇百代でこの世は終わる、という百王思想を持ち出したとあることが思い出される。しかしここでは、古い百王思想から離れ、神宮に関わる噂話がさらに発展した形で末法思想と結びつき、新たな伝説を生み出しているようである。

また、神宮と蛇の関係については、『春記』（藤原資房の日記）長暦二年（一〇三八）の良子内親王の群行記事のなかで「赤い蛇」が神の使いか、といわれているのが初期のものではないかと考えられる。

どちらの噂話にしても、十一世紀ころから存在した考え方が、十三世紀ころに、新たな終末論に発展しているのが実に興味深いところである。

このように、遠く和泉国に伝わった文献から、平安時代に起源のある神宮の噂話が、鎌倉時代以降、新たな伝説として広まっていく様子がうかがえる。それは伊勢神宮や斎宮のイメージの変遷を考えるうえでもきわめて面白い史料なのである。

第5章　斎宮とは何だったのだろう

ということで、斎宮や斎王を追って旅をしてきた。ここまでわかってきたことを踏まえながら、斎王がどのように記録され、理解され、伝えられてきたか、つまり、どのような「情報」として理解されてきたかを改めて考えることで、全体のまとめとしていきたい。

1　斎王と斎宮の特質ふたたび――『日本書紀』の視線、伊勢の視線

「斎王」という言葉の成立

斎王について、最初に留意しておきたいのは、伊勢の神に仕える天皇の娘、という概念が先にあり、「斎王」というその名前（皇后、皇太子、親王、内親王などと同じく「身位」といってもいいのかもしれない）が後から付いてきた、ということである。それは『日本書紀』のなかには、斎王、また伊勢にあったその宮殿という意味で「斎宮」という用語が出てきていない、という

ことからわかる。

ならば『日本書紀』の概念のなかで、同じ伊勢神宮に仕える皇女という存在でも、天照大神に仕えるトヨスキイリビメ、ヤマトヒメと景行天皇の皇女だという五百野の三人と、伊勢大神あるいは日神に仕えたとする雄略から推古に至る間の稚足から酢香手姫までの五人と、天照大神に仕える天武朝の大来の、明らかに時代が違う三グループを同列に考える必要はない。それは後世の「斎王制度」の実態に規制された考え方、あるいは斎王制度が始まっていた段階に編纂された『日本書紀』の方針に誑《たぶら》かされている、ともいえるのだ。

『日本書紀』の記述の特質

『日本書紀』の編纂方針は、現代に至る歴史、つまりこの「国」がどのような過程を経て構築されてきたかを文章化することだ。この場合の現代とは、律令が作られ「日本国」の枠組みが完成した文武朝、ということだ。その枠組みのスタートは神武天皇の「即位」つまり天皇制の始まり、すなわち、あったらいいなあ、という記憶である（だから暦はここから始まる、それ以前に年季記載はない）。しかし神武以降、開化《かいか》天皇までの八代には重要な記録はなく（欠史八代といわれる）、国を維持する制度、特に祭祀の枠組みの起源は崇神・垂仁天皇の時代に圧縮されており、そのため伊勢神宮が作られたのはこの時代とされる。だから神武即位以来六百年ほどは、天照大神は宮中で祀られていたことになっている。

しかし、垂仁朝に伊勢神宮を作ったとした後、天照大神に仕える斎王は、仲哀《ちゅうあい》天皇以降いなくなる。そして雄略天皇以降になってやっと神に仕える皇女が続くようになる。ただしその対象は伊勢大神や日神であり、ヤマトヒメと同列とは一概にいえない。そしてこのような皇女は舒明《じょめい》天皇から天智天皇の間、ふたたび見られなくなる。ヤマトヒメと同列に論じることができる、つまり天皇に代わり「天照大神」に仕える、と言い切れるのは天武朝の大来皇女のみである。「現代」に近い大来の「史実」を、「国の始まり」である崇神・垂仁の時代に反映することで、伊勢神宮の存在価値を高める、というのが『日本書紀』の編纂意図なのであろう。

しかしそれにしても、「斎王」という名前がまだなかったことは注目に値する。それは実態としてこのシステムが、制度的に機能する段階まで至っていなかったからだろうと考えられるのである。名もないこの制度を維持し、未来永劫《みらいえいごう》続けていくための仕掛け、それが雄略から推古朝まであったという伊勢の神に「大王の娘」が派遣された伝承と結びつけ、さらに崇神・垂仁朝に始まったという物語と関連づけ、歴史という記録のなかに位置づけたことなのである。『日本書紀』編纂の段階で、「斎王は一代一人が原則」というルールが自明のものだったとすれば、むりやりでもすべての天皇に皇后と同じく斎王を書き込むことだってできたはずだ。だが、崇神・垂仁朝のトヨスキイリビメ・ヤマトヒメは必要だったが、それ以外の伊勢神宮に仕える皇女を創作して穴埋めをするようなことは想定していなかったと考えられる。「斎王」は『日本書紀』編纂段階では、そこまで想定されていなかったのである。

伊勢神宮の記録の「視線」

伊勢神宮は見方によって性格の変わる存在だと思う。たとえば、伊勢神宮がもっとも格の高い神を祀るところだとしても、大王の守護神と国家守護神では意味が違う。『日本書紀』は大来皇女が仕えるところを最初、「天照大神宮」とする。伊勢神宮は天照大神の神話と不可分である。また、天皇が祀る神社という点でも、天皇とは不可分の関係になっている。伊勢神宮・天照大神・天皇の三位一体が『日本書紀』の基本的な視線といえるだろう。その視線がとどいているのは、大来の時代と倭姫命の時代の伊勢神宮だけなのである。では、伊勢神宮は律令制下、つまり『日本書紀』より後の時代には常に同じ視線で見られていたのだろうか。それがどうやらそうではないらしい。

伊勢神宮の最古の文献である『皇太神宮儀式帳』にはヤマトヒメについて決定的な異伝が記されている。このヤマトヒメは伊勢神宮を定めた後、報告のため大和に帰ってしまうのである。その結果、『儀式帳』には日本武尊《やまとたけるのみこと》に関わる話、たとえば彼が伊勢神宮を訪れたことや、彼に献じられて神宮に納められた蝦夷《えみし》が騒いだので、ヤマトヒメが上申して御諸山《みもろやま》のあたりに移したという佐伯部《さえきべ》についての伝承などはまったく記されていない。そしてヤマトヒメがいないため、代行した禰宜の子女が現在の大物忌《おおものいみ》であるとする。大物忌は神宮禰宜荒木田、度会氏の一族の少女が務め、三節祭の朝夕大御饌《おおみけ》、つまり神の食事の奉仕などを行う者で、『儀式帳』

の主張では、斎内親王より大物忌は大神に近く奉仕する者としている。つまり『儀式帳』の主張では、ヤマトヒメは斎王とは質的に異なるもので、神宮祭祀は禰宜氏族が支えているのだとするのである。

しかし神宮禰宜とはいえ、一介の地域祭祀氏族が、国家の公的歴史観に反するような主張を公文書である『儀式帳』のなかでよく許されたものだ、とも思う。とはいえ考えてみれば、天皇の代替わりごとに都で出雲国造によって奏上された出雲国造神賀詞では、記紀に見られる神話とは異なり、国造の祖先である天穂日命《あめのほひのみこと》が国譲りの立役者になっている。『日本書紀』のなかでも、神宮の成立を崇神・垂仁二代にわたるとする本文に対して、垂仁一代とする異伝が見られる。第1章でも述べたが、この異伝は倭直氏の伝承によるものだと考えられる。地方豪族の唱える異伝は意外に中央でも許容されていたのである。

このように八世紀の伊勢神宮にもいろいろな視線が重なり合っていた。国家の視線と地域の視線の相克だけではなく、地域の視線にも禰宜の視線のほかに、麻績氏や服部氏など神衣祭に関わる氏族の視線や、神宮の雑務を掌握し、九世紀には神郡を実質的に支配するようになる太神宮司の大中臣氏の視線はおのずと異なるものだったと考えられる。史料ごとに描かれる神宮像には少なからぬ相違がある。

『儀式帳』では斎王の拝礼は三節祭に行われるとしているが、勅使が参加するのは九月神嘗祭だけで、六月・十二月の月次祭には参加していない。ところが『延喜斎宮式』『延喜太神宮式』になると、三節祭にはいずれも斎王・勅使が参加するようになる。おそらく『弘仁式』段階までに、それぞれの成立経緯に関係なく、外観を統一整備したのだろう。伊勢神宮や斎宮の整備・定式化は儀礼の整備・定式化にも対応する。その意味で斎宮における方格地割区画の造営というビジュアルな改革は、いろいろな思惑より高位の立場で朝廷と伊勢神宮との関係を非常にわかりやすく表現したもの、といえるだろう。

都からのもう一つの視線――賀茂斎王の視線

賀茂斎王は平安時代初期、嵯峨天皇の時代に、平安京の守護神と認識されていたらしい賀茂神社に、伊勢斎王に準じて置かれたものである。『延喜斎院司式』の第一条が『斎宮式』とほとんど同じことからもそれはよくわかる。しかし伊勢斎王と違い、賀茂斎王は天皇の代ごとに交替はしないという傾向がまもなく顕著になる。天皇の代替わりごとに選ばれることは早々に空文化しているのである。都市を守るとイメージされる賀茂斎王にとって、天皇の代替わりはそれほど大きな問題ではなかった。

賀茂祭は賀茂警固儀と呼ばれる厳戒体制のなかで行われる祭祀で、祭祀の内容はほとんど記録されていないが、斎王と勅使(近衛使・内蔵使)を中心とした行列が大きな意味を持つようになる。祭りの「かへさ」(帰りの儀式)も含め、これらの行列が、京の住民を巻き込んだ見世物イベントとなっていたことは『源氏物語』「賢木」帖の車争いの場面に詳しい。当時の貴族たちの関心は、厳戒体制下の緊張を帯びた行列であり、それは平城天皇の乱のときに採られた非常線の措置を再確認する儀礼であった。祭の「かへさ」はその警戒体制が解けたことによる緩和を楽しむ儀礼として都人に親しまれたのである。それは平安京が定着したときの様相を再現する祭祀であり、各天皇と賀茂神社とは、個々の天皇の内廷関係（近衛府、内蔵寮、斎王）つまり私的ともいえるシステムを介してつながっていた。斎王はその代表として、その関係を祭のたびに都人に公示する存在だった。

しかし伊勢斎王は違う。斎王は都から遠い伊勢で、あくまで公的な存在として神宮祭祀に関わっていたのである。個々の天皇との関係は賀茂より薄くなっており、わかりにくくもある。伊勢で行列をしていても、都人には遠い存在なのである。

そして賀茂斎王は伊勢斎王より内親王であることが多い。神様の格は国家神のほうがはるかに高いはずだが、どうも伊勢より賀茂が優先されているのである。その理由はどこにも書かれていないが容易に想像はつく。

楽だからである。

京のすぐ北にあり、神への奉仕は賀茂祭の一回のみ。実の娘を賀茂に置きたくなる気持ちはよくわかる。どうも賀茂斎王ができたことで伊勢斎王には「辛《つら》い」感が定着しつつあったようだ。少なくとも伊勢で最長三十年とか、たしかに辛い。さらに遠隔地だと何かと不便である。

九世紀末期の宇多天皇は、息子の醍醐天皇への譲位にあたり、『寛平《かんぴょう》遺誡《いかい》』といわれるメッセージを遺しているが、そのなかで、斎宮は遠隔地にあり、何かと不自由なことが多いので手厚くしてやるようにと述べている。斎宮の維持は大変だったのである。しかも平安時代中ごろになると、斎王は「罪深いもの」と思われるようになった。『枕草子』では、賀茂斎王選子内親王のサロンを、罪深いがいいものだ、としている。仏教を近づけないからである。賀茂でさえそうなのだから、伊勢斎宮は余計に辛いものと感じられたことだろう。平安時代中期、何かにつけて斎宮は「罪ふかきほとり」（『源氏物語』「澪標《みおつくし》」帖）と見られていた。

だが伊勢斎王はそれだけの価値がある存在だったはずだ。少なくとも本来はそういうものだったはずだ。何しろ天皇の命運は自らの奉仕が担っているからである。

2　斎王制度の確立ふたたび――その存在意義

天皇個人に関わる斎王

しかし大来皇女の時代はもちろん、文武朝になっても、井上内親王までの間の斎王「制度」はまだまだ不安定で「皇女勅使」ともいうべき皇女たちがしばしば見られた。彼女らはそのたびごとの祈願と目的を携えて神宮に参詣したものと考えられる。一方斎王は八世紀に入り、天皇一代に一人という体制にしだいに落ち着いていったようである。まず「斎」という職名（身位）らしきものが『続日本紀』に見られるようになった。「斎」とは、神に近づくために清い状態で世間から隔離されている者で「いつき」と読むのだろう。そして「斎内親王」「斎（女）王」という呼び方も定着するようになってきた。神聖なる者になれるのは皇族の乙女のみ、という意識の確立である。

さらに「斎宮」という言葉が独占されるようになる。『日本書紀』では、天皇が祭祀の前に斎居する宮殿も、伊勢神宮本体も、のちの野宮にあたる施設も「斎宮」と記されることがある。もともとこの表記自体が中国文明からの借り物なのだからしかたがないのである。その意味で八世紀は「斎宮」が政治的に再定義され、「天皇一代に一人伊勢神宮に仕える皇女の宮殿」の独占使用が定められた時代といえるだろう。

では斎王は何のために置かれるのか、律令にその規定はない。『延喜式』の『祝詞式』に見られる斎王を奉るときの祝詞では、「皇御孫之尊《すめみまのみこと》を天地日月とともに、堅磐《かきわ》に平らけく安らけく」、つまり天皇の在位や寿命が長いことを祈念するため、としている。この祈願は天皇が皇御孫、すなわち天照大神の子孫で、神にも等しい王であることを前提にしている。だから天皇しか祈願できず、それを代理として祈願する斎王もまた、皇族、特にその天皇の娘（天照大神の直系の子孫）が望ましいという論理が構築されているのである。そして天皇が即位したときに自分の時代が長くあらんことを神に祈願する、天皇一代に斎王一人、という論理の根本はこれである。そして『延喜斎宮式』には「凡そ天皇即位すれば伊勢大神宮の斎内親王を定めよ」と成文化された規定が記されている。斎王は内親王が原則で、該当者がいない場合、はじめて女王が対象となる、という意識が明確に規定されるようになった。おそらくはじめて成文化されたのは九世紀初頭の『弘仁式』である。それは巨大な斎宮区画の完成期とほぼ重なってくる。

そもそも祝詞の論理は天皇の長命が在位の長さと同じこと、つまり終身在位していることを前提としている。しかし律令制下では天皇は退位して太上天皇になることを許されていたのだから、最初から微妙なニュアンスの食い違いが見られることに注目したい。天皇の在位期間が長いことと、天皇が長命であることは必ずしも一致しないのである。そして八世紀の斎宮は、未だ不安定な要素が多かった。規模も大きくないし、制度に見合った施設が作られていたとも思えない。称徳天皇の時代には置かれてもいなかったらしい。それが決定的に変わるのが、桓武天皇の時代、巨大な方格地割区画の成立段階なのである。

国家に関わる斎宮

八世紀末期、桓武朝になると、王権そのものの変質が見られるようになる。渡来系氏族の母を持つ桓武は、それまでの天皇と違い、皇帝的な権力を志向した天皇である。郊天上帝祭祀(中国の皇帝が行う、天帝つまり天界の皇帝を祀る儀式のこと)を行って父の光仁天皇を天帝とともに祀ったように、王権の拠《よ》りどころである「天」の権威に解釈変更を加えたのである。その一方、八世紀には神宮寺が置かれたり、奇妙な瑞雲《ずいうん》を報告したりして、政権に振り回されたり政権を振り回したりしてきた伊勢神宮について明確なルールを定めるために、現場レポートである『儀式帳』を提出させたりもしている。

そうした改革の一つとして用意されたのが、明確な区画を持つ巨大な斎宮、つまり天皇の代が変わって、部分的に建て替えがあったとしても全体像は変わらない斎王の権威の表象の造営だった。それはまさに斎王のための「みやこ（京）」といっていい空間の誕生だ。

ここで留意したいのは、この段階ではじめて固定化されたハードとしての伊勢神宮と斎宮が、国家神としての天照大神に用意されたと考えられることである。天皇が即位すると斎王を選び直すのは、その天皇と天照大神のいわば再契約であるが、斎宮という変わらない宮殿区画は、天皇や斎王の代替わりと関係のない、国家と伊勢神宮の関係の象徴であった。また、遷宮制度が明確に文章として規定されるのも『儀式帳』の段階である。たとえば八世紀中盤、神宮寺が置かれていた伊勢神宮の内部が『儀式帳』と同じだったという保障はどこにもない。というより『儀式帳』を見ていても、この神社にその少し前まで日本最古の神宮寺が付属していた痕跡はまったくうかがえないのである。つまり、斎宮ほどではないにしても、八世紀の伊勢神宮のハードもまた流動性のあるものだったと考えられる。

ところが一方、平城天皇以降、天皇は退位して上皇になることが普通になり、天皇の長命と斎王の関係はかなりいいかげんなものになってしまう。それは――いささか皮肉なことであるが――斎王制度の完成の証《あかし》といえる巨大な斎宮があれば、その中身、つまり斎王が誰であっても構わなくなった、ということでもある。それは国家機構が成熟し、政治システムが安定化することで、天皇が幼児であっても問題なくなることと軌を一にしているといえるだろう。事実、方格地割が作られてからの斎王、桓武朝の布勢内親王、平城朝の大原《おおはら》内親王には特筆すべきことがほとんどなく、嵯峨天皇の時代の斎王、仁子内親王に至っては十四年も務めた斎王なのに、個人的な記録はまったく見られない。異母姉妹である初代賀茂斎院有智子内親王が漢詩人として名を残したのとはまさに対照的だ。九世紀後半、幼帝の第一号である清和朝の斎王恬子内親王が不本意な斎王だったことも第3章で述べたとおりである。

つまり九世紀以降の斎王は、天皇ごとに天照大神と再契約したことの象徴としての性格が薄れ、国家を安定させるためにシステマティックに守護神の祭祀を行う存在にシフトチェンジしたと考えられる。それは大王や天皇の個人を守る神とは意味が違い、いわば天皇が国家機関の一部として明瞭《めいりょう》に位置づけられたことで成立する国家守護神に対するシステムなのである。この点は賀茂に置かれた都城守護神、賀茂斎王（斎院）と比較することで一層よくわかる。

斎王と御体御卜

『延喜斎宮式』によると、斎宮では卜庭神《うらにわのかみ》二座が祀られており、毎月の晦日に卜庭神の祭が行われていた。この祭は、「毎月晦日と三時祭に参入する際に斎王の御体の安否を卜した」（『延喜式』上　注釈、集英社、二〇〇〇年）と説明されている。これは六月と十二月に天皇に対して行われる御体御卜《ごたいのみうら》と同じ儀礼だと考えられる。それは実は大変なことなのである。

天皇の御体御卜は「於保美麻《おおみま》」の御卜と読みが記されている。大御孫《おおみま》、つまり天孫の子孫の肉体に顕れた徴候を調べる占であり、その徴候は神の祟り、つまりメッセージと理解された。その内容と、どの神からのメッセージかを調べるのが卜部《うらべ》の仕事であり、それによって神に謝する勅使が送られたのである。これは天皇だけが負う義務であり、天皇の肉体が神聖なものと認識されていたことの証拠と考えられている。

それと同じことが斎王にも行われていたのである。斎王に他の神、たとえば三輪や賀茂の神がメッセージを送るはずがない、斎王の身体に顕れる変化は、伊勢の神のメッセージにほかならないはずだ。つまり、斎王は、天照大神のセンサーのような役割を負っていたのであり、それは天皇と斎王にだけ求められた義務だったのである。斎王はある意味、天皇、「すめみまのみこと」と同等に重要な身体を持つ神聖な者だったといえるだろう。斎宮に斎王が暮らす意味はここにある。考えてみれば三節祭に参加するだけなら、都にいてもよかったのである。実際に、神祇官にあって大中臣氏の氏長者が務める、天皇の私的な祈願を伊勢神宮に伝える「祭主」は、普段は京におり、三節祭のみ下向していた。斎王は、それではいけなかったのである。

斎王は、伊勢神宮にいないときでも、天照大神の意向をその身体で体現する者でありつづけなければならなかった、斎王が伊勢に常駐していた理由はこれではなかったのか、と私は考えている。「斎宮」の「斎」は「神に仕えるために清い状態を保つ」ことである。神のメッセージ＝祟りをその身体に体現する神聖な身体が必要だったからこそ、斎王は伊勢の地に隔離され、世俗を絶たなければならなかったのではないか。

斎王の祭祀とその役割

斎王は伊勢の地に隔離され、「斎」を行っている。この漢字は祭祀に伴う潔斎「ものいみ」に対応する言葉として採用された。中国では「斎宮」は皇帝が祭祀を行う以前に籠もる施設であり、現在の故宮にもある。伊勢の斎宮はそれを恒常化したものと理解できる。「斎」を行う者としての王の性格を抽出して特化したもの、といえるだろう。斎王の御体御卜もそうした性格と対応したものであろう。いわばフルタイム伊勢大神を感じていても神に嫌われないというのが斎王に期待されたことだと考えられる。

その意味で重要なのは、伊勢神宮に正殿があり、二十年に一度建て替えられて継続していくことである。つまり伊勢神宮は神（天照大神）が常住するところ、あるいは高天原《たかまがはら》出張所と位置づけられているのである。だからそれに対応して斎王もずっと斎宮に詰めていなければならない。

しかし、そうした観念は古代の神にとってきわめて特異なものだったと考えられる。神とは共同体外部から依《よ》り来る者、あるいは共同体と外部の境界空間にいる者であり、日常生活のなかにいる者ではない。その典型的な例が異界に常在する海の神である。そして伊勢神宮のある南伊勢地域は海上交通の発達した地域であり、伊勢が、おそらく五―六世紀、国家的に重要視された潜在的な理由はそうした環境と密接に関係していたはずである。そんな神意識は神宮祭祀に見ることはできないのか。

実はいくつも見ることができる。伊勢神宮の三節祭の直前には、伊勢神宮の東の神堺の海で神宮禰宜たちが贄《にえ》を漁《すなど》る「贄海《にえうみ》神事」が行われており、海との境界を重視する認識は明らかに見られていた。

そして斎王の祭祀にも海を強く意識したものがある。八月末と十月末に大淀、あるいは尾野《おのの》湊《みなと》といわれる斎宮から数キロメートル離れた海岸で行う禊である。八月末の禊は九月神嘗祭の前に行われる。六月と十二月の月次祭のときには近隣の川で行っており、これは大淀禊の簡略版と考えられる。大淀には「よど」の名のとおりラグーン（潟湖）の痕跡があり、ラグーンと海を隔てる砂嘴《さし》が「尾野」だったと推測できる。大淀は『伊勢物語』では尾張国と行き来する港とされ、やはり海上交通の要衝と境界祭祀の重複がうかがえる。そしておそらく、斎王は禊の後は斎宮内で隔離され、九月十四日に伊勢神宮に向かうのである。しかしこの祭祀には大きな問題点がある。もともと「斎」状態にある斎王がなぜわざわざ禊を行わなければならないのか。

私は以前、斎王の海での禊は禊をすることによって依り来る神と合一化して新たな力を得るために行うものと考えたことがある。しかし先述したように、伊勢神宮には神は常駐していたはずなので、この考えとは矛盾し、そう言い切ることにずっと躊躇《ちゅうちょ》を抱えていた。しかし最近は、伊勢神宮の神の性格には、伝統的な依り来る神としての側面と、未成熟な常住する神の側面という、相反する性格が同時に存在していたのではないかと考えるようになった。その理由は、十一月新嘗祭にも斎王の大淀禊が行われることである。

十一月新嘗祭は神宮とは関係のない祭祀で、内宮・外宮やその別宮を除いた斎宮と度会・多気郡内の神社との間で行われる収穫祭である。祭祀の次第は残されていないが、調度品には湯《ゆ》浴《あ》みのための槽《ふね》や、神を迎える座に敷く坂枕《さかまくら》などが見られ、この祭祀が宮廷新嘗祭とほぼ同様の内容で、斎王が新穀を神に捧げ、神と合一化することで翌年の稔《みの》りを祈願するというものだったと考えられる。つまり御体御卜と同様に、斎王が直接神、あえていえば天照大神に接する祭祀だったと考えられる。十月大淀禊は、その神霊を迎えに行く儀式なのではないか、と考えるのである。

このように考えれば、斎王の三節祭前の禊もまた、海上より神の新たな霊性を迎え、三節祭で神宮に導く、という思想が想定できる。それを表象する儀礼が、神宮大宮司より受け取った太玉串に神霊を宿らせ、神宮に納める、というものではないか、という想定が可能なのである。斎王は常に神と接するものでありながら、神を迎える者でもあった。それはこうした儀礼が形作られたと考えられる奈良時代後期の神祇祭祀の過渡期的な性格をよく表しているのではないだろうか。

3　斎王たちが生きた時代

時代と切り結んだ斎王たち

本書で取り上げた斎王たちは、それぞれの時代のなかで明確な記録を残した人たちである。斎王それぞれは政治史的な歴史に足跡を残すわけではない。何も起こらないことが前提だからである。そのなかで、大来皇女は律令国家形成期の王権を体現する者として伊勢に送られ、井上内親王は斎王から皇后になり、その政治的な立場が危険視されたために排除され、朝原内親王は、斎王の個性を求められなくなっていく歴史の流れに抗し、徽子女王は斎王であったことの自負と責任感に生き、文化的役割が求められる斎宮への橋渡しとなった。古代の斎王は、まさに存在自体が政治的なのだった。嫥子女王は伊勢神宮を託宣する神に転換させ、良子内親王はそんな伊勢神宮と王権の関係をリセットさせる象徴となった。そして媞子内親王は斎王の権威が持つ政治的価値を再発見させた。この三人は中世における斎王の可能性を拓いたのである。

そんな個性的な斎王以外にも時代を映す斎王たちはいた。奈良時代初期の当者皇女は発足期の斎王の試行性を、布勢内親王は奈良時代から平安時代への橋渡しとなり、王権の一部としての斎宮というハードと直結した斎王の権威を示す。存在感の弱い恬子内親王も、『伊勢物語』のなかで語られることで、貴族社会の斎宮への関心をうかがわせ、済子女王の事件もまた、斎王のスキャンダルと政治という問題を提起する。天皇と上級貴族との個人的関係が政治的要件となった摂関期には、斎王は天皇の切るカードの一枚だったことを当子内親王の人生は示してくれており、院政の時代には、そのカードから女院という大きな存在が生まれることもあったことは亮子内親王が示してくれる。しかしそうしたカードもしだいに効力が弱まってくる。鎌倉時代になると、潔子内親王のような母親の出自が低い斎王も現れ、斎王制の衰退は顕著になっていく。

それぞれの斎王の生き方は、時代を映す鏡である。

平安後期の斎王たちの思い

しかしこの天皇個人の名代としての斎王、という意識は、九世紀後半以降しだいに衰えていったものと考えられる。もっとも、醍醐朝の同母妹柔子内親王などは、宇多院が実質的な指名者となり、天皇と一対一対応を長期にわたって保っていた斎王だと考えられるし、村上朝の楽子内親王も、母が村上の兄、代明親王の娘荘子女王であり、ごく近い血族結婚で生まれた斎王だった。こうした斎王は、天皇あるいは上皇がいわば家長のように政界に君臨していた時代だから存在価値を持っていたように思われる。

ところが十世紀以降、そうした天皇から期待された斎王は稀になる。醍醐から後冷泉までの時代、天皇は在位したままで亡くなる直前に退位することが多くなり、上皇はほとんどいなくなる。朱雀・冷泉・円融・一条・後一条の時代には天皇は大きな権力を振るえず、斎王は大きな意味を持たなくなる。一方花山・三条・後朱雀の時代には逆に斎王が意味を持つようになるが、いずれも天皇と摂関家が緊張関係にあった時代である。天皇と摂関、あるいは皇太后との一体性が強まれば、家長的性格は摂政や関白に移り、斎王への期待度は薄まるのである。そんななかで期待されたのが円融朝の隆子女王急逝の後に急遽選ばれた規子内親王であり、三条天皇の在位を夢告で保障した当子内親王であった。一方、幼帝として即位した円融、一条、後一条などの斎王は最初から女王で、天皇の期待を受けえなかった斎王であった。そのストレスが爆発したのが、荒祭宮の神の名を借りた嫥子女王の「長元の託宣」だったのではないか。

十一世紀になると、たとえば良子内親王やその周辺の女性たちが、斎宮貝合を行い、一方で斎王は天皇を支える夢を見、斎宮女官は斎宮頭の横暴を訴える託宣を行う。斎宮にはそれまでのハードを主体とした権威ではなく、都風の文化要素が期待されるようになっていたが、神宮のセンサー機能もまたさまざまな形で生きつづけているようである。そして白河院政以降、天皇家は院政という形で家長権を摂関家から取り戻す。斎王の出る幕が復活するのである。

斎王から離れていく神宮

しかしそのころには神宮は新しい展開を見せていた。仏教排除の外枠を残しつつも、新たな神仏習合思想が生まれはじめる。いわく伊勢神宮の本地仏は十一面観音である、いわく大日如来である。いわく仏を近づけないのは、この国は神国なので仏敵が来る必要がない、という方便のためである。このような考え方が、両部神道と呼ばれる密教系神道の言説として平安時代後期には生まれていた。

そして神宮の側でも、外宮の度会氏の禰宜層を中心に、内宮と外宮の同格を唱える動きが見られるようになる。伊勢神道のおこりである。こうした神話の組み替えのなかで、斎王はしだいに時代遅れな存在となっていたようだ。伊勢神道の聖典「神道五部書」の一つ、『倭姫命世記』では、トヨスキイリビメはヤマトヒメが伊勢に旅立つより以前にもともと外宮があった丹《たん》後《ご》に行き、一時期内宮・外宮は丹後にあった、ということになっている。ヤマトヒメの巡行以前から、内宮と外宮は関係があった、というのである。そしてトヨスキイリビメもヤマトヒメも明確には斎王とされず、斎王群行のはじめは五百野とされ、彼女がきてからもヤマトヒメはずっと伊勢に残り、ヤマトタケルにも会い、外宮を丹後から移転させる霊夢も見たということになっている。

ところが斎王はこうした新しい動きについていけなかった。本来天皇という機関を支える一要素であり、独立した思想や意識を持っているわけではない。中世というサバイバルの時代を迎え、伊勢神宮、特に本覚《ほんがく》思想の神祇版ともいうべき独創的な立場を主張していく外宮に対して、古代以来の箱入り娘の斎宮は対応する術を持ち得なかったのである。

第4章でも触れたように、鎌倉時代の僧で、神宮祭主の大中臣隆通の子である通海が神宮を訪れた記録『通海参詣記』には、外宮の禰宜の話として「斎宮は皇太神宮の后で、夜な夜な通うので、斎宮の御衾には朝になると蛇の鱗が落ちているという人がいる」という噂が記されている。堺の大鳥神社にはさらに拡大解釈された伝説が伝わっていた。斎宮についての言説は、たとえば両部神道や伊勢神道など、中世の神宮の思想的支柱になった言説のなかに位置づけられることはなく、いうならばうさんくさい噂として世間に広まっていたようだ。

鎌倉時代後期、斎宮は神宮からも社会からも、よくわからない存在と化していたらしい。斎王の政治的な有効期限は切れかけていたのである。

斎王と仏教

中世前期の伊勢神宮にとってもっとも重要な問題は、世間の趨勢《すうせい》としての神仏習合にどのように対応していくか、ではなかったか、と思う。

もともと伊勢神宮の神仏分離は、『儀式帳』では倭姫命が定めたとしている。しかし、『儀式帳』の仏教に関わる忌詞には「尼」を「女髪長」とする言い換えがなく、代わって、『延喜斎宮式』では別の忌詞としてあげられている、「堂」を「香燃《こりたき》」、「優婆塞《うばそく》」（正式に得度《とくど》していない僧）を「角筈《つのはず》」とするうちの「角筈」が入っているうえ、「内の七言」という総称も書かれていないなど、まだ未完成な状態である。まして八世紀には神宮には神宮寺が置かれていたのだから、仏教を忌避する意識は八世紀末期に急速に高まったものと見られる。おそらくそれは平城京からの遷都と同様の、仏教と政治を分離する政治的意図によって形成された意識なのであろう。ということは、神宮と仏教の確執は、神宮の現場から見ればどうでもいい話なのであり、忌詞は仏教と共存するための手段だったといえるのかもしれない。

ところが十世紀後半以降、浄土教による個人救済が仏教の主眼となってくると、そうはいっていられなくなる。仏教を近づけないということは、来世の救いが期待できない、ということになってしまうのである。神宮関係者にすればそれは大きな問題だった。神はあくまで現世に関わるもので、死後の世界の安寧までは保障してくれない。神宮が仏教を避けるのは一種の方便なのだ、という思想は、なにより日常的に仏教に接することができない神宮関係者が必要としたものなのである。

ところが斎宮では、状況は少し違っていたようだ。斎宮が宮廷から「罪深きほとり」と見られていたことは前述した。また、『江家次第』によると、斎王は帰京の際、難波津で最後の禊を終えると、難波にあった三津寺の僧が風誦を唱えるとしている。いわば斎王の任を解かれた途端、仏教徒としてのリハビリが始まるという意識が見られるのである。仏教はやはり厳密に排除されていたようにも思える。

しかし実際には仏教が完全にシャットアウトされていたわけではなさそうなのである。たとえば、斎宮女御徽子女王は、母の喪により斎王を退任して帰京する際に、伊勢国多気郡にある近長谷寺《きんちょうこくじ》という十一面観音を本尊とする寺院に白玉、おそらく真珠一丸を奉納している。これは法華経《ほけきょう》普門品《ふもんぼん》、正確には妙法蓮華経《みょうほうれんげきょう》観世音菩薩《かんぜおんぼさつ》普門品第二十五に、「無尽意《むじんに》菩薩がその首にかけた、多くの宝珠を連ねた百千両金の価値がある瓔珞《ようらく》を、観音菩薩に捧げ、観音菩薩は諸々《もろもろ》の出家者や在家者の男女と、天人・竜・人間・人間でないものなどを憐《あわ》れんで、その瓔珞を受けた」という記述を意識したものと考えられる。つまり斎王周辺では、観音菩薩には宝石を捧げるのが望ましいということが知られていたわけだ。この当時の社会で仏教的知識を完全に排除できるとは考えがたい。斎宮跡で発見されている緑釉陶器の高級なものに陰刻された花文は宝相華《ほうそうげ》、つまり極楽の花である。斎宮と仏教については、万事建前と本音が見られたものと見ていいだろう。

しかし斎宮には神宮のような神仏習合論は根付かなかった。神宮禰宜は神郡から外に出ることはできない。全生活、全生涯をかけて神宮祭祀に奉仕する職掌である。斎王もまた移動の自由などとは縁のない存在であるが、その在任期間は天皇の在位期間に限られ、全生涯というわけではない。その違いが両者の切迫感の相違になっていたのかもしれない。

斎宮と文学

さて、斎宮がその政治的・行政的機能を削減されはじめたのは九世紀後半以降と考えられるが、そのころから盛んになるのは、斎宮をテーマ、あるいは素材として取り上げた文学作品である。その嚆矢《こうし》が、主人公と斎王の一夜の恋をテーマにした『伊勢物語』であることは象徴的だといえる。モデルとされた恬子内親王は清和天皇の異母姉で、九世紀後半以降影が薄くなっていく斎王の、いわば第一号だった。今風にいえばイジリやすかったのである。

しかしその後、斎王の恋を正面から取り上げた作品はほとんどなくなる。『栄花物語』のように事実としての当子内親王の恋を記録するものはむしろ例外で、『大和物語』に出てくる柔子内親王の話は、自分の恋とは無縁なことになっている。作り物語でも、たとえば『狭衣物語《さごろももの がたり》』では、主人公狭衣大将の母が元伊勢斎王で、最後に彼の即位を託宣するのも伊勢斎王である。しかしこの斎王は彼の恋人、女二の宮の妹でもありながら、狭衣と恋愛関係になることはない幼げな女性として描かれる。『更級日記』には、斎王こそ出てこないが、三代の斎王に仕えたという斎宮の老女が、斎王の裳着の勅使として斎宮を訪れた源資道に琵琶を差し出し、現《うつつ》とは思えない雰囲気の雪の夜を幻出する、というくだりがある。都人にとっての斎宮のイメージを実によく伝えた文章である。

そして作り物語の最高峰『源氏物語』における斎王が、源氏の養女格として冷泉の院（源氏と藤壺《ふじつぼ》女御の不義の子）の妃になる秋好中宮であることは有名だろう。ところが現在の『源氏物語』では、彼女は決して日の当たるキャラクターではないからである。しかし彼女らとて恋愛とまったく無縁だったわけではない。源氏の恋愛対象ではない。秋好の場合、その母、六条御息所の遺言が制約となり、源氏は恋人にできなかったまでのことであり、それに代わるものとして、天皇と結婚するという路線が用意されていた。狭衣の斎王たちも、母であり、恋人の妹でありと、まったく世間知らずのお嬢様ではない。斎王たちは、主人公を中心とする恋物語のむしろ外縁部で彼と関わる存在として位置づけられているようである。

しかし多くの斎王たちは、文学のなかで重要な役割を果たすことはなかった。

一方、平安時代末期の、済子女王をモデルにした『小柴垣草紙』の斎王はどのように考えるべきだろうか。さらに鎌倉時代になると『とはずがたり』には、後深草《ごふかくさ》上皇が愛人にしていた作者、後深草院二条に手引きさせて通ったが、手折りやすい花はつまらないとかで長続きしなかったという、斎王愷子内親王のエピソードがある。彼女は亀山《かめやま》天皇の時代の斎王で、後深草上皇からは母違いの妹にあたる。同時代に作られた、平安時代を舞台にした擬古物語『我身にたどる姫君』には、狂斎宮と呼ばれる同性愛者の斎王が出てくる。

いずれも現代人が斎王からイメージする特徴、すなわち処女性、純粋性からは遠い斎王たちが描かれている。なかなか一筋縄ではいかない斎王たちである。

そうした斎王や斎宮の一筋縄ではいかない感覚の原点におり、現代までそうしたイメージを投げかけているのが、『源氏物語』の六条御息所だろう。

彼女は斎王ではない。斎王の母で、先皇太子の妃だった人である。そして光源氏の年上の恋人であった。その屈折した愛情と怜悧《れいり》な知性に引き裂かれ、彼女の懊悩《おうのう》は生霊となって光源氏の正妻葵の上を責め苛《さいな》んで死《せ》の淵に追いやり、さらに死霊となって紫の上や女三宮に仇《あだ》をなす。光源氏三代の妻に祟るのである。彼女の、娘の斎王、のちの秋好中宮とともに伊勢に下ったとするエピソードは、斎宮女御の事跡を踏まえたものだとされる。そして斎王とともに帰京した後まもなく亡くなるのも斎宮女御と似ている。しかし現実の斎宮女御には祟りの噂はない。その部分は創作と考えてよいだろう。そして斎王だから祟る、というイメージがあった、ということでもあるまい。彼女は斎王ではないし、祟る原因は光源氏への妄執である。井上内親王とはわけが違う。

私は、元斎王の秋好中宮は、春秋優越論で紫の上に一歩譲るという「偉大な負け役」と設定されたキャラクターではないかと論じたことがある。それは斎王の持つ文化的イメージが当時の人々に共有されていたからこそ作りえた展開ではなかったかとも思う。斎王が凡庸な、あるいは恐怖を引き起こすような存在であるならば、そもそも源氏が実の子である冷泉帝の後宮に入れることもなかっただろう。物語のなかで斎王は一般的な皇族・貴族女性とは異なる立場を保ちつつ、独特の文化的存在としてその意義を際立たせている。それは平安中期に作り上げられた、政治的存在ではない斎王のイメージを創作の世界のなかに反映させたもの、ということができるのではないだろうか。

平安時代後期になると、斎宮跡では建物も少なくなり、伊勢神宮も思想的な自立を強めていく。そして斎宮は、斎宮寮全域で政治的権威を示すというより、内院を中心とした文化的サロンとしての性格が強くなったと考えられる。そうした斎宮のあり方を、いわばパロディー化したのが『我身にたどる姫君』に見られる、同性愛に走る斎王や斎宮の女官たちである。鎌倉時代中期以降、斎王制度が実質的に形骸化した後、個性的な斎王は伝説や言説のなかでのみ生きる存在となっていくのである。

それは文化サロンとして機能していたはずの斎宮自体が宮廷文化のなかでもアンダーグラウンド化し、いわば二次創作的な世界でのみ存在意義を認められるようになったということである。斎王は政治的価値から文化的価値に転換し、その価値も失われ、実態を失っていったのである。

そして華麗な宮殿、斎宮もまた、永遠に地上から姿を消していくのである。

おわりに――さようなら斎王、そしてどこまでも追いかけていこう

鎌倉時代後期の斎王

十三世紀後半、斎宮は終わりかけていた。後嵯峨《ごさが》天皇の皇女で、亀山天皇の時代の愷子内親王（一二四九―八四）を最後に斎王の群行は行われなくなる。愷子は、『とはずがたり』の斎王である。そして彼女に通った後深草は十年以上在位した天皇としてははじめて、斎王を置けなかった天皇である。父の後嵯峨上皇が院政を取っていた時代には権力がなく、後嵯峨が同母弟の亀山を鍾愛したためと考えられる。十七歳で上皇になった後深草が、元斎王を愛人にしたのは三十歳くらいのことと見られるが、その背景には、彼の複雑なコンプレックスが垣間見える。

この後、後宇多《ごうだ》、伏見《ふしみ》、後伏見、後二条《ごにじょう》、花園《はなぞの》、後醍醐《ごだいご》、光厳と天皇は続くが、斎王を置いたのは後二条と後醍醐のみで、しかも群行していない。この時期の天皇は後深草系（持明《じみょう》院統《いんとう》）と亀山系（大覚寺統《だいかくじとう》）に分かれていたが、持明院統の伏見・後伏見・花園、大覚寺統の後宇多はいずれも斎王を置かなかったのである。

後醍醐天皇は、鎌倉時代末期の元徳《げんとく》二年（一三三〇）に斎王を置いた。もともと後醍醐は正統な天皇ではなく、後二条の子、邦良《くによし》親王の成人までの中継ぎと考えられていた。邦良親王は正中《しょうちゅう》三年（一三二六）に亡くなったが、次の天皇は持明院統の量仁《かずひと》親王（のちの光厳天皇）と

定められており、すでに四十歳を越えていた後醍醐には退位は間近に迫っていた。その時期に斎王を置いたのである。娘の懽子《よしこ》内親王、十六歳であったという。ところが翌元弘《げんこう》元年（一三三一）、後醍醐天皇は倒幕計画発覚により退位および流罪（元弘の変）、彼女も野宮から退出する。

最後の斎王

しかし後醍醐が流刑先の隠岐を脱出し、反鎌倉幕府勢力を糾合して新たな政権を立て、建武と改元したのは、よく知られているとおりである。

ところが建武政権と通称されるこの政権がわずか三年で倒れたのもよく知られているとおり。そして南北朝の混沌《こんとん》が始まるのである。この期間に最後の斎王が置かれていた。名を祥子《さちこ》内親王という。やはり後醍醐の娘である。しかし彼女は懽子とは少し立場が異なっていた。まず懽子が幕府と朝廷の仲介役、関東申次《もうしつぎ》の西園寺家の姫、中宮禧子を母にしていたのに対し、祥子の母は後醍醐第一の愛人、阿野廉子《あのかどこ》、つまり皇太子（のちの後村上《ごむらかみ》天皇）の同母姉妹であること。そして彼女は年代記的史料では元弘三年（一三三三）十二月に卜定されたとしているが、宮内庁書陵部所蔵壬生家文書によると三ヵ月後の建武元年（一三三四）二月、つまり建武改元後らしいことなどである。さらに卜定された後に伊勢神宮に百首の歌を奉納していることなどから見て、まさに新政権のアイドル、偶像として選ばれ、その自覚を持った斎王だったと考えられる。

ところが建武政権の崩壊により、斎王派遣はふたたび画餅《がべい》と化した。祥子内親王は野宮から退出したらしく、その後はほとんどわかっていない。南朝系皇族が入った尼寺（現在は廃絶、所在不明）の保安寺《ほあんじ》に入ったらしいのだが、詳しくは不明である。なお三重県にはその終焉伝説の地があるが、伊勢を訪れたとする信頼できる記録はない。もっとも南朝系皇族については総じて信頼できる記録はきわめて少ないのだが。また、最後の斎王が戦乱の伊勢を脱出して云々、という伝承がしばしばあるが、彼女は伊勢には群行していないし、最後に伊勢にいた斎王の愷子内親王は戦乱には巻き込まれていないので、後世の創作と見るべきだろう。

こうして斎王制度は廃絶する……と言い切れるかどうか、は実は怪しい。

中世には年代記と呼ばれる史料がいくつも作られている。その時代の天皇を基準に、皇后、皇太子、摂政、関白などを一覧できるようなまとめ方をしている文献なのだが、その一つ『皇代略』を見ると、斎宮の欄はずっと空欄で留め置かれているのである。鎌倉時代に廃絶した賀茂斎院の欄はすでにない。つまり伊勢斎宮は、祥子内親王をもって廃止された、とは考えられていなかった、おそらく朝廷（北朝系王権）も置く気がなかったわけではないのである。しかし京でさえ不安定な政治情勢がそれを許さず、逡巡《しゅんじゅん》しているうちに、いないのが当たり前になり、結局消えていった、というのが史実に近いように思える。斎王は歴史からフェイドアウトしていったのである。

ある旅人の見た斎宮

康永《こうえい》元年（一三四二）、一人の僧形の旅人が、伊勢を歩いていた。坂十仏《さかじゅうぶつ》という医師である。彼は斎宮の跡地を通り、このように記している。

竹神社に現在も残る築地跡（著者撮影）

斎宮にまいりぬ。いにしへの築地《ついじ》の跡と覚て、草木の高き所々あり。鳥居は倒て、朽残りたる柱の道によこたはれるを、人だにもかくと知らせずは、只ふし木とのみぞ見てすぎなまし。斎宮と申すは、たえて久敷《ひさしき》跡なりしを、ちかごろ再興あるべしとて、花やかなる風情など有りしかども、芳野山《よしのやま》の桜、常なき風にさそはれ、嵯峨野の原の女郎花、あだなる露にしほれしかば、野宮の名のみ残りて、斎宮の御下にも及ばず、神慮のうけおぼしめさぬ政なりけりとは、此時こそおもひ合せ侍りしか。

「築地跡」は、斎宮跡のなかで内院と考えられている現在の竹神社に今も残っている。「たえて久敷」とは十三世紀後半の斎宮の中絶をいっているのだろう。とすれば「再興あるべし」とは建武政権下での祥子内親王の就任のことになる。そして「花やかなる風情など」とは彼女を受け入れる準備が進められていたことを指していると考えられる。十仏が見たのは、その斎宮、祥子のために準備され、使われることがなかった斎宮の遺跡だったのである。

十仏は、野宮から祥子が退出し、伊勢に群行しなかったのは、政治が神慮に叶《かな》わなかったためだとしている。建武政権の斎王は神宮に望まれていなかった、というのである。それは戦乱の時代に生きる人々の、新政への強烈なアンチテーゼだったともいえるだろう。

それでも斎宮は残った

応永《おうえい》二十五年（一四一八）、室町幕府第四代将軍、足利義持《あしかがよしもち》が伊勢神宮に参詣した。父の足利義満《よしみつ》に始まる室町将軍の伊勢参宮は、まさに支配者としての地位の確立を象徴する儀式だったと考えられている。斎王の群行とは違い、二泊三日で京から到着する強行軍は、まさに武家の王権の「行幸」だった。この行幸に同行した貴族に花山院長親《かざんいんながちか》がおり、『耕雲紀行《こううんきこう》』という旅の記録を残している。それによると、義持一行は帰路に「斎宮のつし」というところに立ち寄っている。もはや藪のなかと化していたが、「いまもそのしるしに、空より絵馬をかくることたえず。これによりて、土俗あるひはゑんまのつしともいふとかや」とも記している。「斎宮絵馬の辻《つじ》」は、大晦日に掛け替えられ、翌年の豊凶を教えるという占いの絵馬を掛ける辻であり、二十世紀までその風習と絵馬殿が残っていた。

史跡斎宮跡の東の端で、現在もエンマ川という川が流れている。そしてこの川は、斎宮の碁盤目状の区画、方格地割の東端の南北道路の西側道路側溝だったと考えられている。「絵馬の辻」は斎宮の東側の結界だったのである。

現在のエンマ川（著者撮影）

この絵馬は、謡曲「絵馬」のモデルとなり、都にも伝えられ、全国的に知られていたらしい。さらに斎宮には、この後にも関所や簡易な城が置かれ、近世には斎宮村という自治体が成立する。斎宮村から宇治山田奉行所

内院地区の発掘　1995年（写真・斎宮歴史博物館）

に提出された書き上げには、斎宮をはじめ、「西王森《さいおうのもり》」「旧地森」「御館」「絵馬辻」など、斎宮に由来する名勝地名がいくつも書き上げられている。さらに近世末期になると国学者としても知られた伊勢神宮権禰宜の御巫清直《みかなぎきよなお》が斎宮の研究書を著し、近代には建碑など地域での顕彰活動も行われるようになった。

発掘調査の開始、そして斎宮の「いま」

そして時代は一九七〇年代まで下り、本格的な発掘調査が始まった。結果的にはこの時期まで斎宮の発掘が行われなかったのは正解だったといえる。斎宮の建物はほとんどが地面に穴を掘って柱を立てる掘立柱の建築で、掘立柱建物の検出方法が開発されたのは戦後のことなのである。つまり戦前に大々的な発掘をしていれば、斎宮の遺跡は確実に破壊されていたのだ。考古学的な調査にはこのようなリスクが常につきまとう。高松塚《たかまつづか》古墳の壁画だって、あの時点で発掘されていなければ、よりよい環境で保存されていたかもしれない。斎宮跡でも、たとえば今は木簡を発見することはできないが、百年後になれば、分解された後の土から、木製品の痕跡が確認できる科学的な方法が開発されているかもしれない。そういう可能性も考えながら、発掘調査は進められていくのである。

それにしても、斎宮の景観は変わった。二〇一五年、斎宮寮の中心区画、寮庁を再現した歴史公園が「さいくう平安の杜」としてオープンした。それに先立ち、近鉄斎宮駅には史跡公園口ができ、歴史体験施設「いつきのみや歴史体験館」や、国史跡斎宮跡を十分の一に縮小して公園整備し、そこにミニチュア復元建物を配して方格地割の一部を再現した「斎宮跡歴史ロマン広場」との一体化も進められた。かつては地表に何もなく「幻の宮」と呼ばれた時代から、打って変わった姿となった斎宮を、今、私たちは体感することができる。

そして同じ二〇一五年、斎宮跡は、日本遺産「祈る皇女斎王の都　斎宮」の一部として指定を受けた。

日本遺産としての斎宮

日本遺産とは、

地域の歴史的魅力や特色を通じて我が国の文化・伝統を語るストーリーを「日本遺産（Japan Heritage）」として文化庁が認定するものです。（文化庁ホームページより）

という。指定されたのは斎宮の遺跡ではなく、斎宮をめぐるストーリーなのである。日本遺産の構成要素としては、明和町各地にある斎宮やヤマトヒメの伝承地が取り上げられている。そのなかには史実とは考えられないものも少なくない。

史実も伝説も発見も、古代以来のものも近代にできたものもある。

しかし実際の斎宮や斎王をめぐるストーリーは、それ自体がきわめて複雑なものである。

『日本書紀』のなかで伊勢神宮の成立と絡めて語られる「斎王」とも呼ばれない王女たち。

『万葉集』のなかで歌物語として伝えられた大来皇女。

『伊勢物語』のなかの、恬子内親王かといわれる斎王。

三十六歌仙の一人で、歌人として名を残す斎宮女御徽子女王。

『源氏物語』の光源氏を支えた斎王。

『小柴垣草紙』のなかの男を通わせた斎王。

『倭姫命世記』をはじめとした鎌倉時代の言説のなかで書き換えられた斎王。

いろいろな斎王たちがさまざまな物語を紡いできた。その時代その時代に斎王たちの物語が語られている。それは王権の分身として、時代に応じて変わってきた姿だったといえる。

聖武天皇の正統性を保障した八世紀の井上内親王。

古代都市斎宮の主として、桓武天皇の権威を象徴した朝原内親王。

王権を批判し、斎宮への関心を引き戻した嫥子女王。

院政の開始と連動し、女院の先駆けとなった媞子内親王。

建武政権の象徴になれなかった祥子内親王。

それぞれの時代の王権のあり方と斎王のあり方は実に連動している。歴史とはそうしたストーリーが積み重なり交錯して、一本の糸のようにあやなしていくものなのであろう。

斎王とはどのような意味で日本遺産なのだろうか。歴史事象には正にも負にもなる側面が常にある。


……むかしむかし、伊勢の国に、それはそれは美しい宮殿がありました。その主は若く美しいお姫様で、都を移したかのような暮らしのなかで、伊勢神宮の神さまに仕える至高の存在として、清楚で敬虔な日々を送っていました。……

……むかしむかし、天皇は代々、皇族のうちから一人姫を選び、伊勢神宮の神に差し出さなければなりませんでした。その皇女は天皇が亡くなるか、位を譲るまで都に戻ることはなく、遠く離れた伊勢の地で、人間らしい人生を否定された暮らしを強いられたのです。……

斎宮が日本遺産というのであれば、私たちはこの両方の顔と向き合っていく義務があるのだろう。それがかつてこの社会に確実に存在していた女性たち、そして彼女を支えた人たちの顕彰であり、鎮魂ともなるのだから。

あとがき

唐突だが、本書はある女性のために書いた。

『伊勢斎宮と斎王――祈りをささげた皇女たち』という本を二〇〇四年に書いた。斎宮についての入門書であり専門書である。いろいろな意味でこれ以上練りこんだ作品はもう書けないと思っていたので、斎宮についての専門書は打ち止めにするつもりだった。

そんな私を翻意させたのは、斎宮歴史博物館ホームページで連載している「斎宮千話一話」の第一話を見て依頼することを決めた、という中公新書編集部の酒井孝博さんの手紙だった。第一話は、「哀悼　氷室冴子《ひむろさえこ》先生」という。

私は氷室先生に二度お会いしている。職務の一環と称して一度、ある雑誌の対談企画で一度、である。平安時代の研究者、特に女性の研究者には、中学・高校時代に氷室先生の『ざ・ちぇんじ』『なんて素敵にジャパネスク』で平安時代にハマった人が少なくないらしい。この対談が掲載されたころは、あちこちでうらやましがられたことを思い出す。

氷室先生とは、斎王を身近で見ている女官の視点から斎宮とその社会を描く新作小説、そんな構想を語り合ったことがある。もはや叶わなくなってしまったが、本書第2章、第3章の、斎王個人を時代という縦軸の中で語るスタイルはそれを意識してまず書いたものである。さらに横軸として、斎宮についてのいろいろな日常エピソードを第4章で織り込んだ。だから、最初に「あとがき」を読まれる方に（私もそのタイプなのだが）申し上げておく。本書は第2章から読みはじめたほうが面白い。

なお、紫式部の話と白専女の話も、氷室先生へのオマージュのつもりである。

斎王や斎宮は今も無名である。この制度は政治・経済・文化など、現代教育の中で重視される「事件」とほとんど関わらない。だから教科書にもほとんど取り上げられないし、歴史的にも軽視されがちではある。しかし私は思う。斎宮が存在したことにも、なくなったことにも重大な意味があった。ただ、現代と斎宮があった時代では、すべての価値観が根本的に変わっているのだ。

斎王は、律令国家の支配がその勢力圏（天下）に行き渡ったことを象徴する神、天照大神に仕えることを目的に設置された。その発足は「日本」という国号の成立と軌を一にしており、その基本法である律令を動かす天皇の神聖さを保障するための存在だといえる。つまり斎王とは王権のシンボルなのである。だから政治的・経済的・文化的機能以前に、その存在自体が国家の安寧を象徴するものだったのである。

そして斎王は、この政治システムの最終的な崩壊とともに姿を消した。

八世紀に政治的に制定された「日本」国は、平安時代後期には、日本、震旦《しんたん》（中国大陸の王朝の通称）、天竺《てんじく》（現在のインド）の「三国」意識の中で、地域として認識されるようになっていく。それは、古代における日本「国」の成立と、中世における日本「地域」の形成と言い換えられるのかもしれない。どのように国家が分裂しても、誰が政治権力者であろうとも日本は日本なのだという意識が列島に定着するようになる。それが中世という時代なのである。

こうした時代には、唯一絶対の天皇権力や、その象徴としての伊勢神宮、あるいは斎王という役割はほとんど意味を持たなくなる。天皇は上皇や女院、摂関家や仏教などの宗教勢力、さらに武家などの諸勢力とバランスをとりながらこの時代を生き残り、伊勢神宮は宗教勢力の一つとして独自の体制、宗教権門を作り上げるようになる。いわば多様なネットワークが全国に縦横に、重層的に形成され、日本というまとまりを維持するようになるのである。

ずいぶんくだくだしい話になったが、一言でまとめよう。斎王は、天皇を頂点に、律令によって運営され、新羅や中国東北部にあった渤海や蝦夷を蕃夷《ばんい》と位置づける「天下」、すなわち東アジアの小帝国と自己規定した「日本国」を象徴し、その最終的な崩壊と運命を共にした、歴史的に重要なシステムだった、というのが本書の結論である。

私事であるが、奇しくも本年は私が三重県に採用され、斎宮に関わりはじめて三十年、岡山大学大学院の直木孝次郎《なおきこうじろう》先生のゼミではじめて斎宮についての報告を行い、斎宮跡を訪れて三十五年の節目の年になる。いろいろな意味で長い道のりだった。それでこの程度の成果なのだから情けない限りなのだが、今回も斎宮歴史博物館、そして祭祀史料研究会と東アジア恠異《かいい》学会をはじめ、研究の茨路《いばらみち》を歩く同志の方々からの多様な知的刺激が執筆の支えになったことは特記しておきたい。曲がりなりにも研究者の末席にいられるのは皆様のおかげである。

そして特に、本書校正中の八月に急逝された、元斎宮歴史博物館調査研究課長、泉雄二《いずみゆうじ》氏。泉さんは博物館開館以前より斎宮跡の調査に携わり、方格地割の発見、内院地区の調査、さいくう平安の杜の先行調査などに深く関わり、考古学に基づく斎宮の専門書を初めて執筆される等、斎宮研究に大きな足跡を残された。過去・現在・未来、いつでもどこかの世界で発掘調査を楽しんでいる、そんな雰囲気を漂わせていた先輩の学恩に深く感謝し、本書を捧げたい。

そして全体の構成や目次の体裁、本書のタイトルに至るまでアイデアをくれた榎村景子さんと榎村麻里子さんにもありがとう。

すべての斎王たちに愛を込めて、私はさらに歩んでいこうと思う、ひとかけらの勇気とともに。

参考文献

本橋裕美『斎宮の文学史』翰林書房　2016
所京子『斎王研究の史的展開——伊勢斎宮と賀茂斎院の世界』勉誠出版　2017

論文
井上紗織「斎王の三節祭に関する覚書」『専修史学』41号　専修大学　2006
井上真衣「物語における斎宮のモチーフとその効果——『栄花物語』当子内親王密通記事に関連して」『詞林』42　大阪大学古代中世文学研究会　2007
久禮旦雄「『延暦儀式帳』撰進と弘仁大神宮式編纂の政治的背景——延喜伊勢大神宮式の前提」鈴木秀光・高谷知佳・林真貴子・屋敷二郎編著『法の流通』慈学社出版　2009
久禮旦雄「神祇令・神祇官の成立——古代王権と祭祀の論理」『ヒストリア』241　2012
久禮旦雄「賀茂斎院・伊勢斎宮の淳和天皇朝における存廃について——狩野本『類聚三代格』天長元年十二月二十九日太政官符の評価をめぐって」『続日本紀研究』409　2014
柳田甫「『大鳥太神宮并神鳳寺縁起帳』の翻刻とその史料的考察」『国学院大学大学院紀要—文学研究科』45　2013

参考文献

斎王・斎宮についての2004年以前の研究文献は、斎宮歴史博物館ホームページ（http://www.bunka.pref.mie.lg.jp/saiku/50292036124.htm）を参照。

ここでは2005年以降の主要なもののみを挙げる。

著者の関係書

『伊勢斎宮と斎王――祈りをささげた皇女たち』（塙選書101）　塙書房　2004

『伊勢斎宮の歴史と文化』塙書房　2009

『伊勢斎宮の祭祀と制度』塙書房　2010

『伊勢神宮と古代王権――神宮・斎宮・天皇がおりなした六百年』筑摩書房　2012

「斎宮」条里制・古代都市研究会編『古代の都市と条里』所収　吉川弘文館　2015

「斎王の生涯」細川涼一編『生活と文化の歴史学7　生・成長・老い・死』竹林舎　2016

「斎王の旅」舘野和己・出田和久編『日本古代の交通・交流・情報2　旅と交易』吉川弘文館　2016

単行本

岩佐美代子『内親王ものがたり』岩波書店　2003

西沢正史企画・監修、上原作和編集『人物で読む源氏物語7　六条御息所』勉誠出版　2005

泉雄二『日本の遺跡9　伊勢斎宮跡――今に蘇る斎王の宮殿』同成社　2009

駒田利治『シリーズ「遺跡を学ぶ」058　伊勢神宮に仕える皇女・斎宮跡』新泉社　2009

後藤祥子編『平安文学と隣接諸学6　王朝文学と斎宮・斎院』竹林舎　2009

吉川真司『天皇の歴史02　聖武天皇と仏都平城京』講談社　2011

穂積裕昌『伊勢神宮の考古学』雄山閣　2013

駒田利治編『考古調査ハンドブック13　律令国家と斎宮』ニューサイエンス社　2016

榎村寛之（えむら・ひろゆき）

1959年大阪府生まれ．大阪市立大学文学部卒業，岡山大学大学院文学研究科前期博士課程修了，関西大学大学院文学研究科後期博士課程単位取得修了．博士（文学）．三重県立斎宮歴史博物館学芸普及課長．専攻・日本古代史．

著書『伊勢神宮と古代王権——神宮・斎宮・天皇がおりなした六百年』（筑摩書房，2012）
『伊勢斎宮の祭祀と制度』（塙書房，2010）
『伊勢斎宮の歴史と文化』（塙書房，2009）
『古代の都と神々——怪異を吸いとる神社』（吉川弘文館，2008）
『伊勢斎宮と斎王——祈りをささげた皇女たち』（塙書房，2004）
『律令天皇制祭祀の研究』（塙書房，1996）
ほか

斎《さい》宮《くう》
——伊勢斎王《いせさいおう》たちの生《い》きた古代史《こだいし》
中公新書 *2452*

2017年 9 月25日発行

著 者 榎 村 寛 之
発行者 大 橋 善 光

本文印刷 三 晃 印 刷
カバー印刷 大熊整美堂
製 本 小 泉 製 本

発行所 中央公論新社
〒100-8152
東京都千代田区大手町 1-7-1
電話 販売 03-5299-1730
編集 03-5299-1830
URL http://www.chuko.co.jp/

Published by CHUOKORON-SHINSHA，INC.
Printed in Japan ISBN978-4-12-102452-7 C1221

中公新書

日本史

d1

2189 歴史の愉しみ方 磯田道史
2295 天災から日本史を読みなおす 磯田道史
2389 通貨の日本史 高木久史
2321 道路の日本史 武部健一
2299 日本史の森をゆく 東京大学史料編纂所編
1617 歴代天皇総覧 笠原英彦
2302 日本人にとって聖なるものとは何か 上野誠
1928 物語 京都の歴史 脇田修・脇田晴子
2345 京都の神社と祭り 本多健一
482 倭国 岡田英弘
147 騎馬民族国家(改版) 江上波夫
2164 魏志倭人伝の謎を解く 渡邉義浩
1085 古代朝鮮と倭族 鳥越憲三郎
1878 古事記の起源 工藤隆
2157 古事記誕生 工藤隆

2095 『古事記』神話の謎を解く 西條勉
804 蝦夷(えみし) 高橋崇
1041 蝦夷《えみし》の末裔 高橋崇
1622 奥州藤原氏 高橋崇
1293 壬申の乱 遠山美都男
1568 天皇誕生 遠山美都男
1779 伊勢神宮―東アジアのアマテラス 千田稔
1607 飛鳥―水の王朝 千田稔
2371 カラー版 古代飛鳥を歩く 千田稔
2168 飛鳥の木簡―古代史の新たな解明 市大樹
2353 蘇我氏―古代豪族の興亡 倉本一宏
291 神々の体系 上山春平
2362 六国史《りっこくし》―日本書紀に始まる古代の「正史」 遠藤慶太
1502 日本書紀の謎を解く 森博達
1802 古代出雲への旅 関和彦
1967 正倉院 杉本一樹
2054 正倉院文書の世界 丸山裕美子

2441 大伴家持 藤井一二
1240 平安朝の女と男 服藤早苗
1867 院政 美川圭
2281 怨霊とは何か 山田雄司
608
613 中世の風景(上下) 阿部謹也・網野善彦・石井進・樺山紘一
1503 古文書返却の旅 網野善彦
1392 中世都市鎌倉を歩く 松尾剛次
2127 河内源氏 元木泰雄
2336 源頼政と木曽義仲 永井晋
2452 斎宮―伊勢斎王たちの生きた古代史 榎村寛之